DELIUS KLASING

Helge Janßen

SCHAUERBÖEN – SONST GUTE SICHT

Ein Seglerleben auf der Ostsee

Delius Klasing Verlag

Bibliografische Information der Deutschen Nationalbibliothek
Die Deutsche Nationalbibliothek verzeichnet diese Publikation in der Deutschen Nationalbibliografie; detaillierte bibliografische Daten sind im Internet über http://dnb.d-nb.de abrufbar.

1. Auflage
ISBN 978-3-7688-2472-9

Fotos: Helge Janßen
Satz/Layout: Axel Gerber
Schutzumschlaggestaltung: Buchholz/Hinsch/Hensinger, Hamburg
Druck: GGP Media GmbH, Pößneck
Printed in Germany 2008

Delius Klasing Verlag, Siekerwall 21, D – 33602 Bielefeld
Tel.: 0521/559-0, Fax: 0521/559-115
E-Mail: info@delius-klasing.de · www.delius-klasing.de

Prolog

Wenn das Seglervolk frühmorgens am Grenzwellenempfänger hing, dem typischen »klick-klack« des Weckers lauschte und inbrünstig den Wetterbericht von Kiel Radio auf der Grenzwelle 2775 kHz erwartete, dann verhieß das Orakel Weisheiten, die durchaus nicht nur den Ablauf des kommenden Segel- (oder Hafen-) Tages bestimmten. Besonders die immer wieder gruselige Floskel

»Schauerböen – sonst gute Sicht«

enthielt nicht nur den warnenden Hinweis auf bevorstehende Unbill, sondern auch den gütigen Trost im gleichen Satz. Damit darf sie durchaus als Synonym für das wahre Leben gelten.

***

Auszug aus meinem Logbuch an Bord der Segelyacht SCANDIA vom 15. August 1987:

»Klick-klack-klick-klack – hier ist Kiel Radio – klick-klack-klick-klack – hier ist Kiel Radio – klick-klack-klick-klack ...

An alle Seefunkstellen – an alle Seefunkstellen – an alle Seefunkstellen:

Hier ist Kiel Rrradio mit dem Ooostseewetterbericht, herausgegeben vom Deutschen Wetterdienst, Seewetteramt Hamburg, heute um 07.00 Uhr GMT.

Zuerst die Wetterlage von heute 03.00 Uhr GMT:

Hoooch 1021 Millibar Westausgang Englischer Kanal, etwas verstärkend, Ooostnordooost wandernd, morgen Mittag Niederlande.

Tief 998 Millibar Südschweden, langsam Ooost ziehend, morgen Mittag Litauen. Kaltfront 1005 Millibar öööstliches Polen, Ooost schwenkend.

Trooog 1005 Millibar Skagen, 1010 Millibar Fourties, abschwächend, Südooost ziehend.

Umfangreiches Sturmtief 987 Millibar mittlerer Nordatlantik, etwas Nordooost ziehend, Welle 1015 Millibar Nordirland, Nordooost schwenkend.

Hier die Vorhersagen für die nächsten 24 Stunden:
Skagerrak: Nordwest bis Nord 6 bis 7, Schauerböen, sonst gute Sicht.
Kattegat, Belte und Sund, westliche Ooostsee: West bis Nordwest 6, Schauerböen, sonst gute Sicht.
Ende des Ooostseewetterberichts.«

***

Unser Logbucheintrag für diesen Tag lautete: »Liegen in Køge, Starkwind und Regen aus Nordwest, Trogtief mit stürmischen Böen. Kalt. Lesen . Abends sehr gut gegessen im Marina-Restaurant ›Aveken‹«.

1945

Was war das plötzlich für ein Lärm da unten auf der Straße vor den Fenstern unserer Wohnung?

Schwere Lastwagenmotoren dröhnten. Ladeklappen polterten. Stiefel schurrten und stapften über Kopfsteinpflaster. Lautes Rufen in einer mir fremden Sprache ertönte.

Meine Mutter eilte ins Wohnzimmer und spähte besorgt durch die Gardinen. Ich kletterte neugierig neben ihr auf die Rückenlehne unseres größten Ledersessels, verbarg mich ängstlich hinter ihrer Schulter und lugte doch neugierig hinab.

Eigentlich war dieser Sessel tabu, denn in ihm saß nur mein Vater hinter seiner Zeitung. Oder hinter einem seiner Bücher, deren Titel auf der Vorderseite ich nicht lesen konnte.

Meine Mutter hatte mir auf meine Fragen erklärt, dass diese Sprache Englisch sei und dass ich sie vielleicht bald in der Schule lernen würde. Als mein Vater dies gehört hatte, war er sehr nachdenklich geworden und hatte gemeint, dass wir alle von Glück sagen könnten, nicht Russisch lernen zu müssen. Denn dicht östlich von unserer Heimatstadt Lübeck verlaufe ja nun die Sektorengrenze, die den britischen vom sowjetischen Teil des soeben von den Siegermächten des Zweiten Weltkrieges besetzten Deutschland trenne.

Der Grenzfluss war die Trave von der Pötenitzer Wieck gegenüber von Travemünde bis nach Schlutup. Von dort verlief die Grenze quer zum Lübecker Stadtteil Eichholz und dann weiter am Ostufer des Flüsschens Wakenitz entlang zum Ratzeburger See. Beide waren ebenfalls Grenzgewässer und ihre Ostufer durften nicht betreten werden.

Natürlich verstand ich damals kein Wort. Schließlich war ich noch nicht einmal sechs Jahre alt.

Und jetzt – an diesem sommerlichen Julitag des Jahres 1945 – interessierte mich viel mehr, was da unten auf der Straße geschah.

Das war aufregend genug!

Riesige in Tarnfarben bemalte Zwei- und Dreiachser rangierten rückwärts an die großen hölzernen Bootshäuser heran, die direkt vor unserer Wohnung am Ufer des Lübecker Stadtsees

Wakenitz standen. Lautes Rufen von Soldaten in feldgrünen Uniformen, schwarzen Stiefeln und mit grasgrünen Baretten auf den Köpfen dirigierte die Lastwagenfahrer an die Schiebetore der Bootshallen heran. Dann schoben die Soldaten die Tore auf und begannen, Boote aus den Hallen zu holen.

Boote? Ich hatte nicht gewusst, dass in diesen Hallen Boote waren. Aber jetzt sah ich sie. Zum ersten Mal.

Natürlich wusste ich, wie Boote aussahen, denn ich besaß einen schönen Spielzeugdampfer aus Blech, mit einem Schlüssel im Schornstein zum Aufziehen des Federwerks und Fahrenlassen in der Badewanne. Und ich hatte auch ein richtiges Segelboot, das ich schon einmal auf der Wakenitz hatte schwimmen lassen wollen. Das war nur deshalb misslungen, weil mich meine Mutter im allerletzten Augenblick vor dem Ertrinken gerettet hatte: Ich lag schon im Bach und hielt krampfhaft mein Segelboot fest, während ich langsam abgluckerte!

Nun sah ich also zum ersten Mal richtige, wirkliche, ausgewachsene Boote. Sie erschienen mir unsagbar schön. Und das waren sie auch.

Ihre schlanken Rümpfe waren aus edlem Holz und hochglänzend lackiert. Manche besaßen hellgrüne Decks und weiße Dächer auf den Kajüten. Einige Boote waren weiß gestrichen, doch ebenso schön wie die anderen. Es waren Olympiajollen darunter und auch 20-m^2-Rennjollen mit hölzernem Vorstag, 15er-Jollenkreuzer und offene Segeldingis, aber auch wunderschöne Motorboote, die man damals »Autoboote« nannte, weil sie mehrsitzigen Cabriolets glichen.

Die Soldaten begannen nun mit viel Lärm und Geschrei, die schweren Boote mit Rollen und Hebeln auf die Lastwagen zu verladen, wobei sie von anderen Soldaten in langen Mänteln und Schirmmützen laute Befehle erhielten.

Mit einem Mal eilten aber noch andere Menschen herbei. Mehr und mehr in Zivil gekleidete, meist recht verhärmt und mager aussehende Männer begannen, mit den Soldaten in den Mänteln zu sprechen. Sie schienen sie davon abhalten zu wollen, die schönen Boote auf die Lastwagen zu verladen. Aber sie erreichten nichts. Boot um Boot verschwand unter den Planen. Die zivilen Männer traten resigniert zurück. Manche rangen verzweifelt die Hände. Den meisten standen Tränen in den Augen. Es waren die Eigner der von den englischen Besatzungsoffizieren beschlagnahmten Segelboote, die jenen nun als Zeitvertreib auf Trave, Wakenitz und Ratzeburger See dienen sollten. Sie würden vor den russischen Besatzern jenseits der Grenzufer auf und ab segeln und ihnen zeigen, wer am Ende des gewonnenen Krieges auf der richtigen Seite stand und die besseren Karten hatte. Indes – das letzte Wort darüber war noch längst nicht gesprochen ...

Als alle Boote aufgeladen waren, geschah etwas völlig Unerwartetes. Die LKW fuhren nämlich nicht etwa mit ihrer Beute ab, sondern die Soldaten öffneten an einem kleineren Kastenwagen die hinteren Türen und begannen eine Feldküche in Betrieb zu nehmen. Bald duftete es in der ganzen Straße aufregend nach köstlicher Suppe. Die Soldaten lachten, rauchten, aßen und tranken Bier aus Flaschen. Die Offiziere in den langen Mänteln nahmen ihre strengen Schirmmützen ab und ließen es sich ebenfalls schmecken.

Da hielten es viele Bewohner unserer Straße nicht mehr hinter den Gardinen aus. Der Hunger trieb sie einfach hinunter. Manche schickten ihre kleinen Kinder vor in der festen Hoffnung, ihnen werde schon nichts geschehen.

Ich war – zuerst bange und scheu – auch dabei.

Tatsächlich nahmen uns die Soldaten wie ihre eigenen Kinder an die Hand, strichen uns über das Haar, nannten uns »my little sunnyboy« und fütterten uns mit Bohnensuppe und weißem Toastbrot, Cadbury-Schokolade, Haferflocken und richtigem Kakao. Zuletzt gaben sie unseren Müttern an Essbarem mit, was nicht an Ort und Stelle hatte verdrückt werden können.

Wie waren wir begeistert! Nicht, dass meine Eltern und ich während der Kriegsjahre allzu sehr gehungert hätten. Aber nach den ewigen Steckrübenspeisen – alles, sogar Marmelade, wurde aus Steckrüben gemacht – aß ich zum ersten Mal überhaupt Schokolade!

Die Bootseigner indes hatten fast nichts genommen. Jeder Bissen wäre ihnen im Halse stecken geblieben. Vielen war ihr Teuerstes weggenommen worden: ihr vor der Einberufung ins Feld noch sorgsam eingemottetes, listig verstecktes Boot.

Was die Engländer da gemacht hatten, war eigentlich eine Plünderung. Aber in Nachkriegsdeutschland herrschte natürlich das Chaos eines rechtsfreien Raumes, bezichtigten die Siegermächte doch selbst die deutsche Schutzpolizei als nationalsozialistische Helfershelfer.

Übrigens erscheint mir die damalige Besorgnis meines Vaters bezüglich des Erlernens der russischen Sprache heute wie ein Orakel. Vielleicht wären meine Verhandlungen mit den russischen Marinesoldaten, die unsere Segelyacht 2003 vor Kaliningrad aufbrachten, glimpflicher verlaufen, wenn ich sie auf Russisch hätte führen können …

[Zeichnung von Kurt Schmischke, gewidmet Helge Janßen für die Veröffentlichung H.J.'s Geschichte »Von der Psyche der Segelschiffe« in der von Wolfgang Kraus herausgegebenen Antologie.]

1952

Sieben Jahre nach dem Verladen der schönen Boote durch die englischen Besatzer war der Schrecken fast vergessen. Die meisten Boote waren zurückgegeben worden. Über den Dächern der Seglervereine vor den Fenstern unserer Wohnung am Wakenitzufer ragten mehr und mehr Mastspitzen in den Himmel. An schönen Sommersonntagen strömten morgens weiß gekleidete Segler mit Picknickkörben und Thermosflaschen in die Klubhäuser. Dann fuhren die Mastspitzen weg. Nach ihrer Rückkehr am Abend strömten die weiß Gekleideten mit sonnengebräunten und zufriedenen Gesichtern wieder heimwärts.

Das machte mich neugierig auf das Seglerleben, und ich begann meinen Vater so lange zu nerven, bis er eines Sonntagmorgens nach dem Frühstück mit mir in den nächstliegenden Seglerverein hinüberging. Er wollte mir die Boote zeigen, auf die ich so neugierig war.

Auf dem Vereinsgelände wurden wir zunächst kaum beachtet. Als wir uns den langen Stegen näherten, kam jedoch ein grauhaariger Mann in blauen Latzhosen mit strenger Miene auf uns zu und fragte argwöhnisch nach unserem Begehr. Nein – die Bootsstege dürften wir nicht betreten, es sei denn, wir würden von einem der Bootseigner dazu eingeladen und begleitet.

Gerade wollten wir uns resigniert abwenden, als – in Seglerweiß gekleidet – unser Nachbar, ein wohlhabender Malermeister, erschien. Gönnerhaft nahm er uns mit bis vor seinen wundervollen 15er-Jollenkreuzer aus glänzend lackiertem dunklen Mahagoni. Dort sonnte er sich in der bewundernden Begeisterung meines Vaters über das wunderschöne Boot. Seine devote Frage, wie viel so ein Boot denn wohl koste, beschied der stolze Eigner mit dem zweifelnden Hinweis, dass wir es uns gewiss nicht würden leisten können.

Auch meine freudige Erwartung, nun einmal an Bord gehen zu dürfen, erfuhr – nach einem strafenden Blick auf mein offenbar unmögliches Schuhwerk – eine herbe Absage.

Vaters Frage nach den Möglichkeiten, in diesem Verein als Jugendlicher vielleicht das Segeln erlernen zu dürfen, stieß auf wenig Verständnis. Es herrschte damals nicht nur eine »Kumm mi nich anne Farv« – Mentalität, was die gehätschelten Boote betraf, sondern die Herren Segler schienen auch unter sich bleiben zu wollen. Vielleicht hatten sie aber auch – nach der gerade wiedergewonnenen Seglerfreiheit – noch keinen Nerv für Fragen der Segelausbildung und Nachwuchsförderung?

Mein Bild vom Segeln und von den Seglern hatte einen Riss bekommen. Dennoch saß ich – ein Jahr später und dieses Mal auf der anderen Seite der Wakenitz – in einem Segelboot!

Schuld daran war meine Mutter.

Sie war endlich den jahrelangen Verlockungen erlegen, mit denen Freunde meiner Eltern von dem fantastischen Wohnen auf dem Schevenberg in Marli schwärmten.

In der Tat hatte man von dort drüben einen grandiosen Ausblick über die Wakenitz mit den Seglervereinen und auf die dahinter aufragende Silhouette der alten Hansestadt Lübeck mit ihren gotischen Backsteinkirchen und den charakteristischen »Sieben Türmen«, die bis heute das Niederegger Marzipan und die Schwartauer Marmelade zieren und hinter denen abends die Sonne feurig untergeht.

Als endlich in dem großen dreigeschossigen Rundbau in der Rudolf-Groth-Straße eine der begehrten Wohnungen frei wurde, da hatte sie meinen Vater soweit herumgekriegt, dass wir umzogen.

So nahm denn das Unheil seinen Lauf. Und meine Seglerlaufbahn auch.

Hatten meine schulischen Leistungen als Gymnasiast der Oberschule zum Dom schon vor unserem Umzug weder meine Lehrer noch die Eltern überzeugt, so nahmen sie im folgenden Sommer noch dramatischer ab, weil ich – anstatt fleißig Vokabeln und Mathe zu büffeln – mich aus dem Panoramafenster meines Zimmers an den vielen Segelbooten begeisterte, die nachmittags über die Wakenitz schipperten. Das wollte ich auch, und viel lieber als Hausaufgaben machen.

Empört ob meines Ansinnens drehte mein Vater meinen Schreibtisch um 180 Grad in Richtung Zimmerwand und verbot ab sofort jegliches Aus-dem-Fenster-Gucken, bis meine Noten sich deutlich besserten. Mutter aber war diplomatischer und schlauer. Sie ersann eine »Zuckerbrot-und-Peitsche«-Masche zur Förderung meiner weiteren Erziehung und setzte sie auch durch.

Einige Tage nach dem großen Krach musste ich Vater in das Klubhaus des honorigen Lübecker Yachtclubs an der Roeckstrasse begleiten, wo uns der Jugendleiter – ein wahrhaftiger Graf – schon erwartete. Vater vereinbarte mit ihm und mir die »Fünfer-Regel«:

Ich durfte jeden Tag ab fünf Uhr nachmittags zum Segeln in den Klub. Aber nur, wenn ich bis dahin alle Schularbeiten erledigt und von meiner Mutter hatte kontrollieren lassen.

Wenn ich eine Klassenarbeit mit einer Fünf nach Hause brachte, fiel das Segeln fünf Tage lang ersatzlos aus.

Würde ich aber wegen mehr als einer Fünf im Zeugnis nicht versetzt, dann wäre es mit der Segelei endgültig vorbei.

Ich schluckte. Das waren harte Bedingungen. Aber ich musste zustimmen. Der Graf half mir dabei, indem er uns das Segeln auf der Wakenitz und später vielleicht sogar auf der Ostsee mit richtigen Yachten in so glühenden Farben schilderte, dass mir der Preis immer geringer erschien, je länger seine Rede dauerte. Stolz, von so einem bedeutenden Mann überhaupt ernst genommen und so liebevoll an den Yachtsport herangeführt zu werden, versprach ich alles, was man von mir hören wollte. Selbst mein Vater muss mir geglaubt haben. Denn der Familienfrieden schien wieder hergestellt und er hatte – endlich – seine Ruhe, die er hinter seiner Zeitung oder einem englischen Buch in dem hohen ledernen Ohrensessel genoss.

Meine Segelausbildung im Yachtklub begann schleppend. Nachdem der Graf außer Sicht gekommen war, führte nämlich der Klubhauswart das strenge Regiment. Und das hieß: Das Bootshaus fegen, die beiden Schulboote SAMOA und HAITI schleifen und lackieren und den Jugendraum aufräumen. Mir fiel – als dem Newcomer, dem Moses in der Jugendabteilung – die undankbare Aufgabe zu, die Bilgen beider Boote zu säubern und mit grauer Bilgenfarbe zu streichen. Die Säuberung hatte unter Anwendung eines Dreikantschabers und grobkörnigem Schleifpapier sowie Handfeger und Kehrblech zu erfolgen. Ich schuftete zwei Wochen lang von fünf bis acht Uhr abends, bäuchlings auf den harten Bodenwrangen liegend, kratzend, schleifend, wischend und fegend. Dann präsentierte ich meine Bilgen stolz dem Klubhauswart. Der kam indes mit einem Stück gebogenem Draht, stocherte noch jede Menge Dreck aus den kleinen Gatchen, durch die das Bilgewasser die Wrangen passieren soll, warf den Draht ins Boot und ging mit hochgezogenen Augenbrauen wortlos seines Weges. Nach einer weiteren Woche hatte ich nicht nur die zweihundert Gatchen freigekratzt, sondern auch die Bilgen angemalt.

Dass meine Ausbildung zum Segler nun dennoch nicht beginnen konnte, lag an ein paar deftigen Blasen an meinen Händen, die sich geöffnet und durch eindringenden Bilgendreck nebst Ölfarbe böse entzündet hatten. Unser Hausarzt bepinselte mich mit Jod, bis ich winselte, und schrieb mich krank, denn ich konnte noch nicht einmal meinen Schulfederhalter führen, geschweige denn an einer Schot ziehen.

Als ich nach zehn Tagen meine Verbände los war und hoffnungsfroh im Klub erschien, war der theoretische Teil der A-Schein-Ausbildung gelaufen, und meine Kollegen aus der Jugendabteilung segelten schon fröhlich vor dem Steg auf und ab, saßen Knoten knüpfend auf der Klubhausterrasse und fachsimpelten bei meinem Erscheinen hochnäsig über Patenthalse, Lümmelbeschlag und ähnliches mir unverständliches Zeug.

Da kam zu meiner Rettung der Graf um die Klubhausecke. Er hob zu einer seiner flammenden Reden an, in deren Verlauf er meine Kollegen zur Hilfsbereitschaft, Kameradschaft und Unterstützung aufrief, damit ich doch noch die Prüfung schaffte. »Nehmt ihn mit ins Boot, Jungens!«, rief er aus.

Von jetzt an arbeitete ich auf drei Baustellen. Nachmittags büffelte ich zu Hause Vokabeln und Mathe. Danach im Klub Knoten, Spleißen und Takeln. Und abends im Bett Gesetzeskunde, Lichterführung und Ausweichregeln.

Dennoch kam ich in zeitliche Bedrängnis, denn der Termin der A-Schein-Prüfung nahte und ich hatte so gut wie keine Praxis an Schot und Pinne.

Doch ein Zufall kam mir zu Hilfe.

Eines schönen Nachmittags erblickte ich am Steg die mit Großsegel aufgetakelte Schuljolle SAMOA. Aber niemand schien mit ihr segeln zu wollen. Ich drehte eine Runde um das Klubhaus, sah auch im Jugendraum und auf der Toilette nach – keiner da!

Da stach mich der Hafer. Rasch warf ich die Vorleine los, sprang ins Boot, gab dem Steg einen Tritt und schoss vor dem Wind davon. Kaum aus dem Windschatten der hohen Pappeln heraus, die das Klubhaus umgaben, merkte ich erschrocken, wie stark der Ostwind in mein Großsegel blies.

SAMOA wetzte wie besessen über die Wakenitz in Richtung auf die »Sieben Türme«, während links und rechts neben ihrem Vorsteven die Bugwelle aufstob wie bei einem Torpedoboot auf Angriffskurs.

Ich bekam es mit der Angst und versuchte, vorsichtig den Kurs zu ändern und dabei gleichzeitig die vollkommen ausgerauschte Großschot zu greifen. Als ich dabei einen kleinen Schritt nach rechts trat, schoss das Boot unter harter Krängung nach Backbord, schleuderte mich zwischen Schwertkasten und Seitendeck auf die Bodenbretter – wobei ich nur knapp dem wuchtig überkommenden Großbaum entging – und blieb mit knallendem Segel quer zum Wind liegen. Nun war Holland in Not.

Keine zweihundet Meter in Lee gewahrte ich den Spazierweg am Ufer, auf dem sich grinsend und feixend erste Schaulustige versammelten. Weit in Luv entdeckte ich mit Grausen den Klubhauswart, der mir unverständliche Kommandos zubrüllte und wie wild mit den Armen ruderte. Was tun?

Natürlich wusste ich theoretisch, was zu tun war: Klar – ich würde jetzt an den Wind gehen, mit kurzen zackigen Schlägen aufkreuzen und bald drüben anlegen. Schon griff ich zur Schot und legte das Ruder. Aber SAMOA dachte gar nicht daran, loszusegeln. Im Gegenteil trieb sie jedes Mal zügig nach Lee, je dichter ich das Groß nahm. Als ich endlich merkte, dass das Schwert vollständig aufgeholt war, klebte ich auch schon wie die Fliege an der Wand am Bollwerk der Falkenwiese und versuchte verzweifelt, das Segel zu bergen und gleichzeitig meine hochglanzlackierte Außenhaut von den groben Holzbalken abzuhalten.

Zwischen den erschrocken beiseite springenden Gaffern, die meinem hin und her schlagenden Großbaum auswichen, rasten zwei erwachsene Yachtklubmitglieder auf Fahrrädern herbei. Sie sprangen wortlos ins Boot, schubsten mich an Land und hatten mit wenigen Handgriffen abgelegt. Während sie das Boot in Minuten zum Klub zurücksegelten, schob ich ihre Fahrräder drei Kilometer weit »außenrum« dorthin. Mein Empfang geriet indes nicht zum befürchteten Tribunal. Es war nämlich niemand mehr da. Die SAMOA lag abgetakelt und makellos aufgeklart in ihrer Box. Scheu um mich blickend schlich ich nach Hause.

Ach – hätten sie mich doch angebrüllt und ausgezählt …

Mit den Monaten aber legte sich der Spott. Selbst der Klubhauswart sprach wieder mit mir. Als der Herbst kam, schien ich ein einigermaßen geduldetes Mitglied der Jugendabteilung zu sein. Und meinen A-Schein, den hatte ich auch.

Aber es kam noch besser: Ein älteres Klubmitglied bot mir an, im nächsten Sommer seine betagte Jolle – ein schweres Boot holländischer Herkunft, das er kaum noch bewegte – zu segeln, wenn ich die während des Winters »ein bisschen pflegen« würde.

Ich nahm hocherfreut an, rückte ich doch somit beinahe in die Sphäre der Bootseigner auf, deren Reputation himmelhoch über derjenigen der gewöhnlichen Mitglieder lag.

Wenngleich das Hollandboot anstelle des »bisschen Pflege« eine Grundüberholung benötigte und ich wochenlang schuftete, um Außenhaut und Unterwasserschiff zu schleifen und zu malen, war ich doch glücklich. Denn im Mai hatte ich mich zum ersten Mal in meinem Leben verliebt.

Die hübsche Nachbarstochter hieß Sieglinde, war von schöner Gestalt, trug endlos lange blonde Zöpfe und konnte toll küssen. Als ich ihr von »meinem Segelboot« erzählte, geriet sie in Verzückung und wollte sofort mit mir segeln gehen. So kam es, dass ich sie am ersten schönen Maisonntag vor den Stielaugen vieler Klubkameraden auf den Steg führte, ihr galant ins Boot half und zügig ablegte.

Konnte ich ahnen, dass hundert Augen uns argwöhnisch verfolgten, wie wir uns weiter und weiter vom Steg entfernten?

Musste ich befürchten, dass Ferngläser kreisten, um genau zu erspähen, was geschah?

Konnte ich – andererseits – Sieglindes kokett vorgetragener Bitte widerstehen, ein wenig in das dichte Schilf am Falkendamm abzutreiben?

Hätten wir die lüsternen Gedanken der Zurückgebliebenen erraten, so wären wir vermutlich bald zurückgekehrt. Als wir nach Stunden zum Steg kamen, da erwartete uns allein mein Eigner. Er würdigte die schöne Sieglinde keines Blickes. Mich aber stauchte er zusammen: Ich hätte ein minderjähriges Mädchen verführt, und das auf seinem Boot! Den Vorstand wolle er informieren! Und meine Eltern sowieso! Aus dem Klub würde man mich werfen. Und wehe, wenn ich bis dahin seinem Boot noch einmal nahe käme …

Gebeugt wie ein geprügelter Hund verließ ich den Steg. Sieglinde war stinksauer und schritt aufrechten Ganges vor mir her. Eigentlich hatte sie recht. Wir hatten doch nichts Böses getan?

Uns nur ein bisschen geküsst? Minderjährig waren wir doch beide …

»Honni sois qui mal y pense.« Das hatte ich im Französischunterricht gelernt. Es bedeutet: »Ein Schuft, der Schlechtes darüber denkt.« Genau!

Aber sie hatten mich von da an nicht mehr richtig lieb im Klubhaus an der Wakenitz. Irgendwie war ich immer das »schwarze Schaf«.

Da nützte es nichts, dass ich brav mitmachte beim Wandersegeln zum Ratzeburger See, was jedes Mal in eine elende Paddelei und Kreuzerei mit dauerndem Mastlegen wegen der Brücken auf dem »Langen Jammer« ausartete. Es brachte auch nichts, dass ich nach harter Starkwindregatta auf besagtem Ratzeburger See als norddeutscher Jugendmeister im Puschenboot über die Ziellinie schaukelte.

Nachdem auch der – ebenfalls in Ungnade gefallene – Graf keine schützende Hand mehr über mich hielt, überlegte ich schon, dem Klub den Rücken zu kehren. Aber als ich eines Nachmittags aus der Schule nach Hause kam, da lag auf dem Küchentisch aufgeschlagen die soeben erschienene neue Ausgabe der Klubzeitung. Neugierig las ich:

Ausbildungstörn auf der
Schulyacht ALBATROS ab Travemünde!
Es sind noch Plätze für Mitglieder,
vorzugsweise der LYC – Jugendabteilung, frei!
Anmeldung bei der Geschäftsstelle

Mit fieberhafter Eile erledigte ich die Schularbeiten. Ungeduldig erwarteten wir den Vater. Er erkundigte sich sogleich telefonisch, wo denn diese ALBATROS lag. Und gleich nach dem Abendbrot fuhren wir in unserem alten Vorkriegs-Opel »Olympia« nach Travemünde.

Donnerwetter!

Da lag die ALBATROS tatsächlich an der Überseebrücke vor dem Travemünder Klubhaus des LYC am Leuchtenfeld. Lang und schlank, vorn mit einem endlosen Klüverbaum und am Heck den kleinen Papageienstock der Besanschot, dümpelte die große, weiß lackierte Yawl leise auf dem glucksenden Travewasser. Die Luken standen offen. Vater klopfte vorsichtig auf das Stabdeck aus grauem Teakholz. Als niemand an Deck erschien, wagten wir uns an Bord.

Ich kam aus dem Staunen nicht heraus. Auf diesem herrlichen Schiff durfte ich mitsegeln? Hoffentlich stimmten meine Eltern zu! War das nicht sehr teuer?

Am nächsten Abend stand alles fest: Mein Vater unterschrieb eine Zustimmungserklärung und überwies hundert Mark, ich erhielt ein paar Gummistiefel und eine Regenjacke und war überglücklich.

War das die Wende in meinem jungen Seglerleben?

Nein – es wurde das Schlüsselerlebnis, das mich endgültig für die See gewann! Das wusste ich allerdings erst nach dem Törn. Denn sein Beginn barg erneut Zündstoff für meinen Misserfolg.

An einem diesigen Freitagmittag ging es endlich los.

Mutti hatte darauf bestanden, mich zu begleiten. Ohne Erfolg versuchte ich, sie schon an der Haltestelle des Travemünder Omnibusses davon abzubringen. Vergeblich. Natürlich war sie die einzige Mutter, die da auf der Überseebrücke stand, als sich unsere Zehn-Mann-Crew an Bord einfand.

Die anderen feixten schon. Jetzt fehlte nur noch, dass sie mir zum Abschied die Nase putzen würde. Sie tat es nicht, aber mir war allein ihre Anwesenheit peinlich. Sie war auch noch da, nachdem wir alle unser Gepäck auf den Kojen verstaut hatten und wieder an Deck standen, um die Befehle unseres Kapitäns zu erwarten. Hoffentlich würde sie nicht zu doll winken, hoffte ich. Oder – schlimmer – auch noch »Ahoi« rufen.

Schon kamen die Kommandos. Hektik entstand an Deck. Wir legten ab und heißten sofort die Fock und den Besan. Langsam nahm die ALBATROS Fahrt auf und glitt majestätisch traveabwärts.

Jetzt wagte ich doch noch einen letzten Blick zum Leuchtenfeld. Tatsächlich – Mutti stand immer noch da und winkte uns frenetisch und ausdauernd nach. Zusammen mit sieben anderen Frauen, den Müttern, Freundinnen und Ehefrauen unserer Besatzung!

Nach dem Runden der Nordermole begann der harte Alltag: Alle Mann mussten sich tüchtig ins Zeug legen, um das riesige Gaffel-Großsegel der ALBATROS zu setzen. Dazu wurden das Piek- und das Klaufall mit jeweils drei Jungen besetzt, während unsere beiden Wachführer die Großschot, Backstagen und das Ruder wahrschauten. Unser Schiffsführer, seines Zeichens Studienrat und häufiger Skipper der Schulyacht, gab die entsprechenden Kommandos, und seine Tochter Inge lugte aus dem Niedergang.

Als wir das zentnerschwere Groß aus dickem Baumwollstoff endlich oben und getrimmt hatten, da gab es keinen trockenen Faden mehr an unserem Leib. Eine Verschnaufpause wurde uns allerdings nicht gewährt, denn nun wurden zwei von uns Jungen an die drei Meter lange Pinne beordert, um die ALBATROS auf Kurs zu halten. Die beiden hatten bald gut zu tun, denn die sechzig Jahre alte Dame besann sich ihrer edlen Herkunft als ehemaliges Lotsenversetzschiff auf dem Bristolkanal, legte sich 15 Grad nach Steuerbord über und preschte mit schäumender Bugwelle los, Kurs 025 Grad Richtung Dahmeshöved und Fehmarnsund.

Bald hatten alle meine Crewkameraden eine Aufgabe zugewiesen bekommen. Sie schossen Schoten und Festmacher auf, putzten Messing, scheuerten das Deck, stauten unter Deck Proviant oder halfen Inge in der Kombüse.

Nur mich hatte niemand zu irgendeiner Rolle eingeteilt. Deshalb fror ich nun nach der schweißtreibenden Arbeit am Klaufall. Außerdem hatte ich mir an dem wellblechharten Segeltuch mehrere Fingernägel abgebrochen, und meine Handflächen zeigten blutige Schrunden von dem groben Hanftauwerk der Fallen. Auch sah ich – im Gegensatz zu den anderen – nur wenig seemännisch aus. Während sie dunkle Hosen und dicke blaue Pullover oder Colanis trugen, saß ich in einer kakifarbenen Hose mit Bügelfalte und einer gelben zweireihigen Jacke neben dem Besanmast.

Ich hatte gerade beschlossen, nach unten zu gehen, um mich wärmer anzuziehen, da kamen plötzlich unsere beiden Wachführer auf mich zu, setzten sich beiderseits neben mich, ergriffen grob meine kaputten Hände und begannen wortlos, mir unter den Augen der ganzen Crew die Fingernägel so kurz zu schneiden, wie ich sie noch nie gesehen hatte.

Nach dieser ebenso peinlichen wie schmerzhaften Prozedur schickten sie mich nach unten mit den Worten: »So, Moses, und jetzt zieh mal deine Papageiklamotten aus, sonst setzen wir dich in Heiligenhafen beim Zirkus ab.«

Ich blieb ziemlich lange unten im Vorschiff. Auf der vorderen oberen Gasrohrkoje an Backbord lag mein Koffer. Komisch – er war wohl der einzige auf der ganzen Yacht, denn ich hatte keinen zweiten gesehen? Jedenfalls fand ich darin die passenden Sachen und zog mich sehr langsam um.

Die Bugwelle rumorte dort unten zwar laut, aber das Gelächter an Deck konnte ich trotzdem hören. Wie sie wohl über mich hergezogen!? Doch ich musste wieder hinauf, denn allmählich wurde mir etwas unwohl in der stickigen Luft, weil hinter unserem Sechsmannlogis die Lampenkammer mit dem Petroleumfass und die Farbenlast war. Also gab ich mir einen Ruck und kletterte von meiner Koje hinunter. Plötzlich mein Schreck:

Meine Füße in den blauen Bootsschuhen landeten in einem Schwall eiskalten Seewassers, das in dickem Strahl irgendwo von ganz vorne durch das Logis floss. Ich tappte rückwärts in den Salon, drehte mich zur Kombüse um, wollte weiter zum Niedergang – und versackte zwischen umhertreibenden Bodenbrettern. Was war bloß los mit der ALBATROS? Gingen wir etwa unter?

Ich rief nach Inge, die ja vorhin noch in der Kombüse hantiert hatte und das Wasser auch bemerkt haben musste, aber sie war offenbar wieder an Deck gegangen. Hastig balancierte ich auf den schrägen Bodenwrangen und den kreuz und quer schaukelnden Bodenbrettern zum Niedergang, hastete hinauf, erreichte das Luk und schrie: »Wasser! Hier ist überall Wasser! Das ganze Schiff ist schon voll.«

Das wirkte. Vergessen schien die – bestimmt meinetwegen ausgebrochene? – Fröhlichkeit. Unser Schiffsführer stieg sofort hinunter, bestätigte meine Beobachtung und gab die entsprechenden Orders. Wir passierten gerade die Tonne »Schwarzer Grund Ost« vor dem Kap Dahmeshöved.

»Klar zum Beidrehen – hart Backbord – die Fock bleibt back stehen – hart Steuerbord!« Sofort lag das Schiff still und ruhig ohne Fahrt am Wind.

»Klarmachen zum Lenzen – den Lenzbrunnen öffnen – die Lenzpumpe zusammenbauen ...!«

Die ALBATROS war ein altes, geschundenes Schiff aus Holz. Sie hatte als Berufssegler kein leichtes Leben gehabt, war Tag und Nacht bei jedem Wetter unter Segeln auf See gewesen. Ihre Spanten waren weicher geworden, die Plankennähte des schönen Rumpfes sprangen über der Wasserlinie auf, sodass man »eine Mütze hindurchschmeißen konnte«. Sobald das Schiff krängte, strömte die See hinein, bis das Holz aufquoll und die Nähte weniger klafften. Das war der ALBATROS' Schicksal. Der Skipper und die Wachführer wussten das. Sie hatten nur nicht erwartet, dass sie so bald nach dem Ablegen schon so viel Wasser machte.

Dieses Mal bekam auch ich meinen Job. Wir öffneten einen großen bronzenen Schraubdeckel im Deck, senkten einen aus fünf Einzelstangen zusammengeschraubten Pumpenschwengel hinunter, an dessen unterem Ende sich eine Metallplatte mit Lederklappe als Rückschlagventil befand, und holten in zweistündiger Schwerarbeit die Ostsee wieder aus der Yacht heraus. Anschließend schlugen die Großen eine Ladung Baumwolle – sogenanntes »Werg« – von innen in die gröbsten Lecks am Bug.

Bei Einbruch der Dämmerung erreichten wir Heiligenhafen Reede. Ich freute mich auf den Landgang – und wurde arg enttäuscht: Den Innenhafen konnten wir nicht anlaufen, denn der Westwind stand gegenan, die Rinne war zu eng zum Aufkreuzen, und einen Motor besaß die ALBATROS – natürlich – nicht.

Auf diese Weise kam ich zu meiner ersten Nachtwache.

Ich mag nicht glauben, dass die als Strafe für meinen ungeschickten Auftritt an Bord gedacht war, und dies umso weniger, als ich noch heute jede einzelne Stunde zwischen Mitternacht und sechs Uhr morgens als glückhaft erinnere.

Die ALBATROS ankerte unter Land am Graswarder vor Heiligenhafen. Als die Stille der Nacht und das Plätschern der Ostsee die ewigen Schreie der Möwen, Strandläufer, und Seeschwalben ablöste, glommen die Lichter auf. Mein Wachführer saß dicht neben mir in der Plicht, legte mir seinen starken Arm um meine schmächtige 13-jährige Knabenschulter und begann zu erklären.

Ich lernte die wichtigsten Sterne des nördlichen Himmels kennen, die in dieser glasklaren Septembernacht scheinbar zum Greifen nahe funkelten.

Er zeigte mir alle Schifffahrtslichter, die es rundum zu sehen gab, und nannte die Namen der Leuchtfeuer, Richtfeuer, Ansteuerungs- und Fahrwassertonnen. Im Norden blinkte hell der hohe Leuchtturm Flügge, in dessen Schein ab und zu kleinere Frachter und Fischerfahrzeuge vorbeizogen.

Ich lernte bei ihm, die Kennungen der Feuer zu ermitteln, sie in der Seekarte wiederzufinden und ihre Wiederkehr mit der Stoppuhr auszuzählen. Er zeigte mir, wie man eine Ankerpeilung vornimmt, um ein etwaiges Vertreiben unseres vor Anker liegenden Seglers zu erkennen. Schließlich erzählte er mir seine selbst erlebten Geschichten von der Seefahrt, bis der Morgen in zartem Rosa und lichtem Blau über den Osthorizont heraufschlich und wir beide todmüde in unsere klammen Kojen krochen.

Viel Schlaf gab es indes nicht. Denn der Südwest blies kräftig und versprach eine schnelle Reise über den Fehmarnbelt bis in den dänischen Hafen Bagenkop auf Langeland.

Für mich wurde der Tag zu einer erneuten Herausforderung, denn zwei Stunden nach dem Ankerauf-Manöver packte mich allmählich, aber unaufhaltsam die Seekrankheit. Je weiter die Küste bei Hohwacht im Dunst des Spätsommertages zurückblieb und je höher der dwars laufende Seegang wurde, desto schaler schmeckte sich mein Mund an. Bald lag ich zusammengekrümmt steuerbords in den Speigatten in Lee, kotzte mir den Magen aus dem Hals und verfluchte den Spott der Segelkameraden noch mehr als die Seefahrt als solche. Auf dem Höhepunkt der Krankheit, als nur noch Grünes kam, tat ich genau, was alle schwer Seekranken in dieser Lage tun: Ich schwor mir und allen diesen gemeinen Menschen um mich herum, dass ich nie, nie wieder ein Schiff betreten würde, sobald das hier vorbei war.

Am frühen Nachmittag legten wir nach rauschender Fahrt im Fischerhafen an und ich brauchte keine zehn Minuten, um – wunderbar gesundet – mit den anderen Jungen ins Dörfchen aufzubrechen. Dort führte unser Weg zuerst in die Bäckerei, wo jeder ein großes Stück »Wienerbrød« (so nennen die Dänen bis heute »unsere« deutschen Kopenhagener) erstand, um es an Ort und Stelle zu verschlingen.

Gleich danach gab es am Hafenkiosk herrliche »Røde Pølser« – Würstchen mit knallroter Pelle und einem Belag aus gelber Remoulade, Röstzwiebeln und dünnen Gurkenscheibchen in einem Brötchen.

Wegen des nach der überstandenen Seekrankheit viel zu hastig verzehrten Kuchens und der Würstchen, mit denen mein Inneres schwer zu kämpfen hatte, fiel mein Abendbrot ersatzlos aus. Ich bin aber nach dieser Rosskur niemals in meinem Leben mehr seekrank gewesen.

Im glatten Wasser des Großen Belts, den wir am nächsten Tag bei heftigem Westwind mit starken Böen durchpflügten, zeigte die alte ALBATROS ihre wahren Qualitäten. So oft wir mit Rauschefahrt und zehn Knoten eines der hier zahlreichen Küstenmotorschiffe überholten, traten deren Kapitäne staunend in die Brückennock, schimpften aber drohend mit der Faust, wenn wir ihnen johlend vor Freude einen Tampen zeigten. Aus Gründen der möglicherweise gefährdeten Völkerverständigung verbot der

Skipper dieses überhebliche Gehabe aber bald. Sicher wusste er besser als wir, dass die noch nicht lange zurückliegende kriegerische Besetzung ihres kleinen, aber feinen Reiches bei den Dänen wenig Sympathien für uns Deutsche hinterlassen hatte.

Unsere Reise führte uns weiter zum Fährhafen Korsør auf der dänischen Hauptinsel Sjælland (Seeland). Dort bewunderten wir die Tag und Nacht ohne Pause ein- und auslaufenden Beltfähren. Die schwarzen Ungetüme mit den großen Bug- und Heckklappen interessierten uns weit mehr als die schöne Altstadt mit ihrer Festung und dem Museum.

Als irgendwer in unserer Clique zuletzt einen versteckten Automaten mit Pornoheften entdeckte, versuchten wir, diesen im Tausch gegen unser zusammengelegtes Kleingeld zur Herausgabe eines seiner Schunderzeugnisse zu bewegen. Das misslang: Der verstockte Automat behielt sowohl unsere Münzen als auch das Heft.

Zurück an Bord, überraschten wir die erwachsene Crew vom Kapitän bis zur Kombüsenmagd bei der Betrachtung von Pornoheften, die allerdings blitzartig unter der Back verschwanden, als wir den Niedergang hinabstiegen.

Ein Riesenschlag über 14 Stunden brachte uns von Korsør bei günstigem Südsüdwest hinauf zu dem Fischerdorf Juelsminde am Vejlefjord in Jylland (Jütland).

Hier machten wir zum ersten Mal Bekanntschaft mit den dekorativen dänischen Fischernetzen, die dort zum Trocknen an Land hingen. Uns gefielen aber nicht etwa die Fischernetze selbst, sondern nur die wunderschönen flaschengrünen Glaskugeln, die kunstvoll in die Lieken der Netze eingeknüpft waren und als Schwimmkörper dienten, damit die Netze wie Wände senkrecht im Wasser stehen konnten. Wie toll könnte man damit den häuslichen Partykeller der Eltern oder das eigene Jugendzimmer zu Hause verschönern!

Während die übrige Crew züchtig die Dorfkirche besichtigte, schlichen wir also zu viert – natürlich völlig unauffällig – um die Netze herum, um bei nächster Gelegenheit ein paar dieser Kugeln und möglichst auch gleich noch je ein Stückchen von den Netzen zu mopsen. Aber die Fischer waren auf der Hut. Und das, obwohl es damals so gut wie keine Privatyachten, geschweige denn eine segelsportliche Infrastruktur mit Yachthäfen gab. Vielleicht hatte es sich ja bei den Fischern herumgesprochen, dass eine Horde junger »Tysker« das Dörfchen unsicher machte? Schließlich trollten wir uns ohne Beute an Bord.

Nach einer tollen Nachtfahrt durch die Enge des Kleinen Belts mit seiner hochinteressanten Befeuerung, bei der fast die ganze Crew zur Beobachtung der zahlreichen Richt- und Quermarkenfeuer eingeteilt war, erreichten wir mittags etwas übernächtigt Assens auf Fyn (Fünen), wo wir eigentlich erst mal ausschlafen wollten.

Bald mahnte unsere Schiffsleitung aber die Weiterreise an, denn das Barometer war schon seit dem Morgen rasend gefallen. In Ermangelung elektrischen Stroms und damit eines Wetterberichtes aus dem Radio deuteten Skipper und Wachführer die Bewölkung als ein rasch heranziehendes Sturmtief.

Wir legten ab und segelten in den windigen Abend hinein.

Diese Entscheidung erwies sich als unglücklich, denn schon bei der Nordspitze der Insel Ærø hatten wir vollen Sturm aus West. Der Käpten legte seine Stirn in Sorgenfalten und ließ Segel bergen, zuerst das Groß, dann den winzigen Besan. Aber selbst mit der nicht gerade riesigen Kreuzfock lief die ALBATROS immer noch geloggte sieben Knoten.

Mich hatten sie – wohl eingedenk meiner Wasserstandsmeldung bei der Ausreise – als Bilgenbeobachter abkommandiert, und ich musste leider schon bald bedrohliche Wassermengen melden, denn das Schiff arbeitete schwer in der hohen Welle. Da entschloss sich der Schiffsführer, erneut den Fischerhafen Bagenkop anzusteuern, weil er dort mit der motorlosen ALBATROS sicher unter Segeln einzulaufen gedachte.

Als wir den Hafen um Mitternacht erreichten, sahen wir im hellen Schein der Hafenbeleuchtung zu unserem Entsetzen, dass die beiden Hafenbecken proppenvoll mit Fischkuttern und Seglern aller Art waren, die in Päckchen an den Kais lagen und in deren Masten der Sturm kreischte und orgelte.

Was nun?

Der geplante Aufschießer, mit dem wir im Innenhafen die Fahrt aus dem Schiff nehmen wollten, erwies sich als unmöglich, weil unserem schweren Langkieler der Raum zum Drehen fehlen würde. In aller Eile rissen wir die Fock herunter, aber die ALBATROS lief selbst vor Topp und Takel immer noch viel zu schnell auf die roten und grünen Molenfeuer zu. Sie würde im Becken ein fürchterliches Kleinholz anrichten, so viel stand wohl fest.

Doch da hatte einer die Idee: Wenn es gelang, die Yacht dicht an der Spundwand der seewärtigen Mole entlangzusteuern und einen Mann mit einer Trosse überzusetzen? Dann konnte der vielleicht blitzschnell die Trosse um einen der granitenen Poller legen und unsere mörderische Fahrt aufstoppen!

Nur noch knapp zwei Kabellängen – dreihundert Meter. Man musste es riskieren!

Schon stand einer der Wachführer mit der achtern an Bord belegten zweizölligen Kokostrosse an der Reling, schleuderte sie rüber auf die Mole, sprang mutig hinterher und erreichte auch tatsächlich den massiven Steinpoller. Als er den Rundtörn herumgelegt hatte und das Ende mit seinen Pranken packte, hielt jeder an Bord den Atem an und sich selbst irgendwo fest.

Würde der gewaltige Ruck nicht die bronzene Belegklampe aus dem Deck reißen?

Würde der zu erwartende seitliche Anprall die alte ALBATROS nicht endgültig leckschlagen?

Es geschah nichts dergleichen!

Denn die ALBATROS nahm uns ihr Geschick aus den Händen und handelte selbst, wie sie es für richtig hielt. Als die Trosse mit einem peitschenden Knall brach und sich jeder an Bord wegduckte, um nicht von dem zurückschnellenden Ende getroffen zu werden, durchquerte unsere brave Lady bereits das Hafenbecken und nahm zielsicher Kurs auf eine kleine Lücke zwischen zwei Päckchenliegern. Dort rutschte sie mit der straff durchgesetzten Kette ihres Wasserstags die niedrige Kaimauer hinauf, verharrte oben einen Augenblick und glitt dann langsam und gelassen zurück ins schwarze Hafenwasser.

Die Beherzten unter uns, die man heute »echt cool« nennt, brachten Fender aus. Die Übrigen starrten sich fassungslos an. Der Wind drückte unser Heck herum. Und die ALBATROS lehnte sich brav und zutraulich an die Bordwand einer Schwester, als sei nichts geschehen.

Wenn uns jetzt irgendjemand die Frage nach einer Seele gestellt hätte, die seit dem Stapellauf jedem Schiff innewohnt – wer hätte die verneint?

Der Sturm blies zwei volle Tage. Kein Schiff ging in See. An Land war es ungemütlich, denn dort flog der Strand durch die Luft. Langeweile kam auf. Da fiel unserem Skipper eingedenk seiner Pflicht zur Ausbildung der Jugendlichen ein, dass wir ja auch noch ein Dingi mit uns führten. Das lag immer kopfüber auf dem Salonskylight. Jetzt wurde es flott gemacht und zum Schulrudern zu Wasser gelassen.

Wir Jugendlichen lernten an den zwei Sturmtagen von Bagenkop, wie man ein Dingi rudert, wriggt, mit Bug, Heck und längsseits anlegt. Weil ich das immer noch beherrsche, rege ich mich zu gern über die »Jugend von heute« auf, die nichts anderes mehr kann, als am Gasgriff des Außenborders zu drehen, sobald Vati das Gummiboot aufgeblasen und den Tank gefüllt hat. Aber – ob wir damals rudern gelernt hätten, wenn es schon Außenborder gegeben hätte?

Übrigens: Im letzten Moment vor dem Ablegen jumpten ein Kamerad und ich noch mal schnell an Land. Wir hatten zwei Tage Zeit gehabt, um uns vier der schönsten flaschengrünen Glaskugeln mit jeweils einem Stückchen Fischernetz dran auszusuchen. Die holten wir uns jetzt.

Meine Glaskugeln hingen noch jahrelang in meinem Jugendzimmer in Lübeck. Ich hoffe, die dänischen Fischer können mir verzeihen.

Der letzte Tag unseres herrlichen Seetörns mit der ALBATROS endete in einer wunderschönen Spätsommernacht auf spiegelglatter See vor dem Travemünder Kurstrand. Vor der Kulisse des hell erleuchteten Casinos, in dessen Gärten elegant gekleidete Gäste zu den Klängen des Kurorchesters tanzten, drehte sich unsere große Yacht in der Totenflaute ohne Fahrt auf der Stelle. Zuerst genossen wir die milde Luft. Aber als sich auch nach Stunden noch kein Hauch regte, riefen wir doch lauthals nach Schlepperhilfe. Endlich bemerkte man uns an Land, es kam die Barkasse der Schlichting-Werft und schleppte uns mildtätig ein. Jetzt hieß es, Abschied zu nehmen.

Ich blieb als Letzter einen Augenblick im Salon zurück. Hielt stille Zwiesprache mit dem wundervollen Charakterschiff. Verabschiedete mich ehrfürchtig. Und versprach, wieder an Bord zu kommen.

Doch daraus wurde nichts. Schon bald lag die stolze Yacht bei der Staakwerft in Herrenwyk für immer an Land. Man hatte sie an einer Stelle aufgepallt, wo sie nicht weiter störte. Eine Persenning gegen Regen und Sturm, Schnee und Eis hatte man nicht für sie übrig. Man würdigte sie nur noch einmal eines Blickes, um sachgemäß festzustellen, dass das Schiff nicht mehr zu retten war.

Ich habe sie bei meinen Fahrten auf der Trave dort noch einige Jahre liegen sehen. Die Löcher in ihrem Rumpf klafften immer weiter und der ehemals weiße Lack wandelte sich langsam zu einem unbestimmten Grau.

Dann – eines Frühjahrs – war sie plötzlich fort.

Ich habe sie nie vergessen!

Und an die Wakenitz bin ich nie wieder zurückgekehrt. Jedenfalls nicht zum Segeln.

[Zeichnung von Kurt Schmischke, gewidmet Helge Janßen für die Veröffentlichung H.J.'s Geschichte »Von der Psyche der Segelschiffe« in der von Wolfgang Kraus herausgegebenen Antologie.]

1955

Am Morgen des traditionellen Ansegelns der seegehenden Yachten knatterten bunte Flaggen im frischen Wind über dem grünen Rasen des Leuchtenfelds.

Am Flaggenmast vor dem Travemünder Klubhaus des Lübecker Yachtclubs war Flaggengala vorgeheißt. An den Dalben dümpelten die glänzenden Yachten.

Auf dem Rasen standen sich zwei Reihen von Menschen gegenüber:

Dort die Eigner der Yachten in dunkelblauen Klubjacketts mit Goldknöpfen und Lübschem Adler auf der Brusttasche.

Hier wir Jugendliche im dunklen Klubpullover mit den Klubfarben Schwarz-Weiß-Rot.

Das jährliche Ansegeln begann mit dem Zeremoniell der Auswahl der Besatzungen. Jeder Eigner wählte aus der Reihe der Jugendmitglieder eines oder zwei Besatzungsmitglieder aus, die beim Ansegeln auf seinem Schiff dabei sein würden.

Der Erste war Käpten Cruse von der LORELEY. »Ich nehm' den mit den Gummistiefeln«, rief er aus. »Soll ja noch fix Wind geben heute«.

Dann kam Skipper Schöberl von der AENNE an die Reihe. »Ist eigentlich egal, ich kenn' eh keinen der Jungs. Der Zweite von links«.

Der Skipper, der mich auswählte, rief unter allgemeinem Gelächter: »Den langen Blonden mit den Segelohren.«

Es war Friedrich, bei seinen Freunden auch wohl Fritz, für mich immer nur »Herr Friedrich«. Er besaß die SCHLEIMÖVE IV«, eine der kleineren Yachten der Flotte, einen 5,5 KR-Seekreuzer von gut neun Metern Länge.

Mit diesem außergewöhnlichen Mann bin ich viele Jahre lang gesegelt. Auf seinem Schiff fuhr man wie weiland die gewöhnlichen Seeleute, nämlich »vor dem Mast«. Das bedeutete, dass man im engen und dunklen Vorschiff auf einer Gasrohrkoje schlief. Dass man vor dem Mast die Segel setzte, reffte und barg. Dass man das Deck scheuerte und die Abwäsche in der Pantry übernahm. Und dass man den Mund hielt, bis man gefragt wurde.

Er führte sein Schiff wie einen Frachtdampfer.

Er verkörperte den Kapitän so, wie Kapitäne seit alters her gesehen werden: als »alleiniger Herr nächst Gott«. Obwohl er niemals ein Kapitän gewesen war, sondern Schiffbauingenieur auf der Lübecker Werft Orenstein & Koppel.

Er duldete keinen Widerspruch und niemanden neben sich, nicht einmal seinen eigenen Sohn.

Er überzog jeden mit gnadenlosem Hohn und Spott, der Fehler machte oder gar Gefühle zeigte.

Er hatte zu jedem Thema seine eigene Meinung, von der er sich niemals abbringen ließ. Andere Ansichten als die seinen interessierten ihn nicht einmal.

Diskussionen mit ihm waren unmöglich.

Bisweilen steigerten sich bei ihm Ironie und Sarkasmus zu ersten Anwandlungen von Tyrannei: So verweigerte Herr Friedrich es mir einmal an einem kalten Seetag, unter Deck zu gehen, um mich wärmer anzuziehen. Anstelle meines molligen Colani erhielt ich in kurzen Abständen fünfmal den Befehl »Klar zur Wende!« Danach war mir warm. Und er war zufrieden.

Manchmal habe ich ihn gehasst und verflucht.Dennoch blieb ich an Bord. Denn er ließ mir endgültig die Seebeine wachsen.

Er lehrte mich gute Seemannschaft durch Vorleben.

Er brachte mir Verantwortungsbewusstsein bei und Durchhaltevermögen. Und damit formte er meine Persönlichkeit ganz entscheidend, ehe aus dem Knaben ein Mann wurde.

Wir machten – nach damaligen Begriffen – große Reisen. Wer am Wochenende von Travemünde nach Burgstaaken auf Fehmarn segelte (und natürlich auch wieder zurück), der war schon ein Held.

Zu Pfingsten segelten die Verwegenen gar bis ins dänische Rødby auf der Insel Lolland.

Im Sommer ging es drei Wochen lang in die »Dänische Südsee« oder gar rund um Fyn. Vierhundert Seemeilen waren ein Rekord!

Alles war mühsam. Die meisten Yachten waren aus ständig pflegebedürftigem Holz. Kaum eine besaß einen Hilfsmotor. Wenn überhaupt, dann einen kleinen Benzinmotor, dessen gegen jede Feuchtigkeit anfällige Zündelektrik oft streikte und der schon wegen der allgegenwärtigen Benzindämpfe lebensgefährlich war.

Nach jedem feuchten Wochenend-Segeltörn mussten die schweren, aus Baumwolle gefertigten Segel mühsam abgeschlagen, an Land transportiert, im Klubhaus zum Trocknen aufgehängt und am nächsten Wochenende wieder angeschlagen werden.

An Bord gab es keinen elektrischen Strom, sondern ausschließlich Petroleumlampen, Spiritus- oder Petroleumkocher oder – auf größeren Booten – Brennhexen mit Kohlefeuerung.

Die Riggs bestanden aus Holzmasten mit einer Verstagung aus verzinktem Stahldraht. Fallen und Schoten waren aus grobem, steifen Naturtauwerk, ebenso wie die Festmacher. Decksmaschinen, wie z. B. Schot- oder Fallwinschen, gab es allenfalls in Form von einfachen Knarrpollern. Meist wurden Flaschenzüge, an Bord »Klappläufer« und »Taljen« genannt, verwendet.

Sicherheitseinrichtungen wie Bug- und Heckkörbe, Relinge, Rettungswesten oder gar Lifebelts waren ebenso unbekannt wie etwa Rettungsinseln. Ein einfacher, segeltuchbezogener und weiß gestrichener Rettungsring aus Korkmaterial lag auf dem Kajütdach. Als höchsten Luxus und als Rettungsmittel führten größere Yachten bisweilen ein hölzernes Beiboot mit – an Deck oder schiffig in Davits am Heck.

In den Häfen gab es kaum Einrichtungen für die Sportschifffahrt. Vor allem in Dänemark, dem bei Deutschen beliebtesten ausländischen Segelrevier, lag man meist in kleinen Fischerhäfen mehr oder weniger geduldet und in den größeren Stadthäfen wie Nakskov, Korsør, Vejle, Fredericia oder Assens am Kai.

Das Seegebiet für uns deutsche Seesegler wurde schon bald durch die Verlängerung des Eisernen Vorhangs vor der Küste bei Travemünde arg eingeschränkt. Wir konnten entlang der gelben Tonnen mit der Aufschrift GRENZE lediglich Nordost steuern, uns frühestens bei dem Ostkap Fehmarns – Staberhuk – auf Ostkurs begeben und hatten dann nur noch die dänischen Häfen Gedser auf Falster und Klintholm auf Møn zur Verfügung, um nach Schweden oder Bornholm zu gelangen. Die gesamte ostdeutsche Küste von Travemünde bis Swinemünde war hingegen ebenso tabu wie die übrigen Ostseegewässer in Polen und im Baltikum. Dieser Zustand hatte für mein späteres Seglerleben bestimmende Auswirkungen.

Zunächst aber ging es an nahezu jedem Wochenende auf die SCHLEIMÖVE IV zu Herrn Friedrich.

Zur Stammcrew auf seinem Schiff gehörten ein Jungmann namens Rolf und ich. Selten war Herrn Friedrichs Sohn Dirk dabei. Das war nicht weiter verwunderlich, denn Sohn bei Herrn Friedrich zu sein musste ein noch härteres Leben bedeuten als das unsere.

Der »Herr nächst Gott« hielt die Fäden fest in seiner Hand, bestimmte den Tagesablauf bis auf die Minute und ließ kaum Freiraum für eigene Initiativen. Es begann mit dem Aufstehen, das der Schiffer mit dem lautstarken Ruf »Reise-Reise« einzuleiten pflegte: Pünktlich um acht Uhr hatten die Flaggen gesetzt zu werden. Zuerst die Nationale am Flaggenstock am Heck. Dann die Flagge der Kreuzerabteilung an der Steuerbordsaling. Lagen wir in einem fremden Yachthafen, dann wurde zusätzlich die Flagge des ältesten dort ansässigen Vereins an der Backbordsaling aufgezogen.

In einem ausländischen Hafen zu liegen bedeutete zusätzliche Arbeit. Dann nämlich setzte man zuerst die jeweilige Gastlandflagge – also die Nationalflagge des betreffenden Landes – an der Steuerbordsaling und die Kreuzerflagge an Backbord, zuletzt aber die eigene deutsche Nationalflagge am Heck.

Bei festlichen Anlässen wie dem Geburtstag des eigenen oder des gastgebenden Vereins, beim Stapellauf einer neuen Yacht im Klub oder bei Hafenfesten war Flaggengala angesagt. Dann saßen wir lange unter einem Berg von Signalflaggen in der Plicht und knoteten unter gestrenger Aufsicht des Kapitäns die Flaggen aneinander. Und zwar jeweils zwei Buchstabenflaggen in aufsteigender Reihenfolge des Alphabetes, dann einen Zahlenwimpel ebenfalls aufsteigend oder einen der Hilfsstander und dann wieder zwei Buchstabenflaggen, bis der Flaggensatz zu Ende war. Als zu verwendender Seemannsknoten war ausschließlich der Schotstek erlaubt.

Die fertige Flaggengirlande heißten wir dann mit dem Großfall so hoch in den Masttopp, dass das vordere Ende bis zum Bug und das hintere bis zur Großbaumnock reichte.

Nach Ende der Flaggengala durfte nun die ganze Pracht aber nicht etwa komplett in das Flaggenrack bzw. Flaggenfutteral verbracht werden, um bei nächster Gelegenheit klar zum Heißen zu sein. Nein – alle Flaggen wurden auseinander geknotet und sorgfältig archiviert. Konnte man denn je sicher sein, nicht unterwegs plötzlich irgendein Flaggensignal setzen zu müssen?

Übrigens legte Herr Friedrich auch gesteigerten Wert darauf, vorbeifahrende Schiffe fremder Nationen auf hoher See und alle Kriegsschiffe mit einem Flaggengruß zu beglücken.

Bei den ausländischen Handelsschiffen ordnete er dies allerdings nach eigenem Gutdünken nur dann an, wenn ihm der seemännische Zustand des jeweiligen Schiffes zusagte. Das hieß, dessen Anstrich musste tadellos in Ordnung sein, ebenso wie das Ladegeschirr und selbstverständlich seine Flaggen. Schiffe mit ausgefranster Nationalflagge oder gar ohne Gastlandflagge mussten leider ungegrüßt weiterfahren.

Allein fahrende Kriegsschiffe wurden immer gegrüßt. Bei Schiffsverbänden ließ unser Skipper natürlich nur das jeweilige Führungsschiff grüßen, das sich durch seinen Kommandeursstander auswies.

Für uns war dieses Flaggedippen eine mühsame Angelegenheit: Auf Skippers Kommando »Flagge dippen« sprang der jeweils freie Jungmann ans Heck, knipperte die Sorgleine des Flaggenstocks los, zog ihn aus seiner Halterung und senkte ihn in eine waagerechte Position über das Heck hinaus nach achtern. Nun hieß es – in gebückter Haltung mit der einen Hand am Achterstag und in der anderen die Flagge – gespannt abzuwarten, ob und wann der Flaggengruß von dem gegrüßten Schiff erwidert wurde.

Die meisten Handelsschiffe beachteten die kleine Yacht entweder gar nicht oder sie wussten mit der komischen Prozedur nichts anzufangen. Sie wurden dann von Herrn Friedrich mindestens mit dem Attribut »Kulturbanause« oder aber als Flegel beschimpft.

Bei den Kriegern jedoch löste unser Flaggengruß stets hektische Aktivitäten aus. Sofort sprintete ein Signalgast zum Flaggenmast, tütelte die Flaggleine los und fierte die Dienstflagge auf etwa halbe Höhe. Dann musste er warten, bis wir unsere Flagge wieder in den Flaggenstockhalter gefummelt hatten, was bei Seegang und Lage etwas dauern konnte, um dann die eigene Flagge wieder vorzuheißen. Besonders netten Flottillenchefs, die uns an der Reling zackig militärisch grüßten, wurde mit einem leichten Winken unsererseits gedankt. Keinesfalls durften wir etwa die Hand an die Mütze legen; das blieb nur Militärs im Dienst vorbehalten.

Mit großer Akribie verlief auch die seemännische Kommunikation an Bord der SCHLEIMÖVE.

Vor dem Ablegen etwa rief der Skipper seine Crew mit »klar vorn und achtern« an. Dann hatte jeder – je nachdem, ob er vorn oder achtern eingeteilt stand – mit »klar vorn« oder »klar achtern« zu antworten. Jeder weitere Befehl hatte von dem Befehlsempfänger wiederholt und seine Ausführung extra bestätigt zu werden. So klang zum Beispiel ein Kurskommando:

Skipper: »Kurs 230 steuern.«

Rudergänger: »Kurs 230 steuern.«

Rudergänger: »Kurs 230 liegt an.«

Skipper: »Kurs 230 liegt an, danke.«

Neben diesem seemännischen Ritual, das durchaus allein wegen seiner Überlieferung, aber auch wegen der nötigen Unmissverständlichkeit zu Recht gepflegt wurde, gab es zahlreiche Regeln der Tagesroutine, auf deren strenge Einhaltung Herr Friedrich ebenfalls allergrößten Wert legte.

Mahlzeiten hatten minutengenau zur vorher bestimmten Zeit eingenommen zu werden. Wer zu spät an der Back erschien, der wurde mit der stets gleichen Floskel gemaßregelt: »Alle warten nur auf dich!«

Nach dem Abendessen ordnete Herr Friedrich zuverlässig einen Hafenrundgang an, der allenfalls bei heftigem Regen ausfallen durfte.

Sinn und Zweck dieses Rundgangs bestanden darin, seiner eigenen Missachtung der meisten anderen segelnden Mitmenschen Ausdruck zu verleihen. Und darin, uns Youngsters zu Lebenstüchtigkeit zu erziehen. Vor fast jedem Boot im Hafen blieb unser Skipper stehen, wies uns auf allerlei Unzulänglichkeiten wie zum Beispiel nachlässig aufgeschossene Leinen, ausgefranste Flaggen oder abgeplatzten Lack hin, schüttelte tadelnd seinen Kopf und bemerkte traurig: »Da kann man sich ja Hände und Füße dran wärmen!«

Besonders hart traf es bisweilen auch Klubkameraden, deren Verhalten Friedrich suspekt erschien.

So hatte Kapitän Cruse von der LORELEY eines Tages beschlossen, die Segelei aufzugeben. »Immer dieses olle Kreuzen«, brummte er. »Werde mir ein Motorboot zulegen und damit gemütlich über die Ostsee tuckern!« Das tat er dann tatsächlich, und der ganze Klub wartete gespannt auf die neue Motor-LORELEY. Kaum lag die am Leuchtenfeld, da hatte ihr Eigner bereits Friedrichs beißenden Spott heraufbeschworen. Auf dem Rumpf der elegant gezeichneten Motoryacht thronte nämlich ein großes, ziemlich eckiges Deckshaus, dessen Frontscheiben der besseren Sicht wegen schräg nach vorn geneigt waren. Friedrich nannte das Schiff fortan bissig nur noch »den Kiosk«. Und das selbst Käpten Cruse gegenüber. Dabei fand ich, dass Herr Cruse eine gar nicht so abwegige Entscheidung getroffen hatte. Warum nicht eines fernen Tages umsteigen von der Segel- auf eine Motoryacht? Denn er hatte ja Recht; schließlich gilt das Segeln heute noch als »die teuerste Art, unbequem und langsam zu reisen«.

Auf der SCHLEIMÖVE war um zehn Uhr abends Ruhe im Schiff angesagt. Das galt allerdings nicht für den Skipper: Der gähnte sich auf seiner Hundekoje im Achterschiff so lange und so lautstark in den Schlaf, dass wir auf unseren Gasrohrkojen im Vorschiff noch um Mitternacht hellwach lagen.

Drei Sommer gingen so ins Land. Ich hielt es am längsten bei Herrn Friedrich aus. Vielleicht weil ich der Einzige war, der fast alle seine Schrullen ohne Murren ertrug? Vielleicht weil ich wegen der langen Sommer bei ihm an Bord noch keine feste Freundin hatte?

Herrn Friedrichs Verhältnis zum weiblichen Geschlecht konnte man nämlich ebenfalls nicht als alltäglich bezeichnen. Seine elegante Gattin, die leider die Seekrankheit packte, sobald sie ein Schiff betrat, sah man selten. Sie lenkte ihren Opel Rekord nur dann nach Travemünde, wenn die Bordvorräte der Yacht einer Ergänzung bedurften oder der Skipper frische Wäsche brauchte. Ein Eheleben im landläufigen Sinne fand bei den Friedrichs jedenfalls im Sommer kaum statt, weil der Schiffer dann fast immer an Bord wohnte. Aus diesem Grunde gestattete er natürlich niemandem, eine Frau auch nur mit an Bord zu bringen – geschweige denn zum Segeln.

Bei aller Mühsal an Bord der SCHLEIMÖVE hat aber Herr Friedrich auch viel Gutes für die Jugendabteilung des LYC und damit auch für mich getan. Als Chef der Schiffsausrüstung bei der Werft O&K verpflichtete er ein bis zwei Mal im Jahr die gesamte Jugend als Hilfskellner. Dann hatten an die zwanzig Jungs anzutreten, um aus den Laderäumen der Frachterneubauten Speisesäle herzurichten und die Gäste der Werft und der Reederei bei den Übergabefahrten der Schiffe zu bedienen. Auf diese Weise kamen wir in intensive Berührung mit der Berufsschifffahrt, was manchem unter uns – und auch mir – später sehr nützlich war.

Meine Sommer an Bord der SCHLEIMÖVE IV und damit auch meine Segelei überhaupt gingen zu Ende, als mich eines Tages die schon vergessen geglaubte »Fünferregel« einholte.

Mein Klassenlehrer beorderte – wieder einmal – Mutti zu sich ins Lehrerzimmer, um ihr mitzuteilen, dass ich mit gleich drei dieser schrecklichen Noten im Versetzungszeugnis nicht mehr zu retten sei.

Mein Vater ergriff daraufhin eine Sofortmaßnahme, indem er zum Arbeitsamt eilte, um mir – Wochen nach Bewerbungsschluss – die letzte noch offene Lehrstelle zu besorgen und mich sofort von der Schule zu nehmen.

Das alles, ohne mich überhaupt zu fragen! Oder etwa meine Zustimmung einzuholen!! Tja – so war das damals mit der elterlichen Autorität. Das hatte ich nun davon …

1957

Spielte das Leben sogleich wieder Schicksal mit mir? Fast schien es mir so. Denn meine Lehrstelle befand sich in einem riesigen Hochofenwerk. Das lag ausgerechnet in Herrenwyk an der schönen Trave. Und von seinem Hafenbecken aus, in dem Kohlenfrachter gelöscht und mit Roheisen beladen wurden, konnte ich zur Staackwerft hinüber sehen, wo die ALBATROS »gestorben« war. Ich war also irgendwie schon wieder in der Nähe der Segelboote.

Andererseits verlief mein neues Leben in völlig veränderten Bahnen.

Es begann jeden Morgen quasi mitten in der Nacht um 04.30 Uhr mit einer unglaublichen Anstrengung – dem Aufstehen. Wenn ich das nicht schaffte, waren nämlich die Werksbusse weg, die allmorgendlich in allen Lübecker Stadtteilen die Industriearbeiter auflasen, um sie pünktlich zum Arbeitsbeginn um sechs am Werkstor in Herrenwyk anzuliefern.

Verpasste ich den Werksbus, dann konnte ich mit einer unendlich langsamen Straßenbahn frühestens um acht im Werk sein, was mir nicht nur den Spott und die Schadenfreude meiner vierzig Lehrkollegen einbrachte, sondern todsicher auch einen scharfen Verweis des Ausbildungsleiters und des Meisters der Lehrwerkstatt.

Ich verpennte gleich im ersten Monat drei Mal und Vati erhielt einen Brief der Werksleitung, der meinen Rausschmiss andeutete, wenn nicht sofortige Besserung einträte.

Nach einer fürchterlich Predigt meiner Eltern, die mich gar meines Elternhauses zu verweisen drohten, bastelte ich mir einen elektrischen Starktonwecker, der nicht nur mich, sondern auch die gesamte Wohngemeinschaft unseres Hauseingangs zuverlässig aus den Federn holte.

Nun verschlief ich nur noch ein Mal im Monat, womit ich im Toleranzrahmen meiner Lehrkollegen lag. Schließlich konnte man uns nicht alle entlassen.

Im Übrigen gestaltete sich meine Lehre zum Starkstromelektriker äußerst interessant und effizient. Ein Jahr lang erlernten wir in der Lehrwerkstatt die gesamte Palette der Metallbearbeitung, nämlich das Sägen, Feilen, Bohren, Drehen, Schmieden, Schleifen, Löten und Schweißen. Anschließend folgten zweieinhalb Jahre in sämtlichen Betrieben des Werkes. Wir arbeiteten in der Elektrowerkstatt und auf den Hafenkränen ebenso wie in der Vermittlungstechnik der Telefonzentrale und bei der Straßenbeleuchtung der werkseigenen Wohnsiedlung in Herrenwyk.

Als ich nach dreieinhalb Jahren meinen Facharbeiterbrief erhielt, verfügte ich über eine Berufsausbildung, die mich ein Leben lang gut ernähren konnte.

Mehr noch – mit diesem Know-how war man den meisten praktischen Anforderungen unseres modernen Lebens bestens gewachsen, egal ob es um handwerkliche Dinge im Haushalt, um das Auto oder – um ein Boot ging.

Mein Leben mit Booten und mit der Segelei war allerdings während der Lehrzeit eindeutig zu kurz gekommen, denn es gab genügend andere Zerstreuungen und Interessen, die bis dahin wegen des Segelns immer auf der Strecke geblieben waren.

So lernte ich einige Jahre lang, wie man Posaune spielt, schloss mich der Lübecker Oldtime Jazz-Szene an, die in ganz Europa in den fünfziger Jahren ein bemerkenswertes Revival erlebte, und gründete sogar eine eigene Dixieland-Band mit dem Namen »Mississippi Steamboat Gang«. Wir hatten gut zu tun, spielten in Klubs und großen Festsälen vor der Lübecker Jugend und in ganz Schleswig-Holstein zum Tanz auf und schafften es sogar bis zum Jazzfestival in der Hamburger Musikhalle.

Meine berufliche Zukunft hätte eigentlich auch festgestanden: Ich erhielt zusammen mit dem Gesellenbrief sogleich ein Angebot auf Übernahme in die Elektrikermannschaft des Hochofenwerks. Ich lehnte aber dankend ab. Angesichts des nächtlichen Arbeitsbeginns, an den ich mich nie habe gewöhnen können, und auch wegen des ewigen Industrieschmutzes, der einen nie losließ, beschloss ich, die neu gegründete Lübecker Fachhochschule zu besuchen. Ich wollte Elektroingenieur werden.

Da aber spuckte mir Vater Staat in die Suppe, denn eines Tages lag ein Brief des Kreiswehrersatzamtes in unserem Briefkasten, der mich zur sofortigen Musterung befahl. Man brauchte mich offenbar dringend bei den Soldaten.

Na gut, dachte ich, wenn die mich zur Marine lassen? Da konnte man bestimmt auch segeln …

Ersteres versprachen sie mir auch. Aber ich würde während der damaligen Grundwehrdienstzeit von 18 Monaten nicht an Bord eines Kriegsschiffes eingesetzt werden, sondern im Wilhelmshavener Arsenal als Elektriker schaffen. Und mit dem Segeln auf den schnittigen Ausbildungsyachten der Marine war es auch nichts.

Die rettende Idee kam von meinem Vater. Er hatte gehört, dass Seeleute der deutschen Handelsmarine wegen deren Personalmangels nicht einberufen wurden, solange sie zur See fuhren. So kam es, dass ich unversehens ein Seemann wurde und am 1. Dezember 1959 im Dritter-Klasse-Holzabteil eines Bummelzuges saß, der mich nach Hamburg-Veddel auf mein erstes Schiff brachte.

Dort empfing mich der Chief, wies mir eine schöne Außenkabine an, zeigte mir den Maschinenraum mit all den Schalttafeln und Elektromotoren und die Rudermaschine, die Ladewinden und die Kühlanlagen, stellte mich der übrigen Crew in der Messe als den neuen Elektriker-Assistenten – den E-Assi – vor und ging seiner Wege. Aha, dachte ich: Mein Boss kommt also noch. Aber Pustekuchen! Bald erfuhr ich, dass ich den Job eines Vollelektrikers zum Lohn eines Elektroassistenten erwischt hatte. Als ich protestieren wollte, war es zu spät. Die Leinen klatschten ins Wasser und wir legten ab. Jetzt hieß es, die Zähne zusammenzubeißen.

Na ja – große Schiffe kannte ich ja schon. Schließlich durfte ich diverse Male Hilfskellner sein auf Herrn Friedrichs Neubauten in der Lübecker Bucht.

Aber das hier war doch etwas anderes: Plötzlich sah ich mich verantwortlich für das gesamte elektrische Bordnetz eines ausgewachsenen Frachters, der mit mir wochenlang auf hoher See umherschippern würde. Eine Luxuskreuzfahrt würde dies nicht werden, oder?

Es dauerte auch gar nicht lange, bis eine Lawine von Problemen auf mich zuraste: Sie kündigte sich auf immer die gleiche Weise an, nämlich durch hämmernde Faustschläge an meine Kammertür vorzugsweise morgens um vier und durch den Schrei »Blitz, komm raus!«

Meine Tätigkeit als »Troubleshooter« war durchaus abwechslungsreich:

Ausfall der Rudermaschine im Ärmelkanal mitten im lebhaften Querverkehr der Fähren zwischen Hoek van Holland und Harwich.

Stillstand von zwei Ladewinden gleichzeitig an Luk II und IV bei Schichtbeginn zum Mandarinenladen in Dakar.

Störung des Kühlkompressors kurz nach der Lieferung von drei frischen Schweinehälften in Liverpool.

Totaler Blackout der Bordtechnik bei schwerem Wetter auf dem Nordatlantik wegen des Versagens einer elektrischen Treibstoffförderpumpe.

Dass ich alle Stürme durchstehen konnte, verdanke ich meinen mir bei der Segelei gewachsenen Seebeinen. Dass ich alle technischen Herausforderungen an Bord meistern konnte, verdanke ich meiner Ausbildung in einem Industriewerk, wo es oft genug darum ging, schnell und wirksam zu improvisieren und zu reparieren.

Mein Wirken bei der deutschen Handelsschifffahrt dauerte ein Jahr. Da starb plötzlich im Alter von 62 Jahren mein Vater. Ich eilte von Rotterdam nach Hause, um Mutti beizustehen. Das war dringend geboten, denn zu der schrecklichen Trauer um den Ehemann, Vater und einzigen Ernährer gesellten sich finanzielle Probleme. Mein Studium stand in Frage. Zwar hatte ich während der Seefahrt die gesamten Studiengebühren für sechs Semester Ingenieurschule zusammensparen können, aber mein und meiner Mutter Lebensunterhalt war nicht gesichert. Wir meisterten gemeinsam die Krise.

Zuerst zogen wir in eine kleinere Wohnung um. Mutter suchte sich eine Hilfsarbeit in einem Büro. Und ich verdingte mich bei Vater Staat, dessen Eigenbetrieb Post ständig Ingenieure für seine Sparte Fernmeldewesen suchte. Für ein monatliches Entgelt, das ich in unseren gemeinsamen Haushalt gab, verpflichtete ich mich zu fünfjährigem Bleiben bei einem Fernmeldeamt. Während dieser Zeitspanne konnte ich Beamter auf Lebenszeit werden. Oder meinen Abschied nehmen und es in der Privatwirtschaft versuchen. Mal sehen …

Mein Studium verlief entspannt und erfolgreich. Das lag sicher daran, dass ich nie mehr um 04.30 Uhr aufzustehen brauchte. Und nie mehr mit schmutzigen Händen und Klamotten herumlief.

In meiner reichlich bemessenen Freizeit zettelte ich allerlei Dinge an, die ich schon immer einmal hatte machen wollen und die alle nichts mit Segeln zu tun hatten. Zum Beispiel Rallyefahren mit meinem eigenhändig frisierten VW-Käfer. Das machte mir so viel Spaß, dass ich Mitglied im Lübecker ADAC-Ortsklub wurde. Bald berief man mich in dessen Vorstand und ich organisierte Motorsportveranstaltungen wie Orientierungsfahrten, Geschicklichkeitsturniere und Slalomrennen auf dem Flugplatz. Jahrelang verfasste ich eigenhändig die Klubzeitung.

Letztlich aber wurde mir immer wieder bewusst, dass alle diese Zeitvertreibe nicht zu meinem eigentlichen Lebensinhalt taugten. Immer öfter schielte ich deshalb auch wieder in die Segelpresse, las mal die *Yacht* oder die neu herausgekommene *segeln*. An einem schönen Frühlingssonntag spazierte ich – mit meiner neuen Freundin Christel – in Travemünde am Leuchtenfeld entlang zum »Schiffe gucken«.

Dabei dachte ich auch an meinen alten Käpten Friedrich. Aber seine SCHLEIMÖVE IV konnte ich nirgends entdecken. An der Stelle, an der sie immer gelegen hatte, dümpelte nun eine wunderschöne moderne Yawl, der ich aber weiter keine Beachtung schenkte. Ob er wohl noch lebte? Oder sein geliebtes Schiff nur verkauft und sich an Land zurückgezogen hatte? Das erschien mir eigentlich undenkbar.

Schon lenkten wir unsere Schritte weiter seewärts zur Mole, als plötzlich eine mir wohlbekannte Stimme in unnachahmlicher Weise rief: »Helge Janßen – wie oft willst du eigentlich noch an der SCHLEIMÖVE V vorbeilaufen, ohne dich an Bord zu melden? Was sind das denn für Manieren?«

Gleich darauf saßen wir beide – jawohl, meine Christel und ich – im geräumigen Deckssalon der Yawl. Der Skipper bot freundlich Sherry an. Er fragte interessiert nach meinem Leben der vergangenen Jahre. Und nach unseren Zukunftsplänen! Mir verschlug es die Sprache: Sollte Friedrich, der Allmächtige, etwa seine hehren Prinzipien über Bord in die Ostsee geworfen haben?

Sogleich erhielt ich seine Einladung zum Mitsegeln am kommenden Wochenende und sagte – neugierig – zu.

Wir waren zu dritt. Unser Kurs führte nach Fehmarn. Die neue SCHLEIMÖVE V war ein tolles Seeschiff vom Zeichenbrett des damals sehr bekannten Yachtkonstrukteurs Kurt Oehlmann, 13 Meter lang, aus Stahl gebaut und mit allen Schikanen wie Mercedes-Diesel, UKW-Seefunk, Gasherd, Kühlschrank und geräumigem Toilettenraum ausgerüstet. Er hatte sie sich zu seiner Pensionierung geschenkt und wollte weite Reisen mit ihr unternehmen. Aber schon unsere kleine Wochenendreise nach Burgstaaken offenbarte mir, dass er noch schrulliger, noch unbeugsamer, noch tyrannischer geworden war als je zuvor.

Es begann mit meiner Bitte an ihn, mich am Ruder abzulösen, weil ich die Toilette aufsuchen wollte. Aber die war abgeschlossen. Wer beschreibt meine Verblüffung, als Herr Friedrich uns erläuterte, dass eine Toilette an Bord wegen der vielen Seeventile nicht nur eine zusätzliche Gefahr für ein jedes Schiff bedeute, sondern auch hygienisch bedenklich sei. Außerdem habe die Menschheit seit Tausenden von Jahren auch ohne Wasserklosett überlebt. Und schließlich kenne ich ja von der SCHLEIMÖVE IV die Gepflogenheit, sich am Achterstag oder am Lee-Oberwant festhaltend, über Bord zu pinkeln. Überhaupt hätte das neue Schiff nur deshalb diesen unsinnig riesigen Toilettenraum, weil sein Freund, der Kurt Oehlmann, darauf bestanden habe mit den Worten: »Entweder du akzeptierst die Toilette oder ich gebe dir den Auftrag zurück. Auf einer Oehlmann-Yacht ist immer eine Toilette!«

Friedrich wollte natürlich die Yacht und gab klein bei. Benutzt würde die Toilette aber nicht. Basta!

Dieses Mal wagte ich es, mich mit dem Käpten anzulegen, indem ich so lange jeden weiteren Dienst an Bord verweigerte, bis ich den Kloschlüssel erhielt und mich endlich erleichtern durfte.

Eigentlich war das Meuterei, und ich hätte mich nicht gewundert, wenn mich Herr Friedrich dafür hätte kielholen und anschließend in Eisen legen lassen. Mein Aufbegehren zeitigte aber auch ohne eine derart spektakuläre Bestrafung schreckliche Folgen: Wir sprachen an diesem Wochenende nur das Notwendigste miteinander. Als wir Sonntagabend wieder in Travemünde anlegten und ich – bevor wir das Schiff aufklarten – kurz meine Freundin auf dem Steg begrüßte, warf er mir wortlos meine Segeltasche hinterher. Und das war's dann auch mit uns beiden!

Am Ende dieses Sommers vermeldete der Küstenklatsch, Herr Friedrich liege mit seiner SCHLEIMÖVE V in Norwegen und suche verzweifelt nach einer Crew für die Heimreise. Die Hintergründe dieser Mannschaftssuche waren ebenso tragisch wie komisch: Der Skipper hatte seiner jugendliche Besatzung nach dem Abendessen den Befehl erteilt, sich zu einer bestimmten Uhrzeit auf der Klippe einzufinden, um mit ihm den besonders schönen Sonnenuntergang zu beobachten. Die Jungens wollten aber lieber zum

Volkstanz an Land. Als sie nachts an Bord zurückkehrten, stauchte er sie fürchterlich zusammen. Und als er am nächsten Morgen erwachte, waren sie von Bord gegangen und abgereist.

Friedrich starb an Bord seiner SCHLEIMÖVE vor dem Klubhaus des Lübecker Yachtclubs am Leuchtenfeld. Man fand ihn eines Morgens tot im Deckssalon auf der Niedergangstreppe sitzend. Die SCHLEIMÖVE wurde verkauft, denn Sohn Dirk hatte dem Elternhaus früh den Rücken gekehrt und sich weitab jeden Wassers in Süddeutschland angesiedelt. Ob Friedrich einsam starb? Ich weiß es nicht. Denn Gefühle hat dieser Mann – jedenfalls mir gegenüber – niemals gezeigt …

[Zeichnung von Kurt Schmischke, gewidmet Helge Janßen für die Veröffentlichung H.J.'s Geschichte »Von der Psyche der Segelschiffe« in der von Wolfgang Kraus herausgegebenen Antologie.]

1964

Das war ein denkwürdiges und ereignisreiches Jahr – in dreifacher Hinsicht:
Meine Freundin Christel und ich heirateten.

Ich zog von der Wohnung mit Wakenitzblick in die Lübecker Randgemeinde Stockelsdorf um, wo meine Schwiegereltern ein altes Bauernhaus besaßen.

Und ich kaufte mein erstes eigenes Segelboot.

Denn der Bazillus, der in meiner Seglerseele verkapselt vor sich hinwucherte, brach eines Tages mit einer derartigen Heftigkeit aus, dass nur eine gründliche Therapie Hilfe versprach.

Die Kleinanzeige in den *Lübecker Nachrichten* klang vielversprechend. Ich folgte dem Lockruf, erblickte die DIANA und erlag ihr auf der Stelle. Um eine Boje des toten Arms der Trave in Bad Schwartau schwoijte ein nordischer 22-m^2-Schärenkreuzer von ungefähr zehn Metern Länge. Himmelhoch ragte der klassische Peitschenmast mit dem filigranen Rigg aus dem hellgrünen Leinendeck. Der rassige Rumpf mit dem niedrigen Freibord sah schon an der Boje schnell aus. Das Großsegel war nagelneu! Und als ich den Preis erfuhr, den ich mir gerade so leisten konnte, war der Kauf perfekt. Stolz erzählte ich allen von »meiner Yacht«!

Bei näherer Betrachtung befand sich meine Yacht allerdings in einem äußerst desolaten Zustand. Der etwas klobige Kajütaufbau entsprach nicht dem zierlichen Original, sondern war grob gezimmert und unsachgemäß aufgesetzt. Immerhin verschaffte er einem unter Deck wenigstens Trinkhöhe – beim Trinken aus der Flasche stieß diese nicht gegen das Kajütdach! Das hellgrüne Leinendeck zeigte viele Risse und beim ersten Regen tropfte es überall unter Deck erbärmlich. Und von dem langen schlanken Heck hatte irgendeiner der Voreigner einfach einen Meter abgesägt – wahrscheinlich war es rott gewesen.

Jetzt leuchtete mir der niedrige Preis ein. Aber das war mir ganz egal: Ich besaß eine eigene Yacht. Und die wollte ich – sofort – segeln! Also lud ich einen Studienfreund, der vorgab, etwas von Booten zu verstehen, ein, und schon ging es los. Kaum auf der Ostsee vor Travemünde zeigte die DIANA, was in ihr steckte. Sie raste mit atemberaubender Fahrt los. Aber sie steckte ihren spitzen Bug in jede Welle, anstatt drüber wegzusegeln, weil sie einfach nicht in die kurze Ostseewelle hineinpasste und zu wenig Aufrieb im Vorschiffsbereich hatte. Deshalb rauschte ständig grünes Wasser über Deck, und wir saßen bald klitschnass hinter dem niedrigen Waschbord der Plicht. Mein Freund fand glasklar heraus, warum: »Das ist eben ein Schärenkreuzer«, meinte er. Der sei für glattes Wasser gebaut, so wie man es hinter den Schären in Schweden findet.

Das verstand ich. Nur – Schären gab es auf der westlichen Ostsee nun mal nicht. Hatte ich vielleicht das falsche Boot erwischt?

Meine Befürchtungen fand ich bestätigt, als der Winter kam. Man hatte mir erlaubt, den Schärenkreuzer in der Bootshalle des Vereins zu überholen. Der Verkäufer versprach auch, mir dabei zu helfen. Doch wo sollten wir anfangen?

Zwischen den Planken aus Lärchenholz klafften die Nähte, dass man »eine Mütze hindurchschmeißen konnte«. Das Leinendeck war vollkommen mürbe und hätte heruntergerissen werden müssen. Im Unterwasserschiff zeigten sich mehrere Planken und ein Teil des Totholzes weich. Das Ruder hatte drei Handbreit Spiel. Und der Bleiballast des Flossenkiel wackelte an seinen Bolzen. Eigentlich war die DIANA ein hoffnungsloser Fall!

Trotzdem begann ich das Werk. In die am schlimmsten klaffenden Nähte schlug ich dünne Leisten aus weichem Kiefernholz hinein. Das leckende grüne Deck strich ich drei Mal mit puddingdicker hellblauer Farbe an. Die Kielbolzen zog ich ein wenig nach. Und das Unterwasserschiff überpinselte ich mit einer Teerschicht, die hart auftrocknete. Dann kam der Winter und stoppte alle meine Bemühungen.

Im Frühjahr war es lange sehr kalt und ich hatte keinen Schwung zu der endlosen Bastelei in der dunklen und klammen Bootshalle. Mein Verkäufer war nur ein einziges Mal unter dem Boot erschienen, um mir mitzuteilen, wie alt und krank er sei. Die übrigen Vereinsmitglieder machten einen weiten Bogen um mich und meine Yacht.

Ich aber wollte endlich segeln!

Am Tag des Auslagerns wunderte ich mich darüber, dass mein Schiff als allerletztes auf den Slipwagen kam. Gleich danach wusste ich, warum: DIANA schwamm nicht etwa auf, wie all die anderen Boote es selbstverständlich taten. Sondern sie ging – unter dem schallenden Gelächter der gesamten Seglerschar – mit dem Slipwagen unter!

»Das tut sie immer«, lachten die Männer schadenfroh. »Aber wenn du sie in einer Woche wieder hochziehst und sie lenzt, dann ist sie wahrscheinlich einigermaßen trocken.« So war es auch. Mich aber hielt es nicht mehr auf der Trave bei diesen sogenannten »Segelkameraden«. Ich beschloss, die DIANA auf die Binnengewässer zu verlegen, wo sie bestimmt selbst gern hinwollte.

Am Tag unserer Abreise herrschte reges Treiben auf dem toten Arm der Trave. Segler beluden ihre blinkenden Yachten mit Ausrüstung und Zeug. Die neue Saison sollte beginnen. Ich meldete mich bei den Kameraden ab, worüber sie sich sichtlich freuten. »Wurde auch Zeit, dass der alte Schlorren mal in neue Hände kam!« In Wahrheit hieß das: »Ein Glück, dass wir die Hulk endlich los sind aus unserer schönen Flotte!«

Der 1. Vorsitzende ließ es sich nicht nehmen, mich persönlich mit seinem Dingi an Bord der DIANA zu rudern. Seine letzten Worte waren: »Na, denn tschüß. Und viel Spaß mit dem hässlichen Pott. Pass auf, dass dir der kopflastige Kahn im Herbst nicht vom Slip fällt, wo der Kiel doch so weit achtern sitzt. Uns ist das hier fast jedes Jahr passiert!«

Dies alles hätte er nicht sagen dürfen. DIANA beschloss, Rache zu nehmen. Als ich das Großsegel gesetzt hatte und auf dem Vorschiff die Vorleine von der Boje lösen wollte, erkannte sie den richtigen Zeitpunkt für ihren rasanten Auftritt.

Sei es, dass der Wind ein wenig raumte oder dass sich die Großschot an der Pinne verhedderte – die DIANA nahm jedenfalls zügig Fahrt auf. Mühelos schleifte sie das verlotterte Grundgeschirr der Boje durch den Schlick und nahm Kurs auf die strahlend weiße Bordwand einer schönen Knickspantyacht aus Sperrholz. Und bevor ich noch nach achtern stolpern und die Pinne herumreißen konnte, stieß sie ihren dolchspitzen Stevenbeschlag mit einem hässlichen Knirschen einen halben Meter tief in die Eingeweide der hübschen Schwester. Es war die Yacht des Vorsitzenden!

Zu meinem Glück war meine Versicherungsprämie noch durch den Voreigner bezahlt worden. Nun entschuldigte ich mich rasch für DIANAS ungebührliches Verhalten und trollte mich vom Revier, ehe mich die aufgebrachte Seglerschar lynchen konnte.

Auf der Wakenitz gefiel es der alten DIANA auch deutlich besser als auf der Ostsee. Aber mir nicht. Deshalb trennte ich mich von ihr umso leichter, als das Glück mir einen Liebhaber schickte, der so ein Holzschiff schon immer gesucht hatte. Ich musste allerdings – nach nur einem Sommer – auf die Hälfte des von mir bezahlten Kaufpreises verzichten, denn der Neue war ein versierter Handwerker und erkannte DIANA Schwächen sofort. Ich nahm es als gerechte Strafe und als Lehrgeld für meinen Leichtsinn hin. Beim nächsten Schiff würde ich eben besser aufpassen!

Ich brauchte nicht lange zu warten.

Während der 1960er-Jahre war der Yachtbau weltweit durch eine neue Technologie beflügelt worden, der er bis heute seinen ungeheuren Boom verdankt: dem Großserienbau von Yachten aus Glasfaserkunststoff. Holzbauten wurden so selten wie unbezahlbar. Und dieses – mein nächstes – Schiff war ein ganz besonderes Kunststoff-Exemplar:

Es unterschied sich von der DIANA wie ein nagelneuer Mercedes von einer verrosteten 2 CV-Ente. Die WHAT A LADY war eine zwölf Meter lange Swan 40 von der Qualitätswerft Nautor in Finnland und hatte so viel gekostet, dass sie schon deshalb nicht mir gehören konnte, sondern einem Travemünder Hotelier, der mit ihr seine Hotelgäste spazieren segelte und die Yacht auch vercharterte. Den Kontakt mit diesem Mann verschaffte mir meine alte Tante Helmi aus Hamburg, die mit ihrer Familie als häufiger Gast in seinem Hotel weilte. Hartmut und ich konnten uns gut leiden. Mit den Jahren wurden wir sogar Freunde.

Die Segelei auf der LADY ließ sich gut an. Die Hotelgäste waren oft Nichtsegler, die gern mal in den Segelsport reinschnuppern wollten. Die Verpflegung für die Tagestörns auf der Lübecker Bucht kam reichlich und gut aus der Hotelküche. Meistens waren wir vier bis sechs Leute an Bord, und wir hatten jede Menge Spaß mit den »Landratten«, denen wir manchmal Seemannsgarn vorspannen, bis sich die Decksplanken aus Teakholz bogen. Einmal hatte allerdings einer unserer Segelgäste die Lacher auf seiner Seite. Von einem Mittagsschläfchen auf hoher See an Deck kommend blickte er auf die rundum leere Kimm und meinte enttäuscht: »Oooch – hier sind wir erst …«

Es gelang uns dennoch, den einen oder anderen so vom Segeln zu begeistern, dass er bei der Sache blieb, häufiger mitsegelte und sogar irgendwann als Charterkunde zurückkehrte.

Einmal im Jahr unternahmen wir längere Reisen mit gestandenen Segelfreunden. Dann ging es zum Beispiel in einer Woche rund um die dänische Hauptinsel Seeland. Das sind immerhin so um die dreihundert Seemeilen, sodass wir – bei einem Reservetag – Tagesetmale von fünfzig Meilen segeln mussten. Die »Swan«-Yachten, die von den weltweit angesehenen amerikanischen Konstrukteuren Sparkman & Stephens in New York entworfen wurden, schafften das bei einigermaßen Wind leicht. Ihre See- und Segeleigenschaften rechtfertigen den hervorragenden Ruf ihrer Väter.

***

Während eines privaten Besuches in New York – viel später, 1977 – nahm ich die Gelegenheit wahr, ihr Konstruktionsbüro in der 5th Avenue zu besuchen, um für die Segelzeitschrift *Yacht* ein Interview mit den berühmten Designern zu machen.

Die *Yacht* hatte mich vorher schriftlich angemeldet. Prompt kam Antwort der »Naval Architects« aus New York auf Dünndruckpapier in eleganter dunkelblauer Prägeschift. Als ich ihr Büro betrat, erschrak ich: Durfte man nicht erwarten, an diesem beinahe heiligen Ort ein gediegenes Ambiente vorzufinden? Musste man nicht annehmen, einen repräsentativen Empfangsbereich für die reiche und mächtige Werften- und Segelkundschaft aus aller Welt zu betreten?

Nichts dergleichen wurde ich gewahr! Ich trat aus dem Lift in eine Büroetage mit abgewetzten Linoleumfußböden. Die offene Bürolandschaft mit den zahllosen Zeichenbrettern enthielt vor allem endlose Regalwände mit Zeichnungsrollen. Die noch freien Wände waren über und über mit Konstruktionsplänen und Fotos von Yachten aller Art bedeckt.

Aus einem winzigen Büro, dessen Schreibtisch und Fensterbank überquollen von Papier, trat mir der letzte noch lebende Senior der Yachtkonstruktion entgegen und reichte mir die Hand: Olin Stephens – stilvoll im dunklen Anzug, mit Silberhaar und schwarzer, ein wenig schief sitzender Fliege – begrüßte mich lächelnd mit leiser Stimme und bat mich herein. Schnell räumte er einen Stuhl frei. Dann durfte ich meine Fragen stellen, die er geduldig zwei Stunden lang beantwortete. Um seine Herkunft und seine Jugend ging es. Um die Geschichte der Firma Sparkman & Stephens. Um die legendären Yachten wie COLUMBIA, STORMY WEATHER, DORADE, um die siegreichen 12er- und J-Class-Yachten des America's Cup und um viele andere. Ich durfte Olins Lebensgeschichte hören und seine Ansichten zur IOR-Formel für Regattayachten, an deren Kreation und Auslegung er als führender Designer berühmter Regattayachten stets maßgebenden Anteil gehabt hatte.

Gegen Ende meines Besuches in der 5th Avenue stieß Olins Bruder Rod Stephens zu uns. Er war der weltweit reisende Repräsentant der Firma und sorgte auf allen berühmten Werften für die regelgerechte Umsetzung der Konstruktionspläne seines Bruders. Als ich mich nach über drei Stunden von den beiden verabschiedete, da war mir zumute wie einem Zeitzeugen, der gerade etwas Einmaliges erlebt hatte.

***

Weil Hartmut sein Hotel eigentlich nur außerhalb der Hauptsaison für längere Zeit verlassen konnte, fielen unsere Reisen meist in den Herbst. Der garantierte fast immer genügend Wind für schnelles Segeln. Einmal allerdings ging unser Unternehmen komplett schief, und das kam so:

Wir alle, die wir gern miteinander segeln wollten, hatten Ende Oktober genau eine Woche Zeit. Was konnte man mit diesen sechs Segeltagen plus einem Reservetag anfangen? Mein Vorschlag wurde akzeptiert: einmal Kopenhagen und zurück.

Wir trafen uns am windigen Freitagabend um 18.00 Uhr an Bord der WHAT A LADY, die in der Böbs-Marina an ihren Leinen zerrte. Die Stimmung war wie immer vor solchen Reisen fröhlich, aber sie stieg noch, nachdem wir einen »Ableger« getrunken hatten. Es können auch zwei gewesen sein …

Mein Ansinnen, den Segelfreunden einen aktuellen Wetterbericht vom Nachmittag, den ich in meiner Hemdtasche hatte, zu verlesen, stieß auf wenig Sympathie, obwohl – wie ich betonte – darin von einem Sturmtief und einem Trog die Rede war. Solche Trogtiefs können es richtig in sich haben. Oft wiegen sie den Seemann in der trügerischen Sicherheit, dass der Wind nach Durchgang der Kaltfront rasch abnimmt und das Schlimmste vorbei ist. Aber in dem hinter der Front folgenden Trog (einer Ausbuchtung der Isobaren) steckt oft erst das gröbste Windfeld!

Gegen zwanzig Uhr legten wir bei heftigem Westwind und vollständiger Dunkelheit ab, setzten noch auf der Trave das einmal gereffte Großsegel und die kleine Genua III und düsten wie der Fliegende Holländer um den Kopf der Nordermole auf die Lübecker Bucht hinaus. Unser Ziel war das 65 Seemeilen entfernte Gedser an der Südspitze der dänischen Insel Falster. Dort wollten wir nach etwa acht Stunden in den geräumigen Fähr- und Fischereihafen einlaufen. Falls alles gut lief und wir nicht zu müde wären, wollten wir eventuell auch gleich die 33 Seemeilen nach Klintholm auf Møn dranhängen und uns dort ausschlafen. Lief es besonders nett, dann konnten wir aber auch schon Montag in Kopenhagen sein!

Doch Neptun hatte längst anders entschieden.

Schon bei der Untiefentonne »Brodten Ost« konnte die Lady – raumschots mit neun Knoten und damit mehr als Rumpfgeschwindigkeit laufend – ihr gerefftes Groß nicht mehr tragen. Sie krängte zwar nicht besonders stark, wurde in Böen aber so luvgierig, dass der Rudergänger sie kaum auf Kurs halten konnte.

Wir nahmen das Groß weg, ohne dass der Speed merklich nachließ, weil nun der vorher bremsende Ruderdruck weg war.

Jetzt machte das Segeln erst richtig Spaß!

Weil es so kalt war an Deck, machte die Flasche erneut die Runde. Albern schlug jemand vor, Wasserski zu laufen. Das müsse doch möglich sein, wenn man dazu die Lokustür aushängte und sie achteraus fierte, oder?

Regen setzte ein, als ich nach zwei Stunden rauschender Fahrt bei zunehmender See das Ruder übernahm. Wir rundeten gerade Dahmeshöved und mussten nun entscheiden, ob wir auf den direkten Nordostkurs nach Gedser gehen oder doch erst einmal unter Landschutz weiter nach Norden laufen sollten. Hartmut traute dem Frieden nicht und wollte die Wetterentwicklung beobachten. Wir blieben unter Land.

Der Fehmarnsund, den wir überqueren mussten, ist eine bekannte Düse, aus der der Westwind in dieser Nacht böse pfiff! Der Windmesser zeigte durchweg acht Beaufort und in den Böen neun an. Hartmut gab neue Order: »Wir gehen rein nach Burgtiefe. Das wird ja immer schlimmer mit dem Wind!«

Gesagt – getan.

Ich steuerte zuerst die Ansteuerungstonne »Sund Ost« und danach das Molenfeuer von Burg an, die beide trotz der Regenflagen gut zu sehen waren. Auf dem Vorschiff kämpften drei Mann mit der widerspenstigen Genua. Hartmut hatte den Diesel gestartet. Vorne stimmte irgendetwas nicht: Das Genuafall schien blockiert zu sein, denn sie bekamen das Segel nicht herunter. Ich war aber schon bei der grünen Tonne 1 angekommen und musste jetzt an den Wind gehen, um die Lichter der blinkenden Einlaufpeilung in Deckung zu bekommen. Hartmut schrie, dass das Segel endlich weg müsse. Dann kuppelte er den Motor ein und gab Gas, weil wir nur knapp zwei Bootslängen neben der Steinmole waren und das Vorsegel schon im Sturm knatterte.

Im diesem Augenblick blieb der Diesel stehen.

Irgendwie kriegte ich das Schiff noch herum, indem ich instiktiv hart Backbordruder legte, um von der gefährlichen Mole freizukommen. Es klappte. Die Männer auf dem Vorschiff schrien vor Schreck, als die Genua überkam und sich mit einem lauten Knall an Backbord blähte. Die WHAT A LADY drehte auf der Stelle ihren Steven zurück auf die rettende See und galoppierte nach Südosten. Aber da wollten wir ja gar nicht hin!

Von Hartmut war nichts zu sehen. War er etwa über Bord gegangen? Da sah ich im Niedergang den hellen Schein einer Stablampe umhergeistern. Gott sei Dank – Hartmut steckte schon kopfüber im Motorraum, um die Maschine wieder in Gang zu bringen. Denn es würde unmöglich sein, nur unter Segeln in den Hafen zu gelangen. Was also tun?

An diese Nacht werde ich mich immer wieder erinnern. Denn sie gestaltete sich absolut scheußlich.

Der Dieselfilter des Motors war gründlich verstopft. Nachdem es Hartmut endlich gelungen war, ihn auszuwechseln, waren natürlich alle Treibstoffleitungen voller Luft. Das Entlüften glich in der engen Motorbilge auf dem wild bockenden Boot einer Zirkusnummer. Winzige Schrauben waren zu lösen, ohne sie zu verlieren. Ein hinter Motorteilen verstecktes Pumpenhebelchen musste »erfummelt« und bedient werden. Dazu hatte er nur eine Hand frei. Denn mit der anderen musste er sich irgendwo festhalten, um nicht gegen den Diesel oder in den Salon geschleudert zu werden. Es war eine Sch...arbeit!

Ich übergab das Ruder und versuchte, Hartmut unten in der dieselstinkenden Bilge zu assistieren.

Währenddessen segelte Helmut die Yacht um das Südostkap der Insel Fehmarn herum, um dort unter Land etwas Ruhe in das

Boot zu bringen. Aber da war erst recht die Hölle los, denn bei Staberhuk trifft der Seegang aus dem Fehmarnsund mit dem aus dem Fehmarnbelt zusammen. Beide zusammen erzeugten sie eine derart ruppige Kreuzsee, dass auch die an Deck unter der Sprayhood Kauernden sich mit beiden Händen anklammerten, wo immer sie Halt fanden.

Schließlich sprang der Motor wieder an. Aber selbst mit ihm und der – inzwischen auch noch zerrissenen – Genua war an ein Weitersegeln nicht zu denken, egal in welche Richtung. Wir zerrten zuletzt unter Strapazen die Genua herunter, setzten die lächerlich kleine Sturmfock und versuchten, hoch am Wind und mit Motorunterstützung beizudrehen. Die zuckenden Blitze des gleißend hellen Feuers vom Leuchtturm gaben uns genügend Licht, um von den Stangen der Stellnetze frei zu bleiben – eine gespenstische Szenerie!

Als unter einer jagenden Wolkendecke der Morgen graute, hatte niemand mehr einen trockenen Faden am Leib. Uns brannten die Augen von der Salzgischt, die das Boot pausenlos eindeckte. Unter Deck war es noch schlechter auszuhalten, denn das ganze Boot stank nach Diesel, die Bodenbretter am Niedergang glänzten spiegelglatt und überall rollten Küchenpapier, Filterpatronen und Werkzeuge durcheinander.

Gegen acht Uhr, als es ziemlich hell war, steckten wir die Nase um das Kap. Es schien, als habe der Sturm ein wenig nachgelassen. Hartmut ließ das dreifach gereffte Groß setzen, und so kreuzten wir »dänisch« unter mitlaufendem Motor unendlich mühselig nach Burgtiefe hinein.

Dort erwartete uns das nächste Problem. Eines, mit dem niemand gerechnet hatte. Der Mann, der auf dem Steg stand und offenkundig unsere Ankunft erwartete, war nicht der Hafenmeister. Es war auch kein hilfsbereiter Segler, der unsere Vorleinen entgegennehmen wollte. Sondern er war ein Zöllner, der mit strenger Miene seinen Job tun musste.

Woher wir denn kämen? Ob wir zollfreie Waren an Bord hätten? Und dass er uns unverzüglich zollrechtlich und -amtlich »behandeln« müsse!

Natürlich war die LADY in Travemünde reichlich mit zollfreien Getränken und Zigaretten beladen worden, weil wir ja während der nächsten 72 Stunden keinen deutschen Hafen anzulaufen gedachten, wie die Zollvorschriften dies verlangten.

Und obwohl wir versuchten, dem guten Mann klarzumachen, dass wir Burgtiefe als Nothafen anlaufen mussten, wurden wir nun zollrechtlich einklariert. Er begann also mit dem Suchen und Sichten der Bestände und der Kontrolle des Anschreibebuches, in dem alle Waren mit Preisen und Steuersatz vermerkt waren. Das dauerte, und alles gähnte todmüde und mehr oder weniger verstohlen vor sich hin. Schließlich erklärte er dem Schiffsführer, er würde von der Erhebung einer Strafe wegen unerlaubter Einfuhr zollfreier Waren großmütig absehen. Aber die Waren seien nun nachträglich zu verzollen.

Das lehnte Hartmut entrüstet ab.

Dann müsse er, der Zöllner, das gesamte zollfreie Gut unter Zollverschluss nehmen.

Hartmut stutzte.

Ja – das könne an Bord geschehen, wenn die Yacht über einen entsprechenden verschließbaren Raum verfüge, der mit einer Zollplombe versehen werden würde.

Wieder musste der Käpten die Schultern zucken – wir waren doch kein Butterdampfer!

Nun denn – dann würde das Zollgut an Land verbracht und beim zuständigen Zollamt eingelagert werden müssen. Dort könne es später wieder abgeholt und unter Verschluss von einem vereidigten Spediteur zu dem Schiffshändler zurückgebracht werden, der es verkauft habe.

Jetzt schnaufte Hartmut schon.

Ich hatte kurzzeitig das mulmige Gefühl, er werde den armen Zöllner, der doch nur seinen Dienst versah, kurzerhand über Bord schmeißen. Aber das tat er natürlich nicht. Vielmehr fragte er ihn listig, was er denn täte, wenn wir sogleich wieder ablegten und ausliefen? Zum Beispiel – äh – nach Dänemark?

Wir stießen einen unüberhörbaren kollektiven Stoßseufzer aus. Wollte uns unser Kapitän an den Rand des Wahnsinns treiben? Wir wollten nirgendwo mehr hinsegeln an diesem finsteren Sonnabendmorgen in Burgtiefe. Sondern nur noch eines – in die Koje!

Doch nun wendete sich das Blatt, und der Erfolg gab Hartmuts Bluff recht. Denn plötzlich ließ der Zöllner die straffen Schultern sinken und seine Augen nachdenklich über das Chaos ausgepackter Flaschen und Zigaretten gleiten. Sah uns traurige Gestalten alle nacheinander und zuletzt Hartmut mit einem unendliches Mitleid ausdrückenden Blick an. Packte schließlich seine Aktentasche ein und stieg wortlos die Niedergangstreppe hinauf. Drehte sich oben noch einmal nach uns um und schaute lange auf seine Armbanduhr.

»Eigentlich hatte ich heute früh um acht Uhr Feierabend. Was mache ich hier überhaupt? War ich jemals bei Ihnen an Bord? Montag früh kommt mein Kollege zu Ihnen. Gute Reise.«

Montag früh lagen wir mit der WHAT A LADY – nein, nicht in Kopenhagen.

Eingedenk der freundlichen Warnung des Burgtiefer Zöllners (und der Tatsache, dass es kaum weniger stürmte) hatten wir uns 24 Stunden Zeit gelassen. Aber am Sonntagmittag waren wir wieder in See gegangen. Die Sache mit Kopenhagen war irgendwie abgehakt. Und spätestens, als wir draußen im Belt auf drei Meter hohe brechende Seen stießen und erneut auf West acht bis neun, gab es nur noch eins: rein nach Rødby! Zollausland! Bauernnacht im Hafen!

Rødby war damals ein reiner Fährhafen. Im geräumigen Westbecken gab es unbenutzte Kais, an denen die wenigen Yachten festmachten, die Rødby überhaupt anliefen. Denn außer einem der schönsten Badestrände der ganzen Ostsee hatte (und hat) Rødby wenig zu bieten.

Die LADY und wir lagen sage und schreibe drei Tage und Nächte in Rødby am Kai. Schuld war der Trog, den mir keiner hatte glauben wollen.

Schon nach der ersten Nacht sah die LADY aus wie ein alter Kohlendampfer nach der Ladungsübernahme. Der Weststurm hatte unser Deck und die Plicht mit dem Sand und Dreck des Hafens zugeweht. Schwarze Autoreifen an der Kaimauer waren unserer Außenhaut auch nicht gut bekommen.

Konnten wir für unser Schiff im Augenblick nichts tun, so sollte unsere eigene Hygiene wenigstens nicht leiden. Hartmut stiefelte deshalb zum Hotel »Dania« hinüber und mietete uns ein Zimmer, in dem wir alle nacheinander ausgiebig duschten – eine tolle Idee!

Nach der zweiten Nacht lagen unsere Nerven blank: Niemand hatte mehr schlafen können bei dem ewigen Rattern des Riggs unter den schweren Sturmböen und dem Quietschen der Fender direkt neben unseren Ohren.

Nach der dritten Nacht verließ uns Hartmut unter dem unwiderlegbaren Vorwand, sich um sein Hotel kümmern zu müssen.

Wir begleiteten ihn – eingepackt in Ölzeug und mit knatternden Hosenbeinen – hinüber zur Fähre, die auch gleich ablegte und in Wolken von Gischt im Fehmarnbelt verschwand.

Zurück an Bord erfuhren wir unter schadenfrohem Gelächter aus dem Bordradio und dem UKW-Seefunk, dass Hartmuts Fähre den gegenüberliegenden Hafen nicht so bald erreichen würde. Ihr Kapitän hatte sich angesichts des Wetters nicht getraut, Puttgarden auf Fehmarn anzulaufen. Er wetterte den Sturm stattdessen lieber auf See ab.

Unsere LADY erreichte ihren Liegeplatz in Travemünde planmäßig am sechsten Tag. »Na – wie war's in Kopenhagen?«, fragten scheinheilig die Segler am Steg. Natürlich wussten sie längst Bescheid. Der Küstenklatsch hatte funktioniert wie immer …

Hartmut indes ließ sich von solchen Erlebnissen wie dem unmöglichen Kopenhagentörn nicht besonders beeindrucken. Er träumte von einer ganzen Flotte von »Schwänen«. Und er erfüllte sich seine Träume zuerst mit der nagelneuen Swan 41 WHAT A PLEASURE. Und etwas später mit dem vorläufigen Flaggschiff seiner Flotte, einer 47er mit dem edlen Namen WHAT A DREAM!

Alle drei Yachten vercharterte er. Aber wir unternahmen auch schöne Reisen mit ihnen. Rund um die Inseln Seeland und Fünen. Nach Anholt und Varberg im Kattegat. Nach Bornholm. Oder auch mal eben nur zum Frühstück nach Bagenkop.

Bei einer dieser Kurzreisen erlebten wir eine unplanmäßige Unterbrechung der besonderen Art, wie sie in den Gewässern der freien Ostsee-Anrainerstaaten wohl äußerst selten geschieht.

Im Herbst 1977 hatte die RAF (Rote Armee Fraktion) den deutschen Arbeitgeberpräsidenten Hanns Martin Schleyer entführt. Sie wollte auf diese Weise ihre in Gefängnissen einsitzenden Kampfgenossen freipressen. Ganz Deutschland fieberte wochenlang um das Schicksal Schleyers. Alle Polizeien fahndeten rund um die Uhr nach dem Entführten, konnten ihn aber nicht finden.

Schließlich dehnte man die Suche sogar auf die Küstengewässer der Ostsee aus. So kam es, dass wir an einem sonnigen Nachmittag bei starkem Südostwind und erheblichem Seegang vor Großenbrode vom Bundesgrenzschutz aufgebracht wurden. Ein blaues BGS-Boot preschte von See auf uns zu und zeigte unter der Signalrah die schwarz-gelbe Flagge »Lima« mit der Bedeutung »Stoppen Sie sofort, Sie werden untersucht.« Gehorsam drehten wir bei und harrten der Dinge, die da kommen sollten. Die kamen auch in Gestalt eines Schlauchbootes mit vier BGS-Beamten in Uniform. Sie wussten allerdings nicht so recht, wie sie sich uns nähern und an Bord kommen sollten, sondern umkreisten die große Swan erst einmal wie ein Schäferhund einen Ausreißer.

Schließlich griff Hartmut ein und fragte hinüber, was sie eigentlich von uns wollten. Die Männer erklärten, dass sie unsere Papiere kontrollieren und deshalb an Bord kommen würden. Daraufhin winkte Hartmut sie nach Lee zu unserer Backbordseite und ließ sich ihre Vorleine zuwerfen. Die Seeleute im Schlauchboot zeigten sich so nervös, als täten sie diesen Job zum ersten Mal. Einer von ihnen fuchtelte mit seiner Maschinenpistole herum, die er wiederholt direkt auf uns richtete, bis Hartmut ihn ebenso ruhig wie dringend bat, dies zu unterlassen: »Mann, wenden Sie bloß Ihre Waffe weg, oder wollen Sie hier ein Blutbad anrichten, wenn die losgeht?«

Nun schickten sich zwei Männer ohne Waffen an, auf die Swan überzusteigen. Aber Hartmut hatte erneut Einwände: »Bitte, meine Herren, Sie wollen doch wohl nicht mit ihren Nagelstiefeln über mein Teakdeck schrammen, oder?« Daraufhin zeigten sie uns die grobstolligen Gummisohlen ihrer Stiefel und durften an Bord.

Wir hatten inzwischen unsere Personalausweise und das Logbuch in der Plicht, und die beiden Beamten begannen mit der Kontrolle: Einer las dem anderen die Daten vor, die der über ein UKW-Handfunksprechgerät zum Wachboot übermittelte. Das dauerte, denn unsere Daten wurden offenbar vom Wachboot mit den Meldeämtern an Land verglichen. Endlich, nach einer geschlagenen Stunde, waren sie damit fertig.

Währenddessen war die Yacht natürlich um eine erhebliche Strecke zum Land versetzt worden, und Hartmut erklärte, dass wir jetzt weitersegeln müssten, um wieder tiefes Wasser unter den Kiel zu bekommen. Das aber war den Beamten gar nicht recht.

»Wenn das jetzt ein Fluchtversuch sein soll, werden Sie sich wundern, wie schnell unser Wachboot Sie wieder einholt. Da haben Sie überhaupt keine Chance!«

Wir waren total perplex: Was bedeutete das? Wovor sollten wir denn flüchten? Waren wir irgendeiner Straftat verdächtig? Nun erklärte man uns endlich den Sinn und Zweck der ganzen Übung:

»Wir suchen nach dem entführten Herrn Schleyer. Oder seinen Entführern. Vielleicht soll er außer Landes verschleppt werden. Jeder ist verdächtig. Sie auch!« Aha – das leuchtete uns natürlich sofort ein.

Wir erwarteten nun, dass sich die BGS-Leute unter Deck auf die Suche nach den von uns möglicherweise versteckten Gangstern oder ihres Opfers begeben würden, denn auf einer Segelyacht dieser Größe hätten wir leicht drei bis vier Personen verbergen können. Eben dies taten sie aber nicht. Als sie in ihr Schlauchboot zurückkletterten, raunte uns einer den Grund dafür zu: »Unser Chef wird immer so leicht seekrank. Besonders auf so kleinen Booten wie diesem hier ...!«

Hanns Martin Schleyer wurde nicht mehr lebend gefunden. Seine Entführer richteten ihn im Oktober 1977 regelrecht hin, ohne ihr politisches Ziel erreicht zu haben. Einige erhängten sich später in ihren Gefängniszellen.

Leider musste Hartmut sich aus Gesundheitsgründen nach und nach von den beiden kleineren Swans trennen.

Dies lag zu einem guten Teil an seinem steten Ärger mit den Charterkunden, die einfach nicht begreifen wollten, dass man eine teure Luxusyacht wie die Swan gut behandeln muss. Sie begriffen auch nicht, dass ihnen jede Reparatur selbst verschuldeter Schäden zu immensen Preisen in Rechnung gestellt wurde. Als sie einmal den sündhaft teuren klappbaren Edelmetall-Spezialbootshaken der 41er über Bord fallen gelassen und einfach durch einen schnöden aus Kiefernholz mit Plastikbeschlag ersetzt hatten, da jagte Hartmut sie von Bord und erklärte ihnen, dass sie nie wieder nach seiner schönen WHAT A PLEASURE zu fragen brauchten. Auch seine Versuche, Kunden mit kleinen Klebeschildern an Bord erziehen zu wollen, fruchteten nichts. Niemand achtete auf »keine Haare ins WC« oder »niemals Käse in diese Truhe«.

Ich durfte einmal erleben, wie Hartmut fluchend sein teures Pump-WC zerlegte, um die blutigen Reste einer Damenbinde aus den empfindlichen Ventilen zu pulen. Nach gründlicher Prüfung der Mechanik stellte sich heraus, dass es dieses Mal »nur« ein kapitaler Aal gewesen war, der bei dem Versuch, durch den Borddurchlass in die Toilette zu gelangen, von einem das Seeventil schließenden Charterer zerquetscht wurde. Aber auch das reichte dem Eigner dann gründlich.

Einer von Hartmuts langjährigen Charterkunden war ein

Rechtsanwalt aus Hannover. Er war Spezialist für Qualitätsfragen und gründete mit Hartmut und einigen weiteren Vercharterern den »Gütezeichenverband Yachtcharter«. Der sollte unter seinem Dach die besten Charterfirmen mit der höchsten Qualität vereinen und dadurch solvente und sachkundige Charterkunden gewinnen. Das gelang auch. Jahre später holten sie auch uns mit ins Boot: Meine Frau wurde die Verbandssekretärin, und das Verbandsbüro befand sich im Arbeitszimmer unserer Travemünder Wohnung. Dann integrierte die »Bundeswirtschaftsvereinigung Wassersport« in Köln (BWVS) unseren Verband und überführte ihn in den heutigen »Arbeitskreis Charterboot«.

Zum Schluss behielt Hartmut nur die DREAM, auf der noch heute Freunde und Gäste segeln.

Ich aber sehnte mich doch mehr und mehr nach meinem eigenen Schiff. Nach meinem ganz persönlichen Boot, ausgerüstet und eingerichtet nur für meine Familie und mich. Jederzeit bereit, uns an Bord zu empfangen und meinen Kurs zu steuern. Ich wollte das Segeln zu meiner Lieblingsbeschäftigung neben dem Beruf machen. Darüber sprach ich mit Bekannten, Freunden und mit meiner Frau. Den entscheidenden Tipp gab mir ein Berufskollege.

»Wenn du eines Tages ein Boot willst, dann brauchst du auch einen Liegeplatz. Und ein Winterlager. Und Rat und Tat. In unserem Verein ist noch Platz für dich. An deiner Stelle würde ich schon mal Mitglied werden.«

Das tat ich, indem ich eine Fördermitgliedschaft beim »Segler Verein Herrenwyk e.V.« beantragte und erhielt, dessen Domizil der Travemünder Priwall war. Es war ein guter Rat!

1973

»Wann kaufst du uns denn nun endlich ein Boot?«
Wir lagen faul im Sand am Strand von Grömitz. Dort hatte ich schon als kleiner Junge mit meinen Eltern und den Großeltern herrliche Sommerwochen verlebt, jedenfalls so lange, bis der Krieg den Vater an die Front rief und alles – auch Geld – knapp wurde.

Jetzt verbrachte ich hier mit meiner Frau Christel und unserer dreijährigen Tochter Tina einen zweiwöchigen Strandurlaub. Unser altes Badehotel, das »Strandidyll«, lag direkt neben dem neu erbauten Yachthafen. Mit unserem knallgelben Gummiboot ruderte ich fast jeden Tag mit Tina durch den Hafen. Wir beguckten uns alle Boote, vor allem natürlich die Segelboote, wobei ich in Gedanken jedes einzelne auf seine eventuelle Eignung als Familienyacht für uns begutachtete. Aber je öfter ich dies tat, desto mehr schien die Verwirklichung meiner Träume hinter der Kimm zu versinken: Waren die Boote, die in Frage kamen, nicht einfach unbezahlbar teuer? Außerdem – würde Christel überhaupt mitspielen? Sollte man mit einem Kleinkind schon zur See fahren?

Als sie mir die obige Frage stellte, muss ich wohl ziemlich blöd aus der Wäsche geguckt haben, denn sie lachte laut. Dann aber führte sie mir anschaulich vor Augen, was für ein intuitives Potenzial Frauen besitzen.

»Ach weißt du, ich spüre doch, wie sehr du dir ein eigenes Boot wünschst. Auch, wenn du es nie offen gesagt hast. Komm, lass uns dieses Jahr im Herbst zur Bootsausstellung nach Hamburg fahren!« Ich umarmte sie herzlich. Und war in Gedanken nur noch bei unserem neuen Boot.

Der Herbst kam heran. Mitte Oktober machten wir drei einen Spaziergang über den Priwall in Travemünde. Im großen Yachthafen bei der Viermastbark PASSAT waren die Segler emsig dabei, ihre Schiffe an Land zu holen. Wir standen neben dem Kranpodest und sahen dabei zu. Dann schlenderten wir ein Stück weiter in Richtung Strand und fanden heraus, wo die an Land gekranten Boote blieben. Sie verschwanden in einer neu erbauten, riesigen Bootshalle. Die Halle gehörte »meinem Verein« und ich zeigte sie stolz meiner Familie, bis die Segler uns verscheuchten, weil wir im Wege standen. Sie schienen mich nicht zu kennen, obwohl ich doch Mitglied und damit ihr Kamerad war?

Zwei Wochenenden später – am letzten Sonnabend der »hanseboot« – durchwanderten Christel und ich zum ersten Mal die imposanten Hamburger Messehallen.

Es kam so, wie wir es befürchtet hatten: Neue Segelboote waren unbezahlbar! Unter 35 000 Mark lief gar nichts. Ziemlich mutlos und mit runden Füßen beschlossen wir am späten Nachmittag, den Heimweg anzutreten. Nur diese eine Halle 3 noch, dann würden wir unseren Traum vom neuen Boot begraben. Na ja – schließlich gab es bestimmt auch gute gebrauchte.

Mit einem Mal geschah etwas Seltsames. Als könne Glücksgöttin Fortuna oder sonst eine gute Fee unsere Enttäuschung nicht mehr mit ansehen, lenkte sie unsere Schritte in eine versteckte Ecke der Halle direkt unter den orangefarbenen Rumpf einer kleinen Kielyacht und vor ein Preisschild. Es stand da so auf dem blauen Nadelfilzteppich herum, guckte uns an und sagte listig:

Messe-Sonderangebot
Ausstellungsboot Rebell Seaskip
7,6 x 2,5 m
nur 22 500,– DM

»Mensch, ist das günstig! Wollen wir es angucken? Wenn Tante Käthe uns etwas Geld leiht ...«

Wir stiegen die Holztreppe hinauf, zogen die Filzpuschen über unsere Straßenschuhe und standen an Deck. Was wir sahen, entzückte zuerst mich. Unter Deck sprang der Funke auch auf die Bordfrau über, die eine werden würde. Da war ich mir sicher. Denn dieses kleine Schiff bot Platz in Hülle und Fülle, volle Stehhöhe für meine 1,84 Meter. Eine Pantry mit Zweiflammenkocher und Edelstahlspüle. Kleiderschrank und Dinette für drei. Ein geräumiges Vorschiff mit V-Koje für meine Frauen. Und eine lange Hundekoje für mich.

Inzwischen war ein Verkäufer erschienen. Wir brauchten nicht lange zu verhandeln. Offenbar wollte er dieses Boot nicht nur verkaufen, sondern er musste es auch.

Sobald er unser Zögern spürte, legte er Extras nach. Zuerst den

Außenbordmotor. Dann den Lagerbock aus Stahl. Und zuletzt den kostenlosen Transport von der Messe bis zur neuen Bootshalle auf dem Priwall in Travemünde. Obwohl wir das Geld nicht beisammen hatten, unterschrieb ich den Kaufvertrag. Am Montag danach stand der Mann, der in Wahrheit der Werftbesitzer, Lkw-Fahrer und Verkäufer in einer Person war, mit unserer Yacht auf dem Kranpodest. Wir hatten einen Tag Urlaub genommen und liefen aufgeregt um unser Schiff herum, um es abzuladen. Da aber meinte der Verkäufer-Fahrer-Werftbesitzer:

»So, dann bringen wir erst mal das Finanzielle in Ordnung«, und hielt die Hand auf. Damit hatten wir nicht gerechnet. In unserer Naivität konnten wir uns nicht vorstellen, dass in der uns so seriös erscheinenden Yachtbranche offenbar Zustände wie beim Gebrauchtwagenhändler herrschten. Vergebens bat ich um eine Rechnung, deren Betrag ich sofort zu überweisen versprach. Der Mann wollte Bargeld sehen. Und zwar sofort!

Wir sahen uns betreten an und hielten – etwas abseits der Szene – Kriegsrat. Dies war ein Notfall. Wir brauchten Hilfe. Tante Käthe musste ran!

Tante Käthe wurde aus ihrem Büro in einer Fabrik in Stockelsdorf geholt. Natürlich trug sie kein Bargeld mit sich herum. Die Bank hatte geschlossen. Sie klingelte den Filialleiter heraus. Der schloss etwas mürrisch, aber doch, den Tresor auf. Wir rasten mit 22 500 Mark, uns ängstlich nach vermeintlichen Räubern umsehend, hinüber zum Priwall. Hoffentlich war unser Schiff noch da.

Es war.

Wenig später stand es auf einem vereinseigenen Transportwagen vor dem verschlossenen Tor der neuen Bootshalle. Froh gelaunt und überglücklich erwarteten wir den zuständigen Takelmeister, der pflichtbewusst an jedem Nachmittag von der Travemünder Schlichting-Werft – wo er als Schiffsbaumeister arbeitete – zum Verein kam.

Er erschien mit finsterer Miene. Und wir erfuhren auch gleich, warum. Offenbar hatte ich ein schlimmes Verbrechen am Verein, seinen aktiven Mitgliedern und ihrer Ehre begangen, als ich samt Familie zwei Wochenenden zuvor im Sonntagszeug den Segelkameraden beim Einlagern ihrer Yachten im Wege gestanden hatte, anstatt meinen Arbeitsdienst als Schiffseigner zu leisten. Wie sollte ich ihm jetzt glaubhaft machen, dass wir da noch nicht im Traum daran gedacht hätten, plötzlich ein eigenes Boot zu besitzen? Er fühlte sich gekränkt, ausgenutzt, belogen und betrogen!

Ich glaube, ich bin damals nur knapp meiner Verurteilung durch den Ehrenrat und einem Rausschmiss aus dem Verein entgangen. Vielleicht lag es daran, dass viele Vereinsmitglieder Arbeiter und Angestellte des Hochofenwerks in Herrenwyk waren, wo ich meine Lehrlingszeit absolviert hatte. Schließlich war der Verein dort 1921 gegründet worden. Für meinen Takelmeister jedenfalls war ich, wie er mir wörtlich und überzeugend versicherte, »gestorben«. Der Rest der aktiven Mitglieder nannte unseren orangebunten Plastik-Vierteltonner respektlos »Janßens Joghurtbecher«. Darüber konnte ich auch nicht lachen.

Trotzdem bin ich bis heute aktives Mitglied. Es gelang mir, mich zu rehabilitieren, indem ich zwanzig Jahre lang die Winterveranstaltungen meines Vereins organisierte und damit das Vereinsleben während der schlimmsten Zeit der Segler im Winter beflügelte.

Nebenher bildete ich auch zehn Jahre lang erfolgreich Vereinskameraden und andere Segelfreunde zu UKW-Seefunkern aus. Das machte uns allen großen Spaß. Alle meine gut dreihundert Trainees bestanden ihre Prüfung vor den gestrengen Examinatoren des Funkamts Hamburg. Nur unsere allerletzte Prüfung ging voll daneben, weil ein Prüfer auf die absurde, aber leider nicht verbotene Idee kam, uns Ostseesegler hauptsächlich in den Fächern »Praktische Verkehrsabwicklung im Rheinfunkdienst« auszuquetschen. Und prompt fünf von acht Probanden durchfallen ließ.

Am 10. Mai 1974 tauften wir unsere kleine Yacht feierlich auf den Namen KLEINE BRISE. Der Name entstammt einem meiner Lieblingsbücher des damals sehr bekannten Autors Hans Leip. In seiner bittersüßen Liebesgeschichte *Jan Himp und die Kleine Brise* beschreibt er, wie der verliebte Lotsensohn Jan Himp die Reederstochter mit dem Kosenamen »Kleine Brise« das Segeln lehrt.

Der Verein hatte – meiner schriftlichen Einladung folgend – wenigstens den 2. Schriftführer als offiziellen Teilnehmer zur Taufe entsandt und auf diese Weise seinen baldigen Frieden mit mir in Aussicht gestellt.

Unser Takelmeister schien meine Mitgliedschaft inzwischen auch wenigstens hingenommen zu haben, denn er ging mit mir ebenso »liebevoll« um wie mit den gestandenen Vereinskameraden: Erwischte er uns während des gemeinsamen Arbeitsdienstes auf dem Vereinsgelände bei einer langatmigen philosophischen Betrachtung des Problems, wie man am einfachsten die Sandfläche für den neuen Parkplatz planieren könnte, dann schrie er prompt mich an: »Janßen, lot dat Schnacken sien. Dat möt mokt warr'n. Hal di 'n Schüffel und fang an!«

Am Steg C im Passathafen indes wurden wir von den Segelkameraden nett aufgenommen. Vor allem von Ruth und Jürgen: Sie besaßen eine flotte Albin Cirrus mit Namen QUADRIVIUM und segelten auch an jedem freien Tag.

Gleich nach der Taufe begannen auch Christel, Tina und ich, in jeder freien Stunde zu segeln. Zuerst vorsichtig nur auf der Trave. Dann mutiger auf der Lübecker Bucht. Schließlich waghalsig bis nach Fehmarn. Und bereits Anfang Juni zum ersten Urlaubstörn nach Dänemark.

Bald stellte es sich heraus: Die KLEINE BRISE war ein Raumwunder, aber kein richtiges Seeschiff. Grobe See von vorn quittierte sie mit bockigem Stehenbleiben. Bei Windstärke vier wollte sie gerefft werden. Am liebsten segelte sie »voll und bei«, also mit einem Schrick in den Schoten und ohne Höhe zu kneifen. Dies alles lernten wir erst allmählich. Und deshalb verlief unser erster Törn denn auch recht abenteuerlich.

Nachdem wir sage und schreibe fünf Tage lang in Orth auf Fehmarn handiges Wetter abwarten mussten, ging es endlich los. Obwohl sich die Luft immer noch gewittrig und klebrig anfühlte, legten wir ab und wagten uns auf den Fehmarnbelt hinaus. Unser Ziel war mein altbekanntes Bagenkop auf Langeland. Von dort aus sollte es in die wunderschöne Dänische Südsee gehen.

Wir segelten nicht allein: Neben uns lief die FELICITAS unseres Segelvereinskameraden »Moppel« mit einer ähnlichen Crew wie der meinen. So glaubten wir uns sicherer, teilten wir doch dasselbe Los. Aber bald kam alles ganz anders als erwartet.

Die erste Gewitterbö erwischte uns schon bei Flüggesand. Angesichts des heftigen Regens und rasch aufkommenden Seegangs schickte ich meine Crew unter Deck, wo sie eine bange halbe Stunde in ratternder und schaukelnder Dunkelheit verbrachte. Bleich und verschüchtert kam sie wieder an Deck.

Wir sahen uns um. FELICITAS schwabbelte ein gutes Stück vor uns in der augenblicklichen Flaute.

Die zweite Schauerbö schickte uns Neptun mitten im viel befahrenen Dampferweg, den die großen Frachter und Öltanker benutzten. Jetzt wurde mir mulmig. In der Regenflage sank die Sicht auf wenige Bootslängen. Dieses Mal meuterte meine Besatzung, die ich wiederum in die zweifelhafte Sicherheit der Kajüte verbannen wollte. Tapfer und durchnässt hielt sie in der Plicht aus, während ich mit Pinne und Schot kämpfte. Die KLEINE BRISE wetzte wie verrückt durch die aufgepeitschten Wellen. Ich steuerte schon lange nicht mehr nach dem Kompass, sondern versuchte nur noch, das Boot nicht in den Wind schießen oder gar eine Patenthalse fahren zu lassen – beides hätte vielleicht Schäden an Rigg oder Segeln bedeutet.

Unser Herz sank uns völlig in die Hose, als plötzlich – wie es uns schien, in unmittelbarer Nähe – das Typhon eines Schiffes dröhnte. Ja – wir meinten sogar, dessen Bugwelle und die Schraubengeräusche zu hören. Und – war die dunkle Wand da vorn nicht der haushohe Rumpf des Dampfers? Um Gottes Willen: Wo mochte die FELICITAS sein? Galt das Typhon etwa ihr? Sie war ja vor uns unterwegs!

Es schien uns ewig, bis Wind und Regen endlich nachließen und sich die Sicht besserte. Aber wir erschraken furchtbar. Die FELICITAS war nicht mehr da! Was konnten wir nur machen? Bei uns wie bei ihr an Bord gab es noch keinen UKW-Seefunk. Natürlich hatte die Welt das Handy noch nicht erfunden. Aber wir hatten einen schönen orangefarbenen Seenotkoffer mit roten Raketen. Sollten wir für sie um Hilfe schießen?

Da erkannten wir hinter dem abziehenden Regen Land. Land! Die Südhuk von Langeland mit dem Leuchtturm Keldsnor!

Ich zog wie besessen an der Schnur unseres Außenborders. Eine Stunde später liefen wir in Bagenkop ein. Ein Stein plumpste uns vom Herzen: Dort lag die FELICITAS friedlich an der Pier. Ihre Bordfrau war allerdings »hin«: Sie hatte den größten Teil des Törns zitternd vor Angst auf dem Fußboden im Salon verbracht. Die kleine Tochter Fee hingegen spielte bald fröhlich mit unserer Tina am Strand von Bagenkop. Leider segelten wir dann bald getrennte Kurse, sodass unsere Tina auf ihre Spielkameradin verzichten musste.

Ach ja – das Segeln mit Kleinstkindern war und ist ein Kapitel für sich. Eigentlich tut man den Lütten – und sich selbst als Eltern – keinen Gefallen damit. Auf der kleinen, wenig kindgerechten

Yacht gibt es viele Gefahren, die vor allem die Bordfrau und Mutter in ständiger Alarmbereitschaft halten. Vaters Aufgabe hingegen besteht im Erfinden von Fragespielen wie »Ich sehe was, was du nicht siehst« und in der Beantwortung der ewigen Frage: »Papa, wann sind wir endlich da?«

In dieser Hinsicht entwickelte ich mit der Zeit eine gewisse Meisterschaft. Mit Antworten wie »in einer guten Stunde«, »in einer knappen Stunde«, »in einer kleinen Stunde«, »in einer guten Dreiviertelstunde« usw. konnte ich Tina eine ganze Zeit lang beschäftigen, ehe ihr kleines Hirn meine Flunkereien aufdeckte und neue Nahrung brauchte.

Manchmal überforderten wir uns auch alle drei. Nach fünf Tagen schlechten Wetters in Kiel-Schilksee fassten wir eines Abends endlich den Entschluss, in der nachlassenden Abendbrise die kurze Strecke bis nach Damp 2000 zu schaffen.

Um zwanzig Uhr schlief Tina tief und fest in ihrem Schlafsack im Vorschiff hinter geschlossener Tür. Wir legten geräuschlos ab, zogen die Segel hoch und glitten auf die Kieler Förde hinaus. Bis zur Ecke beim Leuchtturm Bülk ging auch alles gut. Dann aber gerieten wir in den bekannt üblen Seegang des Stollergrunds, und die KLEINE BRISE spielte Schaukelpferd, wobei sie heftig in die Wellen krachte. Bevor die Mutter noch das Kind retten konnte, hatte die arme Kleine – im Dunkel des Vorschiffs schreiend vor Angst – ihren Schlafsack vollgekotzt und schien sich durch nichts auf der Welt beruhigen lassen zu wollen. Erst als wir alle zusammen noch in der Nacht samt Schlafsack eine warme Dusche in den wunderbaren Waschräumen von Damp genossen hatten, war der Seelenfrieden wieder hergestellt. Aber der Preis dafür bestand auch in kategorisch verlangten weiteren drei Tagen Damper Strandlebens.

Unsere Ferien in der Dänischen Südsee verbrachten wir mit kleinen Tagesreisen zu Häfen mit Spielplätzen wie dem Museumshafen Marstal, der Märchenstadt Ærøskøbing oder dem Fischerhafen Lohals. Weniger erbaulich gestalteten sich einsame Inseltage auf dem winzigen Eiland Birkholm am Klørdyb. Dort verbrachten wir einmal mehrere Tage bei schlechtestem Wetter als einziges Boot. Es gab weder Strom zum Heizen noch Proviant. Die einzige Abwechslung bestand aus der täglichen Ankunft und Abfahrt des Postbootes von Ærøskøbing. Es brachte auch etwas Fracht, manchmal den einen oder anderen Passagier, und nahm

3

1 LYC-Schulyacht ALBATROS: herrlicher Knochenjob auf einer klassischen Yawl.

2 5,5 KR-Segelyacht KRANICH II, ex SCHLEIMÖVE IV. Die Jahre mit Herrn Friedrich.

3 Der Autor am Ruder der Oehlmann-Ketsch SCHLEIMÖVE V. Das Klo war immer abgeschlossen.

4

5

4 »Janßens Yoghurtbecher«: die Kleine Brise auf Jungfernfahrt.

5 Denkwürdiges Interview in New York mit Olin Stephens, dem »Grandseigneur« der Yachtkonstrukteure.

6 Wind aus West und wenig Zeit – beim Kopenhagentörn an der »Lille Havfru«.

7 Au weia – aufziehendes Gewitter im Grønsund vor Stubbekøbing.

8 »Sag mal, du kennst doch so viele dänische Häfen ...« Yacht-Chef Harald Schwarzlose (li.) und der Autor auf dem 12er Blaupunkt.

9 Bisschen viel Tuch – unsere Scandia unter Blister.

6

7

8

9

10

11

12

13

14

15

10 Wismar zur Zeit der Wende: Der Renaissancebrunnen »Wasserkunst« kündete schon von der raschen Restauration der alten Hansestadt.

11 »Das macht der Heinrich bestimmt nie wieder.« Scandia mit Motorschaden im Schlepp.

12 Skurriler Glockenturm aus Holz. Die Laurentiuskirche in Söderköping am Götakanal.

13 Stadtmauer vom Jahre 1300 in Visby, Hauptort der schwedischen Insel Gotland.

14 Götakanal: Sommerhitze an der Schleusentreppe von Berg.

15 Natur pur mitten in Schweden: Götakanal, Billströmmen am Vikensee.

16

17

16 Zehntausende Schaulustige an den Ufern der Götaälv in Schweden: An den »Falls Days« werden die Schleusen geöffnet.

17 Museumshof auf der Kattegatinsel Læsø: Die Dächer sind mit Seetang aus der Ostsee gedeckt.

18 Der Skipper in der »Zentrale« der SCANDIA: gut gerüstet für das »Abenteuer Baltikum«.

18

19

20

21

22

19 In Polen willkommen: Kołobrzeg (ehemals Kolberg). Der gotische Dom aus Backstein.

20 Uraltes Haus in einem der ältesten Ostseebäder: Hela an der Danziger Bucht.

21 Kołobrzegs alte Strandhalle: »Wolne pokoje« – Zimmer frei!

22 Stilles Gedenken – Flagge dippen vor der Westerplatte. Hier begann am 1. September 1939 der Zweite Weltkrieg.

23 Lang ersehntes Reiseziel: Segelyacht SCANDIA in der Marina Gdansk.

24 Noch genug zu tun in Gdansk: Ruinen vor der Kulisse der historischen Altstadt.

25 Gdansk fabelhaft restauriert – Prachtstraße Długa Targ mit dem weißen Artushof.

26 Museumsrestaurant »Gdanska« – erste Adresse in der prächtigen Altstadt!

23

24

25

26

die Milchkannen des einzigen Bauern mit. Auch das Einlaufen des kleinen Kutters von Fischer Mortensen interessierte unser Kind sehr, gab es doch lebenden Aal und Butt, Dorsch und Krebse zu bewundern und beim Schlachten zuzusehen. So oft der Regen einmal etwas nachließ, stromerten wir in Gummistiefeln am Strand entlang, um nach allerlei Treibgut Ausschau zu halten, mit dem wir Tinas Fantasie anregen und geheimnisvolle Geschichten von Piraten und Schiffbruch erfinden konnten. Aber nach mehr als fünf Stunden unter Deck half nichts mehr; dann flippte unser Kleinkind auch schon mal aus, beschimpfte unflätig den Kapitän (»Du und dein blödes Boot!«), kippte das »Mensch-ärgere-dich nicht«-Brett um und warf mit Schnullern und Stofftieren um sich.

Nach unserer Rückkehr in den Heimathafen kümmerte ich mich schnellstens um eine bessere seemännische Ausrüstung unserer kleinen Yacht. Wir brauchten einen Seezaun und einen Heckkorb.

Großsegel und Baum erhielten Gatchen und Reffbändsel sowie eine Hebelwinde und Schmeerreeps zum schnellen und sicheren Verkleinern der Segelfläche.

Eine schöne, neue und riesige Genua I kam an Bord. Und ein UKW-Seefunkgerät.

Der alte Außenborder wurde im Tausch gegen einen stärkeren von Bord gegeben.

Im Frühjahr brachte ich mit der Hilfe eines Segelfreundes von der Flenderwerft ein zusätzliches Stahlprofil von einhundert Kilogramm Gewicht unter dem Kiel an, um den Ballastanteil zu erhöhen und das Boot etwas steifer zu machen. So konnten wir das Reffen um eine Windstärke hinausschieben und das Boot kreuzte bei Seegang besser auf. Allmählich wuchs unser Zutrauen zu uns und zum Schiff. Und gleichzeitig auch der Respekt vor der See, ohne den sich trotz Radar und GPS auch heute kein richtiger Seemann hinaustraut.

Schon beim Ansegeln auf der Lübecker Bucht zeigte die KLEINE BRISE, was neuerdings in ihr steckte. Am meisten begeisterte uns die neue Genua, die prächtig stand und enorm zog. Bald achteten wir nicht mehr auf unseren Kurs, sondern starrten nur noch auf dieses Wundersegel.

Genau das Gleiche tat auch die Crew einer anderen Yacht, die sich uns auf Kollisionskurs näherte. Die hatte allerdings die besseren Karten: Weil sie auf Backbordbug segelte und damit Kurshalter war, hätten wir ausweichen müssen. Aber das taten wir nicht, weil wir sie ja gar nicht gesehen hatten. Und sie leiteten das für solche Situationen in der Seestraßenordnung vorgeschriebene »Manöver des letzten Augenblicks« nicht ein, weil sie uns ja auch nicht gesehen hatten.

So stanzte die KLEINE BRISE der HAPPY krachend ein großes dreieckiges Loch in den Rumpf. Die von dem wütenden HAPPY-Eigner herbeigerufene Wasserschutzpolizei befand, dass wir beide Schuld hätten. Meine Versicherung zahlte den Schaden. Aber diesen Denkzettel habe ich nie vergessen und passe seither immer gut auf. Allerdings wundere ich mich noch heute darüber, dass auf den riesigen Weltmeeren Schiffe zusammenstoßen können, die nur lächerliche Krümel in der unendlichen Weite des Ozeans sind. Ist das nun Zufall? Oder doch Schicksal?

Unsere Neuerungen an Bord unterzog ich einem ersten Härtetest, als ich mit einem Freund im Frühjahr einen Herrentörn unternahm.

Der Freund hieß Friedhelm, war bisher kein Segler, hatte aber große Lust mitzumachen. Unser Törn begann damit, dass Friedhelm mit einem riesigen schwarzen Koffer auf dem Steg erschien. Das ging natürlich nicht: Wo sollte ich den auf dem Boot verstauen? Friedhelm musste ihn in sein Auto zurückbringen und kam nun mit prall gefüllten Plastiktüten wieder. Nun ging es – mit leichter Verspätung – los.

Wir segelten bei durchweg windigem Wetter in zwei Wochen über Burgtiefe, Gedser, Klintholm und Rødvig nach Kopenhagen und über Kalvehave, Stubbekøbing, Vordingborg, Nysted/Falster, Burgtiefe und Grömitz wieder zurück.

Das war mit dem kleinen Schiff eine ganz gute Leistung, zumal wir drei Tage in der dänischen Hauptstadt verbrachten inklusive Märchenschloss Amalienborg, Vergnügungspark Tivoli und Tuborg Biermuseum.

Am vorletzten Tag unseres Törns segelten wir »dem Teufel ein Ohr ab«. Und uns beinahe den Mast. Bei hartem Amwindsegeln auf Legerwall von Staberhuk/Fehmarn nach Burgtiefe schoben wir in einer Schauerbö so viel Lage, dass das Pütting des achteren Backbord-Unterwants das ganze Kajütdach um zwei Zentimeter anhob. Wir gingen natürlich sofort über Stag, um einem Mastbruch zuvorzukommen. Aber das Dach kehrte in seine gewohnte

Position zurück und es war weiter nichts passiert. Auch herrschte »sonst gute Sicht«.

Dieser Mangel, den die Werft durch ein zu schwaches Laminat zwischen dem Mastschott und dem Kajütdach verursacht hatte, konnte nicht behoben werden. Wir setzten die achteren Unterwanten dann nicht mehr so stark durch. So ging es auch.

Im Übrigen war das Schiff aber um ein gutes Stück seetüchtiger geworden. Nun konnten wir uns an größere Aufgaben heranwagen.

Inzwischen war Frank als weiteres Crewmitglied an Bord. Meine beiden Mitsegler unterschieden sich sehr voneinander. Während Friedhelm sich als zuverlässiger Rudergänger bei jedem Wetter bewährte und deshalb bald nur noch der »Stürmann« hieß, entwickelte sich Frank rasch zum »Erste-Klasse-Passagier«. Er saß am liebsten mit seiner Spiegelreflexkamera im Heckkorb, fand die Segelei trotz seiner ständigen Seekrankheit und von der Salzgischt nahezu undurchsichtigen Brillengläsern einfach herrlich, genas sogleich nach dem Festmachen vollständig und haute beim Abendessen ordentlich rein. Auf unsere Vorschläge, doch noch eine Portion Labskaus oder Gulasch mit Nudeln nachzufüllen, erhielten wir immer die gleiche stereotype Antwort: »Ich könnte immer so weiter essen, aber es bringt nichts mehr.«

Übrigens: Was unsere Bordverpflegung betraf, so hatten wir damit nur an den ersten Törntagen Probleme, weil unsere daheimgebliebenen Bordfrauen uns mit allerlei Vorgekochtem in großen Töpfen vor dem Verhungern bewahren wollten. Diese Töpfe ließen sich an Bord weder kühlen noch seefest verstauen. Hatten wir ihren leckeren Inhalt nach drei mühsamen Tagen endlich bewältigt, dann gingen wir zu unserer üblichen Konservenkost über, die Friedhelm und ich einen Tag vor dem Ablegen vom Supermarkt an Bord geschafft hatten. Wir kombinierten unsere täglichen Mahlzeiten fortan kunstvoll aus Fleisch-, Gemüse- und Kartoffel-Konserven. Das entband uns auch unterwegs von jeglicher Einkauferei, für die wir gar keine Zeit hatten. Wir wollten schließlich segeln. Und sonst nichts.

Wenn wir abends genug gesegelt waren und nach einem ausgiebigen Essen und dem obligatorischen Hafenrundgang gemütlich im Salon saßen, folgte unsere »UKW-Stunde«. In Ermangelung des noch nicht erfundenen Handys und oft keiner oder weniger Telefonzellen an Land fand die Kommunikation segelnder Männer mit ihren daheimgebliebenen Familien meist über den öffentlichen Seefunkdienst der Küstenfunkstellen statt. Das war für die Zuhörer immer eine kurzweilige Abendunterhaltung. Denn obwohl wir Seefunker beim Ablegen der Prüfung für das Sprechfunkzeugnis natürlich schriftlich und feierlich auf das Fernmeldegeheimnis vereidigt worden waren, musste man zwangsläufig den laufenden Gesprächsverkehr mithören, um überhaupt seine Anmeldung an die Küstenfunkstelle loszuwerden. Und weil die üblichen UKW-Funkgeräte anstelle des umständlichen Kopfhörers über einen kleinen Lautsprecher verfügten, hörte die ganze Crew mit. Da offenbarte sich dann oft die ganze Tragikomik zwischenmenschlicher Beziehungen, die unter dem Segeln litten. Das klang zum Beispiel so:

»Flensburg Radio, hier ist die Kormoran, Kormoran, Delta Alfa 1234, ich hätte gern ein Gespräch nach Hamburg. Die Rufnummer ist 0411-1234567, Abrechnung Delta Papa 01. Over.«

Nach einer längeren Pause:

»Jo, Kormoran, Flensburg Radio, hier kommt Ihr Gespräch, bitte sprechen.«

»Hallo Mausi, ich bin's, Günni!«

»Ja …«

Pause.

»Mausi …? Bist du dran? Sag mal was …«

»Tja, Günter, was soll ich sagen?«

»Mausi …? Du musst immer ›over‹ sagen, wenn du nichts mehr sagen willst, weißt du. Das ist wegen dem einseitigen Verkehr.«

»Ach ja. Und – wo seid ihr? … Ohwää.«

»Ja du, wir sind in Sonderburg in Dänemark. Tolles Wetter, schön gesegelt. Und die Stimmung ist bombig an Bord! Over.«

»So-so.«

»Und bei euch? Alles klar? Over.«

»Nö – nix is klar. Ohwää.«

»Wieso? Was ist denn los? Over.«

»Ooch – was soll schon los sein: das Übliche. Deine Mutter hat sich hier eingenistet, kaum, dass du weg warst. Nu quatscht sie mir den ganzen Tag in mein' Kram rein. Klaus hat drei Tage die Schule geschwänzt, sich inner Stadt rumgetrieben, denn hat mich sein Lehrer angerufen. Lena schreit die ganze Nacht, die kriegt wohl schon wieder 'n Zahn. Bei Meiers oben ist die Waschmaschine geplatzt und nu leckt das bei uns durch. Hab' gar nich so viele Schüsseln und Eimer, wie das hier durchleckt. Und du – du bist seeegeln!«

»Naja, Mausi, ich komm' ja bald wieder. Und denn kriegt Klaus aber 'ne Predigt. Das kann ich dir aber sagen. Over.«

»Na, denn nützt das auch nichts mehr. Wann kommst du denn? Freitag? Oder erst Sonnabend? Ohwää.«

»Du – wir haben ja bis Sonntag gechartert. Das kann ich den Kameraden ja nicht antun, dass wir früher abbrechen. Over.«

»Na – du musst das ja wissen. Denn Tschüß.«

Klick!

Zum Schluss kam der Operator von Flensburg:

»Jo, KORMORAN, das waren dann drei Minuten nach Hamburg?«

»Ja danke, Flensburg Radio, vielen Dank und gute Wache!«

»Jo, bitte. Und weiter gute Fahrt. Ist da noch jemand für Flensburg Radio ...?«

Ach ja – die Charterer und UKW! Manche hatten überhaupt kein Sprechfunkzeugnis, konnten aber der Versuchung nicht widerstehen, sich auch mal über den Äther wichtig zu machen. Die schönste UKW-Story erzählte uns unser Lehrer in Kiel-Schilksee, bei dem ich mein Allgemeines Sprechfunkzeugnis »machte«. Folgendes soll sich tatsächlich zugetragen haben:

»Radio Dänemark, Radio Dänemark, hier ist die NORDWIND. Wir möchten gerne nach Deutschland telefonieren!«

Keine Antwort. Nach drei weiteren Versuchen der Charteryacht mit gleicher Formulierung erbarmte sich die Dänische Küstenfunkstelle »Lyngby Radio« bei Kopenhagen des »Kunden«:

»NORDWIND – hier iss Lyngby Radio. Wo sssind Sssie, bidde?«

»Aaah, ja! Jaa – wir sind hier auf der Ostsee und wollen gerne in Gütersloh anrufen. In Deutschland!«

Lyngby Radio – leicht missgestimmt, aber noch freundlich:

»Nein – NORDWIND, ich muss wissen, wo sie ssstehn, bidde!«

»Ich? Jaa, ich stehe hier ... äh ... hier am Kartentisch ... am Telefon!«

Lyngby Radio, jetzt genervt und energisch:

»NORDWIND, zum letzten Maaal, welche Position haaaben Sssie?«

»Jaaa – meine Position? Also, ich bin ... Abteilungsleiter bei Karstadt!«

Lyngby Radio hat dann nicht mehr geantwortet. Wohl aber lauter Yachten im Umkreis von dreißig Seemeilen:

»Wo hast du denn dein Funkzeugnis geschossen, du Blödmann? Auf'm Jahrmarkt?«

»Quatsch, der hat doch überhaupt keins! Noch nicht mal das beschränkt gültige für UKW ...«

»Stimmt! Aber beschränkt ist der allemal, was?«

***

Neben dem sommerlichen Segeln mit der Familie, das jedoch mit den Jahren mehr und mehr in den Hintergrund trat, nahmen unsere »Herrentörns« an Häufigkeit und Intensität zu. Wir entwickelten bald den Ehrgeiz, keinen Hafen zwei Mal anzulaufen, sondern immer neue Reviere und Anlegestellen zu entdecken. Das sollte ungeahnte Folgen zeitigen.

Zunächst aber trat ein Ereignis ein, das unser Seglerleben ziemlich umkrempelte. Meine Gattin unterbreitete mir nämlich den Vorschlag, unsere oft etwas knappe Haushaltskasse dadurch aufzupeppen, dass sie wieder arbeiten ging.

Man hatte ihr sogar schon eine stundenweise Putzstelle in der Lebensmittelfabrik angeboten, in der sie zuletzt als Laborantin tätig gewesen war. Das wäre theoretisch durchaus möglich gewesen, denn unsere Tochter war dem Kleinkindalter entwachsen und das Wohnen unter dem Dach der Schwiegereltern bot jederzeitige Betreuung innerhalb einer Großfamilie.

Dennoch mochte ich nicht zustimmen, weil es damals noch als Privileg galt, als Ehefrau und Mutter nicht arbeiten gehen zu müssen – noch dazu als Putzfrau –, sondern das Heim zu pflegen und für Mann und Kind da zu sein.

Weil aber das mit der knappen Kasse durchaus stimmte und meine Besoldung als junger Beamter auch nicht allzu üppig ausfiel, machte ich einen Gegenvorschlag: Ich würde etwas hinzuverdienen, indem ich eine meiner Neigungen fortentwickelte: das Schreiben.

Schon als Gymnasiast waren meine Aufsätze von den Lehrern gern gelesen worden. Während der Lehrzeit lieferte ich Artikel für die Werkszeitung. Im Automobilklub gab ich jahrelang die von mir verfassten Klubmitteilungen heraus. Und nun setzte ich mich hin und schrieb eine Glosse über die Segler und das Segeln.

Die fertige Glosse schickte ich dem damaligen Chefredakteur der Segelzeitschrift *Yacht*, Harald Schwarzlose, mit der Idee, dem Magazin fehle etwas humorig Aufmunterndes, so wie es jahrelang die herrlichen *Geschichten vom Segler Gustav* gewesen waren. Schwarzlose bedankte sich für die gelungene Glosse und stellte eine spätere Zusammenarbeit in Aussicht. Aber einstweilen war *Gustav*-Autor Wolfgang Krauss mir zuvorgekommen – er schrieb wieder für die *Yacht*.

Na ja, es gab ja noch andere Wassersportmagazine. Schon der Nächste biss an. Horst Schlichting – Chef der Zeitschrift *segeln* und mein erster Mentor – kaufte nicht nur meine Glossen an, sondern ich erhielt sogar einen Autorenvertrag und schrieb laufend Fachartikel über alle möglichen Aspekte unseres schönen Sports, darunter Törnberichte unserer vielen Reisen auf der Ostsee.

Meine Glossen kamen bei den Lesern gut an, sodass sich der Wachholz-Verlag entschloss, sie gesammelt als Buch herauszugeben. *Hafenrees* hieß mein erstes Werk. Es enthielt zu den Glossen Zeichnungen des Hamburger Künstlers Ernst Pohlmann, erschien 1978 und wurde bis 1983 insgesamt 3000 Mal verkauft. Der Erlös aber entsprach noch nicht meinen Erwartungen, denn ich musste natürlich das übliche Autorenhonorar von zehn Prozent des Nettoladenpreises mit dem Künstler teilen.

Deshalb versuchte ich weiterhin, bei der *Yacht* einen Fuß in die Tür zu bekommen. In Erinnerung an Harald Schwarzloses Ermunterung schrieb ich einen Bericht über unseren Kopenhagentörn. *Wind aus West und wenig Zeit – Kopenhagentörn mit dem Vierteltonner* kam aber postwendend zurück.

Ich erschrak: Schwarzlose hatte meinen Artikel vielfach mit dem Rotstift verunstaltet. Überall fand ich unterstrichene Passagen mit Bemerkungen wie »genauer beschreiben«, »warum das?«, »treffender formulieren« und so weiter. Aber er wollte den Artikel – das war das Wichtigste. Schnell überarbeitete ich ihn und sandte ihn erneut ein.

Einen Monat später raste ich an einem Freitagmorgen mit meinem grünen Käfer zum Lübecker Hauptbahnhof. Dort wurden die Zeitschriften immer zuerst verkauft. Mit zitternden Händen blätterte ich die *Yacht* durch. Tatsächlich! *Wind aus West und wenig Zeit* war in voller Länge erschienen. Wie war ich stolz! Jetzt hatte ich es geschafft!

Nicht geschafft hatte ich indes etwas anderes, das mir eigentlich viel wichtiger hätte gewesen sein sollen: Meine Lebensumstände veränderten sich so radikal und so schnell, dass ich darüber zeitweise meine nächsten Mitmenschen vergaß.

Das begann in meinem Hauptberuf: Meine Vorgesetzten holten mich schon bald aus dem Mief der Amtsstuben – wo ich Planungs- und Betriebsaufgaben in der Fernmeldetechnik bearbeitete – heraus und schickten mich als Kundenberater in den Außendienst. Das war ein toller Job. Aber er forderte wesentlich mehr Arbeit und Flexibilität bei der Dienstzeit. Nun saß ich des Öfteren noch abends in Kundenbesprechungen, besuchte Fortbildungsmaßnahmen und durfte meine Behörde manchmal auch bei Veranstaltungen an Wochenenden vertreten. Wenn ich freitags nach Hause kam, wollte ich vor allem eines: auf mein Boot und mich erholen.

Meine Familie ließ mich ziehen und kam erst Sonnabendmittag nach, wenn das Wetter schön war. Wenn nicht, blieb ich oft das ganze Wochenende allein an Bord.

Aber das war noch nicht alles: Die *Yacht* übertrug mir immer neue Aufgaben. Ich stand bald als Vertragsautor im Impressum, bekam ein Fixum und Seitenhonorare und schrieb »mir die Finger wund«.

Eines Tages zeigte mir Harald Schwarzlose in seinem Chefzimmer bei der Redaktion in der Hamburger Blumenstraße Fotos. Neugierig betrachtete ich sie. Es waren allesamt Luftbilder von dänischen Häfen, aufgenommen von einem Berufsfotografen aus niedriger Höhe vom Sportflugzeug aus und von bestechender Qualität. Man konnte auf den Bildern nicht nur jeden Steg und jeden Pfahl in den Yacht- und Fischereihäfen erkennen, sondern auch die Betonnung der Fahrrinnen und sogar die Wassertiefen. Darüber hinaus waren die Bilder einfach zum Träumen herrlich.

»Sag mal, du kennst doch so viele dänische Häfen. Traust du dir zu, die entsprechenden Texte zu den Bildern zu schreiben?«, fragte er mich. »Wir wollen die Bilder als Serie ins Heft bringen unter dem Titel *Dänemarks Häfen aus der Luft*.« Natürlich sagte ich zu. Und schon hatte ich mir neue Arbeit aufgehalst. Ich bekam alle 14 Tage per Post Papierabzüge von sechs bis zehn Hafenfotos und hatte innerhalb einer Woche etwa eine Seite Hefttext zu liefern; alle Beschreibungen der Häfen mit ihren Landeinrichtungen, touristischen Besonderheiten und dazu die Bildunterschriften.

Bei unserem nächsten Herrentörn machten wir eine verblüffende Entdeckung. Auf zahlreichen deutschen und auch einigen dänischen Yachten saßen die Crews über einem Aktenordner in der Plicht, beguckten bunte Bilder und diskutierten, wohin sie morgen segeln wollten. Neugierig fragten wir nach, was das für Bilder seien. Und siehe da – es waren die Dänemarkseiten aus der *Yacht*! Die Segler hatten sie fein säuberlich aus den Heften herausgetrennt und in DIN A4 Leitz-Ordern abgeheftet. Jetzt verfügten sie über ihr privates Hafenhandbuch und waren total begeistert.

Zur Redaktion hatte sich das auch schon herumgesprochen. Kurz darauf lud der Verlag Delius Klasing – der die *Yacht* verlegt – zu einer Besprechung nach Hamburg ein. Es ging um die Frage, ob und wie die Bilderserie im Heft zu einem regelrechten Buch gemacht werden könnte. Wir erzielten schnell Einigung. Fotograf Nils Bahnsen flog und knipste, was das Zeug hielt. Und ich bekam den Auftrag über sämtliche Texte.

Band 1 von *Dänemarks Häfen aus der Luft* erschien im Herbst 1981. Die achttausend Exemplare waren so schnell ausverkauft, dass zum Frühjahr 1982 eine weitere Auflage mit sechstausend Büchern gedruckt werden musste. Das reichte erst mal für eine weitere Saison.

Im Sommer 1982 segelte ich mit Friedhelm und Frank in 14 Tagen nach Bornholm und zurück. Dieser Bornholmtörn begann und endete unter recht ungewöhnlichen Bedingungen, die ich einerseits selbst verursacht hatte, andererseits aber der stets unwägbare »Zufall Wetter«.

Meine beiden Segelkameraden und ich hatten verabredet, unseren Törn mit einer – zugegeben etwas abenteuerlichen, aber durchaus möglichen – Reise durch die Nacht zu beginnen.

Die Entfernung von Travemünde nach Rønne beträgt auf direktem Kurs immerhin 160 Seemeilen. Wenn es uns gelang, diese Distanz nonstop zu bewältigen, dann würden wir bei einer realistischen Bootsgeschwindigkeit von vier Knoten nach nur vierzig Stunden bzw. knapp zwei Tagen und zwei durchsegelten Nächten dort ankommen, während die Reise auf dem üblichen Weg an den dänischen und schwedischen Küsten entlang sechs Tage dauern würde.

Mein ausgeklügelter Wachplan würde jedem von uns ausreichend Schlaf gönnen. Die eingesparte Zeit wollten wir dazu nutzen, um Bornholm zu umsegeln und dabei die wichtigsten Inselhäfen kennen zu lernen.

Soweit – so gut. Jetzt brauchte »nur noch« der Wettergott mitzuspielen, indem er uns einen mäßigen, konstanten Westwind bescherte.

Eben den aber sollte uns der Deutsche Seewetterdienst prophezeien. Die Hamburger Meteorologen hatten in der *Yacht* versprochen, so etwas zu können, und boten gegen eine kleine Gebühr ihre Törnberatung für Fahrtensegler an. Ich überwies den Betrag und erhielt prompt die fabelhafte Auskunft: Vom abendlichen Ablegen in Travemünde bis zur Ankunft auf der fernen Ostseeinsel sollten uns westliche Winde um vier Beaufort begleiten.

Am Freitag um 17.00 Uhr heißten wir frohgemut und tatendurstig unseren »Würgesack« (wie ein entfernter Segelfreund aus dem Binnenland den Bergeschlauch unseres Blisters ebenso respektlos wie treffend einmal genannt hatte), rundeten bei leichtem achterlichen Wind die Nordermole der Travemündung und – fierten die dunkelblaue Wurst enttäuscht wieder an Deck: Der uns verkündete brave Segelwind frischte nämlich in Minutenschnelle auf und ließ die KLEINE BRISE in dem rasch zunehmenden Seegang heftig stampfen. Denn er kam natürlich genau von vorn – aus Nordost!

Drei Stunden später legten wir nach heftiger Kreuz im elf Seemeilen entfernten Grömitz an. An den folgenden drei Tagen erkämpften wir uns gegen steten frischen Nordost Burgtiefe, Gedser und Hesnæs. Dort musste ich meiner meuternden Crew schweren Herzens versprechen, von meinem Bornholmplan abzulassen; unsere Zeit würde einfach zu knapp und die ewige Kreuzerei machte auch keinen Spaß mehr.

Ich glaube, es war Friedhelm, der mich am nächsten frühen Morgen aus tiefstem Schlaf holte. »Heh – wir haben Westwind, Skipper!«, flüsterte er mir ins Ohr. Eine Stunde später liefen wir unter Vollzeug mit dem bunten Blister und Kurs 090 Grad nach Rønne aus, wo wir wie an einer Schnur gezogen nach neunzig Meilen und zwanzig Stunden bei Sonnenaufgang einliefen.

Wir schliefen ein paar Stunden, mieteten uns dann einen grasgrünen VW-Käfer und umrundeten die Insel, um alle siebzehn Häfen wenigstens von der Landseite her zu erkunden.

Schon am nächsten Morgen legten wir in Rønne wieder zur Heimreise ab, die uns mit einer weiteren Merkwürdigkeit der meteorologischen Wissenschaft auf eine harte Probe stellten sollte: Am vorletzten Tag unserer Reise – einem Sonnabend – erschreckte uns Kiel Radio abends um halb neun im Fischereihafen von Gedser mit einer Sturmwarnung mit »Schauerböen bis Stärke neun, ansonsten aber gute Sicht«.

Das hatte uns gerade noch gefehlt!

Zur Vorbereitung auf das schwere Wetter aßen wir eine reichliche Mahlzeit aus der Bordküche und machten das Boot sturmsicher: Frank wurde in die Koje geschickt, was er dankbar annahm. Friedhelm und ich legten Ölzeug, Rettungswesten und Lifebelts an, banden Reff II ins Groß, setzten die kleine Kreuzfock und liefen unter Motor in die Nacht hinein aus.

Uns war nicht wohl zumute. Den Fehmarnbelt hatte ich ja bei Sturm als sehr ungemütlich kennen gelernt. Wann mochte das versprochene Unwetter wohl losbrechen? Sorgenvoll beobachteten wir den sternklaren Nachthimmel und das langsam steigende Barometer. Rund um uns herrschte Totenflaute, und die Ostsee lag glatt da, wie ein Ententeich.

Als die Sonne im Osten blutrot aus dem Meer stieg, hakten wir die Sturmböen dankbar ab, um uns sogleich einer neuen Sorge zuzuwenden: Der Sprit für den Außenborder in dem kleinen tragbaren Zehn-Liter-Tank ging bös' zur Neige. Er reichte gerade noch bis vor den Hafen von Großenbrode. Vielleicht konnten wir dort von einem Autofahrer etwas Benzin schnorren? Öl zum Herstellen der Zweitaktmischung hatte ich noch.

Aber wir kamen gar nicht nach Großenbrode, sondern trieben mit einer leichten Strömung in den Belt zurück. Nicht mal ein anderes Fahrzeug zum Schleppen war zu sehen. Es war zum Verzweifeln.

Erst zum späten Abend kam etwas Wind auf. Wir erreichten Travemünde schließlich am Montagmorgen gegen fünf Uhr. Drei Stunden später sollten wir im Büro sein …

***

Inzwischen standen nicht nur alle wichtigen dänischen, sondern auch viele schwedische Häfen in meinen Logbüchern. Da traf es sich gut, dass der Verlag beschloss, einen zweiten Bildband herauszubringen.

1983 erschien *Dänemarks Häfen aus der Luft, Band 2*, der die Seegebiete Südschweden und Bornholm sowie das nördliche Kattegat und die dänische Nordseeküste umfasste.

Im Spätsommer folgte eine 14-Tage-Reise auf einer wundervollen schwedischen 15-Meter-Segelyacht, über die ich einen Testbericht für die *Yacht* schreiben sollte. Auf der schnellen Bosun Queen 55 mit dem deutschen Importeur Lothar Köhler und seiner Familie an Bord segelte ich mit nach Schweden in den Kalmarsund bis hinauf nach Byxelkrog/Öland und über Bornholm zurück. Den besonderen Reiz der Rückreise bildete eine private Regatta mit Hartmuts Swan 47 WHAT A DREAM, die wir in Rønne trafen. Auf der windigen Kreuz nach Klintholm gerieten wir kurzzeitig ins Visier eines DDR-Wachbootes, das bei der Tonne »Arkona Nord« versuchte, jedes »Eindringen krimineller Elemente aus dem kapitalistischen Westen in die Friedensgewässer der Deutschen Demokratischen Republik im Keim zu ersticken«. Als die Ossis uns sahen, ließen sie qualmend den Diesel an. Aber bevor sie den Propeller einkuppeln konnten, waren wir schon über Stag und über alle (Wellen-)Berge.

Es liegt auf der Hand, dass meine nebenberuflichen Aktivitäten nicht unentdeckt blieben. Bald erfuhren meine Vorgesetzten davon. Neid, Missgunst und ein im Grunde unbedeutender Arbeitsfehler meinerseits führten – wie ich vermutete – dazu, dass der gleiche Vorgesetzte mich »feuerte«, der mich Jahre zuvor in seine Kundendienst-Abteilung geholt hatte.

Das Ganze war nicht nur eine Schmach, sondern auch ein sozialer wie finanzieller Abstieg. Frustriert, enttäuscht und wütend verschwand ich sang- und klanglos in einer Bürodienststelle ohne jeden Kundenkontakt, wo es so gut wie nichts zu tun gab. Ich hätte es bis dahin nicht für möglich gehalten: Aber – so etwas gab es auch in unserer Behörde, die doch eigentlich längst auf dem Weg zu einem modernen Dienstleistungsunternehmen war!

Schon war ich drauf und dran, mein Beamtendasein trotzig an den Nagel zu hängen und um einen Posten als Schreiberling bei meiner *Yacht*-Redaktion nachzusuchen. Dass ich es nicht tat, verdanke ich einer jungen Kollegin, die eines Morgens vor meinem Schreibtisch stand. Während ich versetzt worden war, um abzusteigen, traf für sie das Gleiche in umgekehrter Richtung zu: Gisela sollte aufsteigen. Wir verliebten uns unsterblich ineinander. Nach einem Jahr verließen wir unsere Familien, zogen gemeinsam nach Travemünde und heirateten.

Jetzt konnten wir innerhalb einer halben Stunde auf der KLEINE BRISE sein. Wir segelten und sammelten immer neue Häfen. Und ich konnte mehr schreiben als je zuvor, denn sie tippte meine handgeschriebenen Artikel auf der Schreibmaschine und nahm mir damit die halbe Arbeit ab. In rascher Folge erschienen in den folgenden Jahren im Delius Klasing Verlag weitere Bücher: *Überhol deine Navigation,* die von mir aktualisierte *Ostseeküste, Das Buch der Bordfrau, Mit dem Boot ins Winterlager* und *Namensbuch für Yachten. Die Bordfrau* und das *Namensbuch* illustrierte unser unnachahmlicher Künstler Kurt Schmischke mit seiner liebevollen und detailgetreuen Feder.

Daneben bereitete der Verlag neue Auflagen der Dänemarkbücher vor und wollte Texte. Der Fotograf musste fliegen und wollte von mir wissen, wohin.

Die *Yacht*-Redaktion ließ auch nicht besonders locker. Nach meinem Stoff *Überhol deine Navigation* entwarfen wir zusammen eine Serie in Form eines unterhaltsamen, aber lehrreichen Navigationsunterrichts. Darin erlebt eine junge Seglerfamilie die ersten Schritte zum Segeln auf See, angefangen vom Bootskauf bis zum Ende des ersten Urlaubstörns. Zusätzlich war das Ganze in ein Preisausschreiben eingebettet, bei dem die *Yacht*-Leser Fragen aus Seemannschaft und Navigation beantworten sollten. Der Held der Geschichte war der Familienvater und Yachtkapitän »Wegerich Klampe«, und bald kannte jeder die »Klampe-Story«. Bei der Redaktion gingen Berge von Leserpost ein. Die Auflage der Hefte stieg zeitweise deutlich an. Meine Honorare ebenfalls. Sollten wir uns nicht – nach all der Plackerei – endlich eine Belohnung gönnen? Vielleicht ein neues Schiff?

Zunächst einmal gönnten wir uns aber während der segelfreien Winterzeit Urlaube im warmen Süden. Und zwar vorzugsweise auf »dem Sandhaufen«, zu dem es meine Gisela immer wieder hinzog. Diese Bezeichnung hatte mein Klassenkamerad Jost erfunden. Er war Pilot geworden, flog Hapag-Lloyd-Airbusse und antwortete einmal auf unsere Frage nach seinem Dienstplan der kommenden Woche: »Ach, hört bloß auf, schon wieder Fuerteventura. Wie ich diesen Sandhaufen hasse!«

Auf dem »Sandhaufen« war in der Tat außer Sonne, Strand und Wind nichts los. Deshalb verfiel ich nach der ersten langweiligen Woche der Idee, segeln zu gehen. Das war indes nicht möglich, weil die spanische Zentralregierung in Madrid damals noch jede Freizeitbetätigung mit richtigen Booten an den Küsten der Kanarischen Inseln untersagte. Als einzige Ausnahme war es möglich, surfen zu lernen und Bretter zu mieten. Na denn, warum nicht? Surfen musste doch auch so eine Art Segeln sein …

Den ersten von fünf Lehrgangstagen verbrachten wir Schüler auf einem am Strand drehbar gelagerten Übungsbrett. Wer sich zu ungeschickt anstellte, der fiel so lange vom Brett in den kochend heißen Sand, bis er auf dem Trockenen theoretisch surfen konnte oder es aufgab.

Zwei weitere Tage benötigten wir, um mit der Startschot den Gabelbaum mit dem zentnerschweren, weil nassen Segel aus dem Wasser zu ziehen und dabei auf dem Brett stehen zu bleiben. Wer dabei rückwärts vom Brett in den Atlantik kippte und das Segel über sich zog, der musste bisweilen ziemlich lange die Luft anhalten, um nicht zu ersaufen.

Doch schon der dritte Tag brachte den ersehnten Erfolg: Die meisten der immer noch etwa zehn Surfaspiranten legten die ersten Meter unter Segeln zurück – mit zitternden Knien und krummen Rücken wie ein lächerlicher Don Quijote auf klapperiger Jolante und sehr zum Spaß ihrer vom Strand aus johlenden Fans.

Allerdings fand der erste Surfspaß ein ebenso unverhofftes wie bitteres Ende, denn die Surflehrer hatten die Bretter sicherheitshalber vermittels einer etwa zwanzig Meter langen Schnur »an die Kette« gelegt. Die bewirkte, dass ein jeder am Ende des Tampens in Fahrtrichtung vom Brett flog, wobei Weite und Eleganz des Sturzes in direktem Zusammenhang zu seiner bis dahin erreichten Geschwindigkeit und sportlichen Fitness standen. Die Fans klatschten tosend Beifall.

Am Tag der Prüfung ging es – nun erstmals ohne Schnur – um alles oder nichts: starten, mit halbem Wind surfen, wenden, halsen und ein Stück vor dem Wind segeln – bestanden.

Schon die ganzen Tage hatte ich mich darüber gewundert, dass kein Surflehrer von uns verlangte, gegen den Wind zu segeln, also zu kreuzen. Alle Surfer schienen nur eines lernen zu wollen und zu sollen: raumschots über die Wellen und am Strand entlang auf und ab zu brettern! Ich aber wollte Luv machen, so wie ich es als Segler gelernt hatte und meistens tun musste, um mein Ziel zu erreichen. Deshalb segelte ich am Prüfungstag mein Brett stolz hoch am Wind, kreuzte einige Schläge weit weg nach Luv, halste und kehrte vor dem Wind zu meinen Mitbewerbern um den begehrten Surfpass zurück. Den erhielt ich auch. Aber ein richtiger Surfer – so sagte mein Prüfer – würde ich wohl niemals werden mit meinem ewigen Kreuzen …

1983

Immer, wenn wir an unserem Steg im Travemünder Passathafen ankamen, um an Bord der KLEINE BRISE zu gehen, kamen wir an der Vindö 40 von Volker vorbei. Meist war er nicht da, denn er fuhr als Kapitän weltweit zur See. Dafür wohnte aber seine Frau Marga im Sommer an Bord. Kam ihr Volker dann im Juli für zwei Monate nach Hause, dann erlebten wir ihn als typischen Berufsseemann – schrullig, wortkarg und mit einem an Sarkasmus grenzenden Humor. Als ich ihn eines sonnigen Morgens auf seinem Vorschiff hockend erblickte und ihm ein fröhliches »Guten Morgen, Volker« zurief, da antwortete er mir mit todernster Miene: »Was geht dich mein Morgen an?«

Hin und wieder luden uns die beiden auf einen Klönschnack auf die YIN ein. Und dabei verlor ich langsam, aber sicher mein Herz an dieses wunderschöne Schiff, das obendrein zum Verkauf stand.

Die Vindö 40 ist eine 9,36 Meter lange und 2,95 Meter breite Kunststoffyacht einer schwedischen Werft.

Ihre besonderen Kennzeichen sind die mit Teakstab belegten Decks, die naturlackierten Aufbauten und die Rudersäule nebst Ruderrad in formvollendetem Mahagoniholz. Auch unter Deck besticht dieses Boot durch einen herrlichen Innenausbau aus Mahagoni, der einem die Illusion gibt, auf einer klassischen Holzyacht zu leben. Alles, was ein Ostseesegler braucht, ist da: eine Pantry und ein Kartentisch, ein geräumiges Vorschiff mit einer dreieckigen Kojenfläche, ein WC-Raum mit Waschbecken und sehr viel Schrank- und Stauraum. Als Hilfsmotor ist ein 25 PS starker Volvo-Diesel eingebaut. Das Boot ist als klassischer Langkieler mit nur 1,40 Metern Tiefgang ausgeführt, deshalb gutmütig auch bei grober See, kursstabil und schwer. Die Vindö wurde mein Traumschiff. Sie war ein wenig heruntergekommen und bedurfte einer gründlichen Überholung. Entsprechend günstig war der Preis. Und meine Gisela stimmte auch zu.

Doch zunächst musste die KLEINE BRISE verkauft werden, denn wir wollten ja keine Reeder werden.

Auf unsere Anzeige in der *Yacht* meldeten sich mehrere Interessenten, aber die meisten störte unsere hohe Preisforderung. Dann flaute das Interesse ab und wir hörten nichts mehr.

Wir hatten schon aufgegeben, als eines Abends ein Ehepaar auf dem Steg erschien und unser Boot bewunderte. Die beiden zeigten uns eine lange Liste mit Booten ähnlicher Größe, die sie sich alle schon angesehen hatten. Unser Boot stand als letztes drauf. Wir baten sie an Bord. Vollkommen überrascht erklärten sie uns, dass sie noch nie ein so gepflegtes Gebrauchtboot gesehen hätten.

Wir reichten einen Sherry. Ich bot den beiden einen kleinen Abend-Segeltörn auf der Lübecker Bucht an, überließ dem Mann gleich nach dem Ablegen die Pinne und – hatte gewonnen. Sie waren hellauf begeistert, akzeptierten ohne weitere Verhandlungen unsere Preisvorstellung und willigten in den Kauf ein. Dann wollten sie uns verlassen und zurück nach Kiel fahren. Das aber durfte nicht geschehen. Diese zwei konnten wir nicht ohne unterschriebenen Kaufvertrag gehen lassen. Denn solche Kunden gab es nicht alle Tage!

Deshalb luden wir sie zum Abendessen in unsere Wohnung ein und baten sie, mit ihrem Auto hinter unserem herzufahren. Während der kurzen Fahrt beobachteten wir im Rückspiegel argwöhnisch ihren Wagen, sie jederzeit abbiegend und das Weite suchend zu sehen. Aber sie folgten uns brav, und während ich rasch einen Kaufvertrag tippte, bereitete Gisela ein leckeres Essen zu. Danach unterschrieben sie ebenso brav, und wir trennten uns im besten Einvernehmen. Wir erhielten bald ihre Anzahlung in Höhe von 25 Prozent. Die Übergabe und Restzahlung sollte im Mai des folgenden Jahres erfolgen. Es wurde Mai. Und dann geschah – nichts.

Ich rief in Kiel an: »Ta – tü – tie, kein Anschluss unter dieser Nummer.«

Wir fuhren nach Kiel zu ihrer Adresse. Sie wohnten nicht mehr dort. Wie sehr wir ihn auch suchten, so blieb unser Käufer auf scheinbar mysteriöse Weise verschollen!

Inzwischen wollte unser Kapitän Volker seine schöne Vindö schon anderweitig verkaufen, denn eingedenk unserer Kaufabsicht war er einer noch schöneren Najad 343 verfallen, die er bereits angezahlt hatte.

In dieser völlig verfahrenen Situation klingelte es an einem Sonnabendmorgen an unserer Wohnungstür. Draußen stand unser Käufer mit zwei Kameraden. Sie hatten das Geld und wollten die Kleine Brise abholen. Ich fuhr allein mit ihnen an Bord und übergab das Boot. Als ich nach Hause kam, fand ich meine Gattin tränenüberströmt und am Boden zerstört. Sie habe bis zuletzt gehofft, der Verkauf würde nicht mehr zustande kommen. So habe sie die Kleine Brise geliebt. Das war eines der vielen Missverständnisse in unserer noch jungen Ehe. Wir hätten es als Warnung nehmen sollen …

Stattdessen steckten wir beide die Köpfe in den Sand und lenkten uns mit viel Arbeit ab.

Im Mai, als alle anderen Vereinskameraden ihre Schiffe zu Wasser gelassen hatten, kam unsere Vindö in die Winterlagerhalle. Wir nahmen den Urlaub zweier Jahre zusammen und schufteten beinahe Tag und Nacht. Während Gisela mit der Lammfellscheibe und Polierpaste die vergilbte Außenhaut restaurierte, zog ich mit Heißluftgebläse und Ziehklinge die ausgeblichenen Mahagoniaufbauten sowie Plichtsüll und Luken bis auf das nackte Holz ab. Nach ausgiebigem Schleifen erhielt das Holz vier Schläge Mahagoni-Holzbeize und sieben Anstriche hochglänzenden Bootslacks.

Die alten Schotwinden tauschten wir gegen neue, selbstholende Lewmar-Zweigangwinschen aus.

Eine neue Sprayhood und neue weiße Relingsdurchzüge taten ein Übriges.

Und nach drei Wochen lag unsere Vindö wie neu an ihrem Liegeplatz. Bei einer zünftigen Feier mit unseren Vereinskameraden und Segelfreunden taufte meine Tochter Tina das über die Toppen geflaggte Boot auf den Namen Scandia.

Mitte Juni legten wir ab zu einer fünfwöchigen Reise rund um Seeland. Wir vertrugen uns gut. Niemand wollte etwas von uns. Erholt kehrten wir in den Alltag zurück. Der aber nahm uns sofort voll gefangen, und zwar in zweifacher Hinsicht.

Irgendjemand musste sich an mich erinnert haben: Meine »Strafe« im Büro war offenbar abgesessen. Ich durfte in den Außendienst zurück, mich um Kunden kümmern und beim Aufbau einer neuen Vertriebsabteilung helfen!

Das war einerseits eine große Freude. Andererseits ähnelte meine ehemalige Freizeitbeschäftigung, das Segeln und das Schreiben, inzwischen einem Fulltime-Job.

Zu allem Überfluss rief eines Tages der Norddeutsche Rundfunk, Abteilung Fernsehspiel, aus Hamburg-Lokstedt an. Ein

Herr Knippenberg, seines Zeichen Produktionsleiter Fernsehspiel, stellte mir eine unerhört aufregende Frage:

»Ich hab' eine Fitness-Fernsehserie geschrieben. Die heißt *Laufen – leiden – länger leben.* Handelt von einer Familie, die alle möglichen Sportarten ausprobiert, aber nie das Richtige findet. Wurde erfolgreich verfilmt. Jetzt will ich sie fortsetzen, vielleicht mit dem Thema ›Segeln‹. Ihre ›Klampe‹- Serie in der *Yacht* scheint mir vom Stoff her genau richtig. Könnten sie mich beraten und vielleicht mitarbeiten an einem Drehbuch?«

Ich war total platt. Und sagte – natürlich – sofort zu.

Von nun an fuhr ich zwei Mal pro Woche nach Büroschluss nach Hamburg-Lokstedt, traf mich dort mit Karl-Heinz Knippenberg und arbeitete mit ihm vier bis fünf Stunden lang konzentriert an den Drehbüchern für zwei Fernsehfilme. Das heißt, ich lernte zunächst von ihm, wie eine Handlung für so einen Film aufgebaut wird und wie man die dramaturgisch richtige Spannung erzeugt, die den TV-Zuschauer überhaupt an den Bildschirm bindet.

Die Arbeit teilte sich in drei Bereiche auf:

Zuerst musste ein Exposé, eine grobe Rahmenhandlung, erstellt werden, anhand derer die vom NDR beauftragte Produktionsfirma die Herstellung der Filme planen konnte.

Danach hatten wir eine erste Drehbuchfassung abzuliefern, die sowohl von der Programmdirektion des Senders als auch von dessen Redaktion abgesegnet werden musste. Das ging nicht ohne mehr oder weniger tiefgreifende Änderungen vor sich. Ganze Passagen und Handlungsteile wurden gestrichen oder mussten umgeschrieben, andere hinzugefügt werden.

Der letzte und schwierigste Teil aber war die Detailarbeit der letzten Drehbuchfassung. Es galt, die Texte auszufeilen, Gags einzubauen und die von der Produktion für zu teuer, zu schwierig oder nicht filmbar erklärten Szenen umzuschreiben. Nach Abgabe dieser Fassung war auch das letzte Drittel des Autorenhonorars fällig. Man überwies mir ein – für meine gewohnte Buchschreibersicht – geradezu überwältigendes Honorar.

Aber dafür hatten sie auch sofort eine neue Aufgabe für mich: Die Produktionsfirma forderte mich auf, mit einem Team – bestehend aus dem Regisseur und dem Kameramann und ihrem Stab – auf Motivsuche zu gehen; es galt, die zur Handlung passenden Drehorte zu finden. Das bedeutete eine umfangreiche

Reisetätigkeit, sollte doch unser Film nicht nur in Hamburg, an der Ostsee und an der Schlei spielen, sondern auch auf Mallorca und Ibiza.

Ich antwortete zunächst ausweichend, musste aber doch nach Düsseldorf zur größten Wassersportmesse der Welt, der »boot«, kommen. Dort lernte ich zum ersten Mal die »verrückten Filmleute« kennen. Es ging darum, auf der Messe eine seegehende Segelyacht zu finden, auf der man die Segelei der Familie Klampe aus meiner *Yacht*-Serie filmen konnte. Und zwar sowohl an wie unter Deck.

Als der Kameramann nach stundenlanger Kletterei über -zig Segelyachten von 11 bis 16 Metern Länge entnervt erklärte, dass keines der Boote für seine Innenaufnahmen geeignet sei, schien das ganze Projekt in Gefahr zu geraten.

»Ich brauche viel mehr Raum unter Deck, sonst muss ich Weitwinkelobjektive einsetzen, die mir nichts als runde Ecken, krumme Linien und dicke Nasen liefern«, schrie er.

»Dann müssten wir eine 18-Meter-Yacht nehmen«, entgegnete ich, »aber die kann nicht von einer Familiencrew mit zwei Kindern bedient werden. Das glaubt uns kein Mensch!«

Da hatte der Regisseur die rettende Idee: »Wir lassen eine Yacht längs durchschneiden, dann kannst du von draußen in den offenen Rumpf reinfilmen!«

Naja …!

Jetzt liefen wir erneut stundenlang über die Messestände von Jeanneau und Beneteau, Dehler und Hallberg Rassy, Comar und Nicholson. Die meisten Aussteller schüttelten entgeistert die Köpfe, als sie von unserem Ansinnen hörten. Nur zwei wollten mitspielen. Aber das würde richtig Geld kosten. Schließlich einigte sich das Filmteam doch noch auf ein besonders geräumiges 12-Meter-Charterschiff, und das spätere Ergebnis war für den fernsehenden »Normalverbraucher« denn auch durchaus okay.

Eine weitere Beteiligung an der Motivsuche musste ich aber ablehnen, denn ich hätte dafür einen längeren unbezahlten Urlaub bei meiner »Firma« beantragen müssen, den ich nicht ohne Weiteres erhalten und der meiner hauptberuflichen Karriere bestimmt geschadet hätte.

Die beiden 80-Minuten-Filme *Segeln macht frei*, Teil 1 und 2, wurden zwei Jahre nach Beginn unserer Autorenarbeit in den

Dritten Programmen mit hohen Einschaltquoten insgesamt fünf Mal gesendet. In den Hauptrollen spielten u.a. Claudia Wedekind, Gerhart Lippert und Evelyn Hamann. Regie führte Wolf Dietrich.

Ja – das alles machte mir viel Spaß, denn ich fühlte mich bei der *Yacht* und in der Autorenszene gut aufgehoben. Neben dem schon sehr berühmten Joachim Schult – den sie wegen seiner vielen Lehrbücher und des *Segler Lexikons* den »Erfinder des Seesegelns« nannten – und Hans Georg Strepp mit der »frechen Schreibe« galt ich eine Zeit lang als »Dänemark-Papst«. Aber bald änderten sich die Zeiten.

Im Oktober 1986 erhielt ich einen Brief meines Chefredakteurs Harald Schwarzlose. Darin teilte er mir das Ende meiner vertraglich vereinbarten Tätigkeit mit, weil die Redakteure nun verstärkt selbst alle Heftthemen erarbeiten würden. Etwa gleichzeitig begann auch der Verlag mit einer deutlichen Straffung seiner Buchpalette. Aber *Dänemarks Häfen* liefen weiterhin gut und verkauften sich bis in die Mitte der 1990er-Jahre.

***

In den Sommern der Jahre 1983 bis 1989 verbrachten wir unsere Wochenenden nun fast immer an Bord. Unsere SCANDIA war eben nicht nur eine Segelyacht, sondern auch ein sehr bequemes Wohnschiff, auf dem wir es uns gerade bei schlechtem Wetter am heimatlichen Steg gemütlich machten. Bei handigem trockenen Wetter segelten wir an den Wochenenden natürlich in die benachbarten Häfen Niendorf, Neustadt und Grömitz, die alle nahebei an der Lübecker Bucht liegen. Bei stürmischem Wind bot die Trave bis nach Lübeck hinein viele Möglichkeiten zum Segeln und zum Anlegen bei befreundeten Vereinen.

Unsere beliebten Herrentörns litten mittlerweile etwas, weil unser Mitsegler und »Erste-Klasse-Passagier« Frank heiratete und nicht mehr mitkam. Dafür gesellte sich bald der stets fröhliche Eckie hinzu. Der besaß selbst ein Acht-Meter-Boot, segelte aber unsere Herrentörns gern mit.

Da ich nun mit zwei gestandenen Seglern erstmals eine vollwertige Crew an Bord hatte, keimte in mir der Wunsch auf, mich mehr als Kapitän zu geben. Vielleicht schlug bei mir auch so eine Art »Friedrich-feeling« durch?

Kapitäne steuern ihre Schiffe bekanntlich niemals selbst. Das machte deshalb seit jeher schon Friedhelm. Ecki hatte ich dazu ausersehen, mich nun auch von dem eines Kapitäns so unwürdigen Geschirrspülen zu befreien. Deshalb stieß ich neuerdings nach jeder Mahlzeit listig meinen stereotypen Seufzer aus: »Wenn bloß dieser verdammte Abwasch nicht wäre!«

Es funktionierte! Ecki erklärte prompt treuherzig: »Ach – lass man, Skipper. Lehn' dich zurück. Das machen wir schon«. Na also!

Mich in meiner neuen Rolle sonnend, sann ich alsbald über weitere Privilegien nach, die mir doch eigentlich zukämen. Auf einer schwachwindigen Kreuz im sonnigen großen Belt bei der Insel Omø ernannte ich Ecki spontan zum Wachoffizier und verzog mich mit dem Hinweis unter Deck, dass ich mich für ein Stündchen aufs Ohr legen würde. Doch kaum räkelte ich mich wohlig eindruselnd auf meiner bequemen Hundekoje, als meine Illusionen einen jähen Dämpfer erlitten. »Guck mal, Friedhelm«, sagte Ecki, »da kommt die STENA SCANDINAVICA angerauscht. Ob wir es noch vor ihrem Bug auf die andere Fahrwasserseite schaffen?«

Natürlich sauste ich wie ein geölter Blitz an Deck, suchte vergeblich nach der schwedischen Superfähre und blickte stattdessen in die grinsenden Gesichter meiner Crew, die sich über ihren gelungenen Streich köstlich amüsierte. Tja – man soll den Bogen eben nicht überspannen …

***

Unsere Sommerurlaube zu zweit, die durchweg vier Wochen dauerten, führten uns in diesen Jahren mehrfach ins Kattegat bis hinauf nach Skagen, auf die Insel Anholt und zum Limfjord. Bei diesen Reisen segelten wir immer »rund« um irgendwelche Inseln. Dazu gibt es viele Möglichkeiten wie z. B. rund Seeland, rund Fünen, rund Lolland und Falster. Es kam uns dabei auch immer darauf an, eine Art Fahrplan einzuhalten. Wir segelten also nicht »wohin der Wind uns wehte« – was häufig weitaus bequemer vonstatten gegangen wäre –, sondern, wenn es sein musste, auch gegenan.

Bei unserer Reiseplanung achteten wir darauf, alte Weisheiten der Segelschifffahrt zu befolgen: Der am weitesten vom Heimathafen entfernte Ort sollte nach einem Drittel der Reisezeit erreicht sein. Für jede Reisewoche planten wir einen Reservetag ein, um schweres Wetter auf See zu vermeiden oder etwaige Schäden am Boot zu beheben. Die Zahl unserer gesammelten Häfen stieg weiter an.

Einer unserer liebsten Anlegeplätze war die kleine Insel Sejerø im Kattegat, nördlich Seeland. Dort wohnte nämlich ein deutschstämmiges Ehepaar mit dänischer Staatsbürgerschaft, das wir Jahre zuvor bei unserer Testfahrt mit der Bosun Queen kennen gelernt hatten. Ehemann Lutz – seines Zeichens Lehrer in der einzigen Dorfschule und Leuchtturmwärter des einzigen Leuchtturms der Insel – hatte uns damals im Hafen Sejerby willkommen geheißen. Dann hatte er uns alle sechs in seinen alten Volvo B 23 verfrachtet, um uns bei einer Rundfahrt seine schöne Insel zu zeigen. Und noch spätabends waren wir auf seinem kleinen, typisch dänischen Bauernhof gelandet, wo seine Frau Ingrid Kaffee und Tee kochte und leckeren dänischen Kuchen servierte.

Aus dieser Bekanntschaft wurde mit den Jahren eine Freundschaft, und wir legten auf Sejerø an, sobald wir in die Nähe der Insel kamen.

Das besondere Ereignis dort war immer eine ausgiebige dänische Spezialität, die »Frokost«. Bei diesem – auch »Anretning« genannten – Brunch, der sich über Stunden hinzieht, servierte uns Lutz' Frau Ingrid:

Bier, Kaffee, Tee

Dreierlei Heringshappen und Matjesfilet Marke Glyngøre,
mariniert in Dill, Curry, Sherry und Kräutern
Halbe Eier mit Kaviar
Gesalzene Butter, Schwarzbrot

Dansk Taffelakvavit fra de Danske Spritfabrikker, Aalborg

Kaltes Roastbeef, Meerrettichsahne
Leberpastete
Geräuchertes Schweinefilet
Remoulade, Rotkohlsalat

Dansk Taffelakvavit fra de Danske Spritfabrikker, Aalborg

Kleine warme Schollenfilets, goldbraun gebraten
Remoulade, Kartoffelsalat

Dansk Taffelakvavit fra de Danske Spritfabrikker, Aalborg

Gemischte Käseplatte mit
Blå Castello, Camembert, Roquefort
Salzstangen

Rote Grütze mit Sahne oder Vanillesauce

Dansk Taffelakvavit fra de Danske Spritfabrikker, Aalborg

Nach dieser opulenten Schlemmerei folgte ein langer Spaziergang zum Hafen, über die Insel, durch das Dorf oder auf den Leuchtturm auf dem Kliff.

Etwa erneut aufkommenden Hunger bekämpfte die Hausfrau sodann mit diversen Torten, Kuchen und Kaffee. Anstelle eines Abendbrots lagen wir alle in möglichst entspannter Haltung (und mit dezent geöffneter Hose) in den Sesseln, fragten uns, weshalb die restliche Menschheit eigentlich ständig über alles und jedes klagt, und gaben unserer Zuversicht Ausdruck, dass es uns weiterhin so gut gehen werde wie eben jetzt.

Eine weitere Spezialität des Hauses nahmen wir regelmäßig zum Abschied mit an Bord: nämlich herrlichen roséfarbenen Kaviar vom Steinbeißer. Den bezog Lutz – frisch und günstig – von den Inselfischern. Zum Frühstück an Bord belegten wir den Rand einer goldgelben, warmen Toastbrotscheibe mit einer »Wurst« aus typisch dänischer Kräuterremoulade aus der Tube. Dann füllten wir die Scheibe innerhalb der Remouladenwurst bis zu deren Oberkante mit dem Kaviar auf, beträufelten ihn mit etwas Zitrone und bissen herzhaft hinein – unbeschreiblich!

Wenn wir nach herrlichen Tagen auf der Insel endlich wieder ablegten und die Nordspitze Sejerøs rundeten, dann stand Lutz auf der Galerie »seines« Leuchtturms, hatte trotz helllichten Tages das Leuchtfeuer eingeschaltet und ruderte so lange mit den Armen, bis wir ihm mit einer grünen Leuchtkugel dankten.

Diese Tradition ist uns leider nicht mehr vergönnt. Lutz und Ingrid haben sich getrennt und wohnen nicht mehr auf der Insel. Aber die dänische »Frokost« hat er in sein neues Haus bei Havnsø auf Seeland mitgenommen, und dort schmeckt sie unverändert »inselmäßig«.

***

Bei allen unseren Ostseereisen verspürten wir immer wieder dieses eine bedrückende Gefühl, das jeden Segler beschleichen musste, der mit seinem Boot die gelben Tonnen mit der schwarzen Aufschrift GRENZE passierte.

Wir sahen die schönen, grün bewaldeten Strandküsten von Rosenhagen und Klütz am Südufer der Lübecker Bucht. Wir segelten weit draußen entlang der Rügener Küste und begeisterten uns beim Blick durch das Fernglas an den unerreichbaren weißen Kreideklippen der Stubbenkammer.

Wir lasen die Berichte der Flüchtlinge aus der Deutschen Demokratischen Republik, die ihr Leben riskierten, um in abenteuerlichen, selbst gebauten Fahrzeugen aller Art über die Ostsee in die Freiheit zu gelangen. Tausende versuchten es. Nur einigen wenigen gelang die Flucht. Denn überall – selbst wenige hundert Meter vor dem Priwallstrand in Travemünde – lauerten die »Grenzbrigaden Küste« mit ihren grauen Wachbooten. Ostdeutsche Segelyachten sahen wir hier hingegen niemals!

Diese strikte Sperrung der Seegrenze der DDR hätte es eigentlich gar nicht zu geben brauchen. Denn in deren einschlägigen Gesetzen war die Ostsee ja zum »Meer des Friedens« erklärt worden, dessen friedliche Durchfahrt jederzeit ungehindert gestattet sei.

Die Praxis aber sah anders aus: Jedes Fahrzeug, das diese Grenze überschritt, war in den Augen der Volkspolizei ein »Grenzverletzer«, der nicht in friedlicher Absicht kam. Er wurde konsequent verfolgt, geentert, abgeschleppt und im nächsten Hafen des östlichen Deutschland an die Kette gelegt. Dort sperrte man die Besatzungen manchmal tagelang ein und verhörte sie. Ließ man sie schließlich laufen, dann nur gegen Zahlung hoher Strafgelder und Aufwandsentschädigungen, natürlich in harter Westmark.

Seegehende Fahrzeuge brachte man unter kostenpflichtiger Begleitung durch Wachboote bis zur Seegrenze, bevor man sie in die Freiheit entließ. Kleinere Fahrzeuge wie Jollenkreuzer oder trailerbare Motorboote durften die Eigner nur per Landtransport aus der DDR zurückholen, was in der Regel noch erheblich teurer wurde.

Leider meinten immer wieder westliche Bootssportler, die DDR verspotten und verhöhnen zu können, indem sie mutwillige Grenzverletzungen begingen. Vor allem bei den Eignern schneller Motoryachten schien es zeitweilig Mode zu sein, mal eben ein paar hundert Meter in die Grenzgewässer hineinzufahren, um eine Verfolgung durch ein Wachboot zu provozieren. Manchmal ging das schief, denn die Grenzpolizisten beriefen sich in solchen Fällen einfach auf das internationale Seerecht, das eine sogenannte »Nacheile« auch in fremde Gewässer hinein erlaubt, um einen Eindringling in die eigenen Hoheitsgewässer dingfest zu machen. Aus solchen Verfolgungsjagden ergaben sich manchmal brandgefährliche Situationen, wenn der bundesdeutsche »Grenzschutz See« sich mit seinen Küstenwachbooten schützend zwischen Verfolgten und Jäger legte. Bisweilen fanden solche Katz- und Mausspiele vor unseren Augen bei Travemünde statt.

Doch wie musste es erst den Seglern in der DDR selbst ergehen? Gab es die denn eigentlich? Und wenn ja, wie und wo durften die segeln? Antworten auf diese Fragen, die nicht wenige Segelkameraden im Westen umtrieben, bekamen wir im April 1987. Da erschien nämlich in der *Yacht* der Brief eines leibhaftigen DDR-Seglers aus Greifswald, der – frei, offen und mutig – die Leser dazu aufforderte, Kontakte mit den Seglern im Osten aufzunehmen.

Donnerwetter!

Viele Neugierige schrieben ihm. Ich auch. Und die Antwort kam prompt. Der Briefschreiber aus der DDR hatte derart viel Post erhalten, dass er sie allein gar nicht in angemessener Frist hätte beantworten können. Deshalb hatte er sämtliche Segler seines Bekanntenkreises eingebunden und mobilisiert.

Ich erhielt den Brief eines Seglers aus dem Städtchen Heringsdorf auf der Insel Usedom. Nachdem wir herausgefunden hatten, wo dieses Usedom eigentlich lag, schrieb ich sofort zurück. Der folgende Briefwechsel, der einerseits die geradezu tragische Isolierung der wenigen ostdeutschen Segler, anderseits aber auch ihre grenzenlose Neugier auf den Segler-Westen dokumentierte, führte in kurzer Zeit zu persönlichen Kontakten. Und so kam es, dass wir unseren BMW – nach langwierigen Einreiseformalitäten – schon im September 1987 nach Usedom steuerten.

Im Kofferraum lag neben unserem privaten Gepäck umfangreiche Bootsausrüstung, die wir – ausgemustert – in unserem Segelspind fanden. Einige brauchbare Segel waren darunter und Tauwerk, ein paar Schotblöcke und Curryklemmen, ein Stapel Hefte der *Yacht* und Segelbücher.

Beim Passieren des Schlagbaums der DDR-Grenze in Schlutup bei Lübeck bekam unsere gute Laune den ersten Dämpfer. Nach der seinerzeit stereotypen Frage aller Kontrollbeamten: »Gänsefleisch mal den Gofferraum uffmachen?«, erhielten wir eine Lektion in kollektivem Klassendenken.

»Ach sooo – die Sachen sind für die armen notleidenden Herren Segler in unserer Republik. Na, wenn die geene andern Sorjen haben als Wessis anzupumpen ...«

Unser Gastgeber Reinhard Dauer empfing uns auf das Herzlichste auf der »Insel der Ahnungslosen«, wie er Usedom nannte; man konnte dort nämlich kein Westfernsehen empfangen, was er sehr vermisste.

Er bewohnte ein einfaches, aber selbst erbautes Reihenhaus, bewirtete uns mit unerwarteten Delikatessen und beantwortete unsere vielen neugierigen Fragen.

Ja – als staatlich angestellter Bauingenieur verfügte er über einen »grünen Stempel«, der ihm bei der Prüfung und Abnahmebescheinigung von Bauten der LPG (Landwirtschaftlichen Produktionsgenossenschaften) gewisse Sympathien und damit auch landwirtschaftliche Produkte einbrachte, die sonst nicht so einfach zu haben waren.

Ja – er besaß das eigene Haus, den eigenen privaten Trabbi und einen Wartburg als Dienstwagen.

Ja – er verfügte derzeit sogar über zwei Boote, deren eines er verkaufen wollte: Eine kleine, hübsche 5,20-Meter-Spitzgattsegelyacht und einen von ihm selbst zum Segler umgebauten Marinekutter K 10.

Der folgende Tag geriet für mich zum einmaligen Erlebnis. Herr Dauer – er achtete sorgfältig und noch lange Zeit später auf das förmliche »Sie« zwischen uns – führte mich zu einem kleinen Hafenbecken am idyllischen Achterwasser, wo seine beiden Boote lagen. Wir gingen an Bord des Kutters KALMAR, setzten die im Westen als »Spalterflagge« bezeichnete Nationale der DDR in Schwarz-Rot-Gold mit Hammer und Zirkel und liefen aus.

Draußen auf dem weiten Seegewässer am Peenestrom erwartete mich eine Stimmung, die ich zuletzt vor zwanzig Jahren auf dem Ratzeburger See erlebt hatte: nix als Gegend! Kaum ein anderes Boot! Kein Hafen! Kein Steg! Hier und da ein Reiher, der bei unserer Annäherung scheu aufstieg und das Weite suchte. An den endlosen Schilfgürteln wohl mal ein Angler in einem grünen Kahn. Aber keine Luxusvillen in gepflegten Parks unter schattigen Bäumen. Sondern wenige triste, graue Stallgebäude, der eine oder andere altmodische Traktor, der endlose Himmel über dem Land.

Unser Gastgeber versuchte meine etwas melancholische Stimmung aufzuhellen, indem er begann, mir allerlei fremdartige Geschichten über das Segeln in der DDR zu erzählen. Vieles in ihnen trug deutliche Züge unserer Törns in meiner Jugend.

Man verbrachte jahrelang ganze Segelurlaube innerhalb der sehr begrenzten freigegebenen Binnenreviere des Achterwassers, des Peenestroms, des Greifswalder Boddens. Des Nachts ankerte man vor dem Schilf. Seine Hygiene und Notdurft erledigte der Segler außenbords beim morgendlichen Bad in den reinen Gewässern. Es gab eine bescheidene Hafenszene für Yachten bei den wenigen Segelvereinen, die meist Betriebssportgruppen der LPGn oder anderer volkseigener Betriebe waren. Dort allerdings hielt man eisern zusammen, besuchte sich gegenseitig mit den Booten und half sich bei der Materialbeschaffung und beim Bootsbau.

Bootsbau in der DDR – das war noch Ende der 1980er-Jahre der Eigenbau einiger weniger Typyachten, vor allem aber die Erhaltung alter Schiffe und deren Umbau zu Seglern. Das am meisten verbreitete Familiensegelboot jener Jahre war ein Vierteltonner vom Typ »Hiddensee«. Dieses etwa 7,40 Meter lange Segelboot wurde zunächst als Knickspanter aus Holz im Eigenbau hergestellt. Später gab es einige wenige Formen für den Kunststoffbootsbau, die die Selbstbauer untereinander ausleihen konnten. Aber die Beschaffung des Baumaterials – nämlich Glasfasermatten und Kunstharze – stellte viele vor unüberwindliche Probleme.

Yachtzubehör im üblichen Sinne gab es kaum. Viele Segler fertigten selbst komplizierte Beschläge wie Relingstützen, Poller, Klampen, Reffvorrichtungen und Hebelwinschen eigenhändig in ihrer Heimwerkstatt an.

Hilfsmotoren an Bord waren selten. Üblich waren umgebaute Trabant-Zweitakter. Navigationselektronik wie z. B. GPS oder gar

Radar konnte nur bekommen, wer die entsprechenden Westkontakte hatte. Aber selbst die nutzten nichts, wenn diese Technik an der Grenze konfisziert oder – im günstigsten Fall – zurückgewiesen wurde.

Als unser Usedomer Segler den ihm zugedachten Inhalt unseres Kofferraumes erblickte, da war seine erste Reaktion vollkommene Sprachlosigkeit. Es gab nichts, was er nicht hätte selbst gebrauchen oder in Seglerkreisen hätte tauschen können. Noch heute schwärmt er von einem Großschot-Fußblock mit Curryklemme, den er lange Jahre auf seinem Kutter fuhr und um den ihn alle beneideten, denen er ihn vorführte!

Besonders angetan zeigte er sich auch von dem Stapel der *Yacht*-Hefte. Dabei war es vollkommen unwichtig, ob es sich um neue oder vergangene Ausgaben handelte. Er und seine Segelfreunde lasen jedes einzelne Heft Wort für Wort durch, und das gleich mehrmals. Ausgelesene Hefte machten die Runde durch viele Hände, bis sie auseinander fielen. Der Wissensdurst unserer Nachbarn im Osten schien so groß wie der Durst eines Wüstenwanderers angesichts der rettenden Oase.

Es gab indes auch unverständiges Kopfschütteln und vernichtende Kritik.

So konnten unsere Freunde überhaupt keinen Gefallen an den Fotos überfüllter Yachthäfen des Westens finden. Schon zu fünft im Päckchen zu liegen erschien ihnen als ein Graus.

Noch unbegreiflicher erschien ihnen die beinahe grenzenlose Vielfalt der Boote und Yachten. Sie – denen ihre eigene Regierung insgesamt fünf verschiedene Marken von Automobilen (Trabant, Wartburg, Wolga, Moskwitsch und Skoda) zugestand, auf die man zudem ein Jahrzehnt lang warten musste – blätterten immer wieder fassungslos in *Klasings Bootsmarkt*!

Nach ereignisreichen Tagen verließen wir Usedom und Heringsdorf damals mit gemischten Gefühlen. Natürlich wollten wir diesen wertvollen Kontakt aufrecht erhalten. Selbstverständlich wollten wir unserem Seglerfreund die *Yacht* schicken und ihn mit Sachspenden unterstützen. Am liebsten allerdings wollten wir ihn zu uns nach Travemünde einladen. Und ihn dann – eines fernen Tages – mit unserem Schiff im Achterwasser besuchen.

Beides allerdings erschien uns – hier wie dort – unerreichbar. Denn Auslandsbesuche von »normalen« DDR-Bürgern wurden strikt abgelehnt. Und Segelreisen in DDR-Gewässer – siehe oben!

Unsere Kontakte vertieften sich dennoch erfreulich. Viele Briefe wechselten hin und her. Ihr Tenor war immer der gleiche: Wer weiß – vielleicht würde der herbeigesehnte Tag ja doch kommen. Und dann endlich würde die SCANDIA in das Achterwasser einlaufen.

Man sagt, Träume seien Schäume?

1989

Ich bin nahe daran, es zu glauben!

Denn zwei Jahre später, gegen Ende des Sommers 1989, hätte ich – mein Schiff verlieren können!

Am Sonntag, dem 6. August 1989, begann mein merkwürdigster Segeltörn. Nach einem besonders heftigen weiteren Zerwürfnis mit meiner Gattin Gisela legte ich trotzig, mutig und zu allem entschlossen zu meinem ersten (und einzigen) vierwöchigen Einhandsegeltörn ab.

Schon zuvor war ich viele Male allein auf der Bucht gesegelt. Die Vindö ist ein braves und gutmütiges Boot. Gut ausgerüstet mit einem »Autohelm«-Radpiloten, selbstholenden Schotwinschen, Rollgenua und zuverlässigem Dieselmotor ist sie ohne Weiteres einhandtauglich. Bei überraschendem Starkwind kann sie auf freier See mit ihrem langen Kiel sehr sicher beigedreht liegen und man kann dann in Ruhe navigieren, reparieren oder sich selbst versorgen. Auch Einhandmanöver beim An- und Ablegen gerieten nur selten zum Problem, wenn man sie unter Einbeziehung des Windes und etwaiger Strömung sorgfältig plante. Und man erhielt umgehend Hilfe, sobald die Segler am Steg einen als Einhandsegler erkannt hatten.

Wenn ich einmal von der ungewohnten Einsamkeit an Bord absehe, begann meine Reise ohne Probleme. Über Grömitz, Burgtiefe und Gedser gelangte ich in wenigen Tagen zu dem kleinen Fischerhafen Hesnæs an der Nordostküste der dänischen Insel Falster. Dort machte ich neue Pläne: Ich wollte nach Bornholm!

Da diese Strecke mit rund einhundert Seemeilen und bei einer Durchschnittsgeschwindigkeit von bestenfalls fünf Knoten eine Nachtfahrt beinhaltet, bereitete ich mich entsprechend vor, indem ich warme Kleidung, eine Thermosflasche mit heißem Wasser für Kaffee oder Fleischbrühe, meine Rettungsweste mit Lifebelt und meinen Handscheinwerfer bereitlegte. Um zwölf Uhr legte ich in Hesnæs ab, ging auf Ostkurs und lief unter Blister gute Fahrt.

Das Wetter war handig, Scandia segelte unter Autopilot und ich hatte nichts zu tun. Bei Einbruch der Dunkelheit kreuzte eine große Fähre meinen Kurs. Sinnigerweise war es das DDR-Schiff RÜGEN auf seinem Weg vom schwedischen Trelleborg nach Sassnitz auf Rügen in der DDR.

Vor lauter Einsamkeit und bar jeder zwischenmenschlichen Kommunikation rief ich die Fähre über Funk an, um ein paar Worte mit dem wachhabenden Offizier auf der Brücke zu wechseln. Der aber zeigte sich wortkarg, erschien kurz in der Brückennock, registrierte mich als westdeutsche Yacht und brach das Gespräch kurzerhand ab.

Das fand ich zuerst recht merkwürdig. Aber vielleicht stand auch er unter der Aufsicht eines »Politoffiziers«, der sein Verhalten Fremden gegenüber argwöhnisch zu beobachten und zu melden hatte, falls es zu »westfreundlich« ausfiel.

***

Mir kamen sogleich weitere Erlebnisse in den Sinn, die ich schon früher mit der Großschifffahrt gehabt hatte. Leider waren sie fast durchweg unliebsam, ja bisweilen gar ärgerlich. Es scheint, als hätten manche nautischen Offiziere etwas gegen uns Segler, und das, obwohl nicht wenige unter ihnen selber Segler sind.

Einmal segelte die KLEINE BRISE bei herrlichem Wetter und ruhiger See unter Spinnaker vor der Südküste von Ærø, als sich uns ein kleines rotes Küstenmotorschiff näherte. Es kam genau von vorn und machte keine Anstalten auszuweichen. Der Steuermann auf der Brücke konnte uns unmöglich übersehen haben, denn unser Masttopp war höher als die Kommandobrücke, unser knallbunter Spi blähte sich schillernd in der Sonne und bot immerhin die Fläche einer kleinen Zweizimmerwohnung von sechzig Quadratmetern. In einer Entfernung von zweihundert Metern legte ich Ruder und ließ den Dampfer vorbei. Die Ruderhaustür stand offen. Nun würde bestimmt gleich der Wachhabende aus der Tür in die Brückennock treten, um mir zuzuwinken – oder mich auszuschimpfen, je nach dem. Aber es kam niemand. Denn das Ruderhaus war leer. Es ist in der Berufsschifffahrt nämlich durchaus üblich, die Brücke mit nur einem Wachmann zu besetzen, unter Selbststeueranlage zu fahren und darauf zu vertrauen, dass einzeln fahrende Segler auf das ihnen nach der Seestraßenordnung zustehende Wegerecht verzichten und ausweichen. Da geht so eine Brückenwache dann auch gern mal ohne Vertretung aufs Klo.

Ein anderes Mal schickte sich eine Großfähre an, uns in der Lübecker Bucht zu versenken. Wir beobachteten über eine Stunde lang ihre Annäherung in unserem Kielwasser, während die SCANDIA dicht gerefft bei hellem Sonnenschein gegen einen frischen Südwest kämpfte. Schließlich rief ich die Fähre über Funk an, um zu fragen, an welcher Seite sie uns passieren wolle, denn ein Überholer muss dem Überholten – gleich, ob es sich um einen Segler oder um ein Maschinenfahrzeug handelt – immer ausweichen. Nach einer erheblichen Pause fragte eine ziemlich verstörte Stimme, wo wir denn überhaupt seien. »Recht voraus, drei Kabellängen vor Ihnen!«, antwortete ich.

Nun dauerte die Pause noch länger, bis die Stimme aus dem Äther wiederkam und meinte: »Dann ... äh ... lasse ich Sie an Steuerbord.« Das war nun genau die für uns falsche Entscheidung. Denn als die Fähre keine hundert Meter neben uns vorbeidonnerte, wäre uns ihre brechende Bugwelle von Lee in die Plicht eingestiegen, hätten wir nicht im letzten Augenblick unser Schiff in den Wind schießen lassen, was den schlagenden Segeln ja nicht so gut bekommt.

Die netteste dieser Begegnungen der besonderen Art erlebten wir an einem windigen Nachmittag zwischen Gedser und Fehmarn. Hartmuts WHAT A PLEASURE rauschte vor einem starken Ostwind auf Westkurs über den Fehmarnbelt, als ein kleinerer Frachter unter libanesischer Flagge unseren Kurs von Nord her kreuzte. Er schien nach Wismar bestimmt zu sein. Bald stellte sich heraus, dass unsere Peilung zu ihm »stand«; es würde also zu einer Kollision kommen, wenn keiner auswich. Nach der Seestraßenordnung musste der Frachter als Motorfahrzeug ausweichen. Für uns stellte sich ein Ausweichmanöver schwierig dar, weil wir den Großbaum an Backbord mit einem Bullenstander gegen unbeabsichtigtes Halsen gesichert hatten und die Genua an Steuerbord mit dem Spinnakerbaum ausgebaumt fuhren. Ich stand am Ruder und fragte Hartmut, was ich machen sollte. »Weitersegeln«, brummte er seelenruhig. »Der wird uns schon nicht versenken.«

Tatsächlich begann der Frachterkapitän nun mit einem Ausweichmanöver, aber er schickte sich nicht an, hinter unserem Heck zu passieren, sondern wollte unbedingt vor unserem Bug vorbei. Dazu war er aber einfach zu langsam. Nach einigen Minuten fuhren wir schon parallel nebeneinander her auf das nahende

Kap Staberhuk zu, wo es für ihn deutlich zu flach werden würde. Da zog der arme Kapitän schließlich die Notbremse, indem er hart Ruder legte, einen Dreiviertelkreis über Steuerbordbug fuhr und – wie es sich gehört – hinter unserem Heck vorbeiging.

Sinnvoll wäre eigentlich eine Änderung der Verkehrsordnungen auf dem Wasser dahin gehend, der Berufsschifffahrt getrost und generell Vorrang vor der Freizeitschifffahrt einzuräumen, denn sie muss draußen ihr Geld verdienen, während wir »just for fun« zur See fahren. Dann gehörten aller Ärger und viele gefährliche Situationen der Vergangenheit an – wenn auch bei uns Seglern zähneknirschend.

***

Gegen Mitternacht befand ich mich auf etwa halbem Wege zwischen Falster und Bornholm. Der Wind war vollkommen eingeschlafen und die See spiegelglatt. Wir trieben eine Weile in der Gegend herum, denn irgendwie hatte ich keine Lust, die atemlose Stille der Nacht durch meinen lärmenden Diesel zu zerreißen. Ich rollte die Genua ein und holte das Großsegel dicht. Dann bereitete ich mir in der Pantry eine heiße Brühe zu und kehrte in die Plicht zurück. Mein UKW-Gerät schwieg auf Kanal 16 vor sich hin. Aus den auf kleinen Segelyachten üblichen Stromspargründen führte ich keine Positionslichter. Wozu auch – außer einem ähnlich sparsamen Segler wie mir konnte ja kaum jemand in der Nähe sein!

Da traf mich plötzlich vollkommen überraschend und heftig wie ein Blitz ein gleißend in den Augen schmerzender Lichtstrahl aus dem pechschwarzen Dunkel der Nacht. Zitternd vor Schreck fand ich mich auf dem Plichtboden wieder und wusste nicht, was ich von dieser Erscheinung halten sollte. Wer lauerte da draußen in der Finsternis? Was wollte man von mir? Meine Gedanken jagten und überschlugen sich. Da erlosch der weiße Strahl fast ebenso schnell, wie er gekommen war. Jetzt konnte ich ihn lokalisieren. Er kam von Steuerbord, wo ich nun – vielleicht dreihundert Meter entfernt – das allmähliche Verlöschen des noch roten Glühfadens eines starken Scheinwerfers erkannte. Es musste sich also um ein Schiff handeln. Aber um was für eines?

Meine Position lag nach allen Seiten um mehr als 15 Seemeilen von einer Küste entfernt. Wer leuchtete hier um Mitternacht in der Gegend herum? Und warum nach mir? Da hörte ich mit einem Mal das typische Geräusch schwerer Stiefel auf einem Eisendeck. Sekunden später folgte das unverkennbare Zuschlagen einer Schotttür. Dann das vertraute Zischen, mit dem Druckluft einen Schiffsdiesel anwirft. Und schließlich das sich entfernende Grummeln eines Schiffes. Ich wagte nicht, hinter dem Fahrzeug herzuleuchten. Froh, diese gruselige Begegnung heil überstanden zu haben, genehmigte ich mir einen mittelgroßen Weinbrand. Und wischte mir den kalten Schweiß von der Stirn. Wahrscheinlich war ich das »Opfer« eines kleineren Kriegsschiffes aus der DDR oder gar aus der Sowjetunion geworden, die damals auch auf der Ostsee patrouillierten. Am Tage erkannte man die an ihrem meist bräunlichen Anstrich, an den übermäßig vielen Antennen und am Fehler jeglicher Beschriftungen und Flaggen. Aber nachts …

Zwei Stunden später hatte ich mich von dem Schrecken erholt und für einen Moment unter Deck hingelegt. SCANDIA segelte inzwischen vor einem schwachen Westwind nur unter Großsegel und Autopilot ostwärts. Außer dem leisen Zirpen des Steuerautomaten und dem Murmeln der Bugwelle war es still. Da gewahrte ich mit einem Mal ein fernes Brummen, und schoss beinahe senkrecht aus dem Niedergang an Deck.

Was war jetzt wieder los?

Das Brummen ließ mich nicht lange in Ungewissheit über seine Herkunft: Da an Backbord kam – noch weit entfernt, aber rasend schnell – ein weißes Licht auf mich zu. Wenig später gesellten sich ein rotes und ein grünes dazu. Kein Zweifel – da kam ein Schiff! Und zwar direkt auf Kollisionskurs!! Um Gottes Willen!!!

In panischer Hast raste ich hinunter an den Kartentisch, knipste meine Positionslampen an, griff mir den Handscheinwerfer und stand schon wieder in der Plicht. Mein Gegner hielt unbeirrt Kurs auf mich. Jetzt richtete ich den Strahl meiner Lampe abwechselnd auf mein Segel und in seine Richtung. Ich glaube sogar, dass ich schrie: »Mensch – der muss mich doch sehen, verdammt!«

Das Donnern seiner Motoren klang nun bedrohlich nahe. Schon meinte ich seine Bugsee rauschen zu hören. Jetzt griff ich nach dem Zündschlüssel, der im Schloss an der Rudersäule steckte, um meinen Volvo zu starten. Da wanderte – wie mir schien, im letzten Moment – langsam, unendlich langsam die Peilung aus, verschwand das grüne Licht und brauste der riesige Katamaran nur zweihundert Meter hinter meinem Heck vorbei. Es war eine Linienfähre, die zwischen Trelleborg und Rønne verkehrte, wie ich später erfuhr.

Jetzt hatte ich genug! Ich warf meinen »Rudolf« an, barg das Großsegel und flüchtete in den allmählich dämmernden Morgen. Schnell nach Bornholm. Endlich anlegen. In die Koje.

Und schlafen …

Ich erwachte um die Mittagszeit von lauten Männerstimmen, schlug meine Bettdecke zurück und – erstarrte:

Am Hafen der kleinen Stadt Allinge an der Nordostküste Bornholms erblickte ich im hellen Sonnenlicht drei oder vier dunkelblaue Volvo-Limousinen. Rund um das Hafenbecken beschäftigten sich mindestens zehn blau uniformierte Männer mit der Kontrolle der zahlreichen Yachten, die an den Piers lagen. Himmel, das waren ja Zöllner! Die SCANDIA war reichlich mit Alkohol und Zigaretten für zwei Personen beladen!! Aber ich war allein an Bord und hatte nicht die Hälfte davon verbraucht!!! Fieberhaft überlegte ich, wie ich der in Kürze auch bei mir fälligen Razzia ungestraft entgehen konnte. Ablegen und raus? Zwecklos – die haben auch Boote!

Alle Flaschen klammheimlich über Bord zwischen Schiff und Kaimauer? Zu spät – so viel Zeit blieb mir nicht!

Lügen, ich hätte nichts zu verzollen?

Lieber nicht – dann wird es doppelt teuer!

Resignierend zog ich mir eine Büx an, um mich den zweifellos gleich eintreffenden Beamten zu stellen. Da ertönte gellend eine Trillerpfeife. Und siehe, es war das Signal zum Ende der ganzen Aktion! Denn die Zöllner klappten allenthalben ihre Bücher zu, nahmen ihre Schirmmützen ab, bestiegen ihre Volvos und fuhren friedlich davon. Glück muss der Mensch haben!

Gleich darauf verdrückte ich auf der Terrasse des Hotels ein herrliches »Anretning«. Irgendwie hatte ich es mir auch verdient – oder?

Von nun an machte mir meine Reise zunehmend Spaß. Das herrliche Bornholmer Sommerwetter lud zum Baden ein. Ich unternahm eine ganztägige Busrundfahrt um die Insel und mitten hindurch. Hin und wieder ergab sich ein netter Klönschnack von Bord zu Bord. Mein Einhandtörn lief immer besser. Mir gefiel vor allem die vollkommene Unabhängigkeit: Auf niemanden Rücksicht nehmen zu müssen, allein für mich verantwortlich zu sein, es wagen zu dürfen oder nicht zu müssen – das machte alles entspannt und mich glücklich.

Von Gudhjem segelte ich die 15 Seemeilen hinüber auf die liebliche Erbseninsel Christiansø mit ihren uralten Garnisonskasernen aus gelbem Lehmziegelstein.

Es folgte ein windiger, aber rauschender Rutsch über das sonnenflimmernde Bornholmsgat nach Südschweden.

In Ystad genoss ich das lebhafte Stadtleben, schaute – ein wenig sehnsüchtig – den hübschen Schwedinnen nach, und sonnte mich bei Kaffee und Kuchen an Deck.

In Kåseberga besuchte ich die mittelalterliche Steinsetzung eines historischen Schiffes auf dem Steilufer und speiste fürstlich Räucherlachs bis zum Abwinken.

Malmö-Limhamn empfing mich standesgemäß mit einem Sommerfest und Jazzmusik.

Von Dragør fuhr ich mit dem Bus nach Kopenhagen, bummelte die einmalige Fußgängerzone »Strøget« entlang bis zum historischen Hafen »Nyhavn«, und trank in der Nachmittagsonne mein »Tuborg Guld«.

Vordingborgs Einkaufsstraße versorgte mich mit frischem Proviant und einem dänischen Kinofilm über die damals schon legendäre Olsenbande.

Als ich unter Segeln in den Hafen der lieblichen Insel Vejrø im Smålandsfahrwasser einlief, standen schon einige Dänen auf dem Steg bereit, um meine Leinen anzunehmen. Sie wunderten sich aber darüber, dass ich vor der freien Box einen Aufschießer fuhr, meine Segel barg und über die Badeleiter am Heck in den Hafen stieg. Dort säbelte ich – atemlos – mit Taucherbrille und Brotmesser die Überreste eines grauen Plastiksackes aus meinem Propeller, den ich mir im Grønsund kurz vor der Durchfahrt durch die Eisenbahnbrücke eingefangen haben musste. Als ich dann endlich meine Leinen an den Steg gab, meinten die Dänen kopfschüttelnd: »Du bissst aber dumm. Weshalb badest du denn von deine Boot? Wir haben doch ssso eine wunderbare Sssandssstrand direkt neben die Hafen ...«

Ende August wendete sich das Blatt.

Ab dem kleinen Fischernest Onsevig am Ostufer von Lolland versuchte irgendeine fremde Macht, mir ein Bein zu stellen. Das wäre ihr beinahe gelungen, wenn nicht irgendjemand anderer seinen Daumen dazwischen gehalten hätte.

Sonntag, der 27. August 1989 begann finster, windstill, mit Nieselregen und Lustlosigkeit.

Hierbleiben? Langweilig!

Ablegen? Noch kein Wind!

In die Stadt nach Nakskov motoren? Doof!

Na – also doch erst mal ablegen. Dann sehen wir weiter. Der Wind soll ja noch kommen.

Ganz langsam bummelte SCANDIA unter Großsegel an der Lollandküste nach Süden. Ich beschloss, Nakskov auszulassen und einen Abstecher in die Kieler Bucht zu machen. Vielleicht mal nach Lippe bei Hohwacht, wo ich noch nie gewesen war?

Schon setzte ich unten am Kartentisch den neuen Kurs ab, als mir jemand ein nasses Handtuch in den Nacken klatschte. Was war denn nun los? Eine Schauerbö?

Rasch stieg ich an Deck. Im Dunst vor dem Steven sah ich nichts. Lolland an Backbord verschwand gerade hinter einem Regenvorhang. Aber als ich achteraus blickte, erschrak ich: Da kam nichts Gutes hinter mir her! Aus der bleigrauen See wuchsen mit beängstigender Geschwindigkeit weiße Schäumkämme empor. Erste heftige Böen stießen wie Hammerschläge in mein Großsegel. SCANDIA gab unerhört Gas. Schnell schaltete ich den Steuermann ein und raste nach vorn, um das Segel wegzunehmen. Meine Güte, wo kam bloß dieser verdammte Wind so plötzlich her? Den hatte doch niemand vorhergesagt! Unter größter Anstrengung gelang es mir endlich, das Segel heil zu bergen und notdürftig aufzutuchen.

Wohin sollte ich jetzt fahren?

Nakskov bei Sturm und Regen erschien nicht mehr verlockend. Lippe in der Hohwachter Bucht war viel zu weit entfernt und lag bei dieser Windrichtung gefährlich auf Legerwall. Es blieb eigentlich nur noch der Naturhafen in der Lagune von Albuen an der Mündung des Nakskov Fjord übrig. Der musste direkt recht voraus vor meinem Bug liegen.

Ich ließ den Motor an und fuhr mit Südkurs los. Als Erstes gewahrte ich aber nicht die flache Landzunge vor der Lagune, sondern einige Masten von Segelyachten, die eilig unter Motor in den Nakskov Fjord einliefen. »Nanu«, dachte ich, »wo wollen die denn alle hin? Das sieht ja ganz nach Flucht aus!«

Dann stand ich dicht vor der östlichen Spitze der Landzunge und hatte mich auf die Einfahrt in die Lagune vorzubereiten.

Das war nicht leicht, denn es gab keine betonnte Rinne, sondern nur eine ungefähr fünfzig Meter vom Strand entfernte Stelle, die genügend Wassertiefe für Kielyachten aufwies. Ich kuppelte den Motor aus, um dieses Loch langsam zu passieren. Aber mein Schiff reagierte nicht, sondern lief mit unverminderter Fahrt weiter geradeaus. Der Wind wehte inzwischen so heftig, dass ich selbst unter kahlem Mast kaum langsamer fuhr als vorher mit dem Motor!

Ich kam trotzdem gut in die Lagune hinein, drehte nach Steuerbord und lief auf die kleinen hölzernen Buden und die drei Stege zu, die sich die Nakskover Seglervereine hier als Wochenenddomizil errichtet hatten. Donnerwetter – war das ein Steam, der mir jetzt von Steuerbord um die Ohren fegte. Erleichtert gewahrte ich eine Segel- und eine Motoryacht an dem letzten Steg; das Anlegemanöver würde bei dem inzwischen mit stürmischen Schauerböen heulenden Wind nicht einfach sein. Zu meinem Glück erschien ein Mann auf dem Steg. Er musste sich an einem Flaggenmast festhalten und winkte mit einem Arm. Ich steuerte die SCANDIA in den Wind. Jetzt musste ich schon tüchtig Gas geben, um überhaupt den Steg zu erreichen.

Im letzten Moment griff ich mir einen Festmacher aus der Backskiste, kuppelte aus und kämpfte mich gegen den Sturm auf das Vorschiff. Der Segler auf dem Steg konnte zum Glück meinen Bugkorb greifen und eisern festhalten, bis wir eine Leinenverbindung hergestellt hatten. Erleichtert sah ich ihn an und stutzte: »Mensch, Arno! Du hier? Ist Frauke auch an Bord?«

Arno, ein Stegkamerad aus Travemünde, war kurz vor mir mit seinem schönen hölzernen Seefahrtskreuzer in diesen Nothafen eingelaufen und auch allein an Bord. Sobald ich das Schiff ordentlich festgemacht und mir trockenes Zeug angezogen hatte, saßen wir im Salon der SCANDIA, tranken heiße Schokolade und wunderten uns über diesen Kuhsturm. Der nahm immer noch zu und mochte inzwischen mit acht bis neun Beaufort blasen. Ich holte mein Logbuch vom Kartentisch und wir beguckten meine Wetterkarte, die ich nach dem Wetterbericht um 09.30 Uhr in Onsevig gezeichnet hatte. Der Bericht dazu stammte von Rostock Radio auf UKW-Kanal 21 und lautete:

»Wetterlage:
Tief 1000 Millibar nördliche BRD, Ost wandernd, vertiefend.
Hoch 1015 Millibar Südschweden, verstärkend.
Vorhersagen bis 24.00 Uhr:
Belte und Sund: Nord bis Ost 2 bis 4, zunehmend 5 bis 6, mittlere Sicht.
Westliche Ostsee: Ost 5 bis 6, in Böen 7, mittlere Sicht.
Vorhersage bis morgen 12.00 Uhr:
Belte und Sund: Ost bis Nord 6, abnehmend 4, mittlere bis gute Sicht.
Westliche Ostsee: Ost bis Nord um 5, später um 4, gute Sicht.«

Wir schüttelten die Köpfe. Was hier ablief, bestätigte eine alte Weisheit der Seefahrer:

»Zwischen den Wettervorhersagen der ›Meteorolügen‹ und dem tatsächlichen Wetter besteht keinerlei bewiesener Zusammenhang.«

Erst abends um 20.00 Uhr brachten die ersten Rundfunksender Unwetterwarnungen.

Erst um 20.40 Uhr sendete Kiel Radio auf der Grenzwelle 2775 kHz folgenden Wetterbericht, der die Wirklichkeit immer noch weit untertrieb:

»Sturmwarnung für die westliche und südliche Oostsee.
Vorhersagen bis morgen 07.00 Uhr:
Belte und Sund: Nordoost bis Oost 6 bis 7, Schauerböen, mittlere bis gute Sicht.
Westliche Oostsee: Nordoost 7 bis 8, langsam Noord drehend, schlechte Sicht.
Vorhersagen bis morgen 18.00 Uhr:
Belte, Sund und westliche Oostsee: Noord 7, Schauerböen – sonst gute Sicht.«

In dieser Nacht bekam an den Küsten niemand ein Auge zu. Auf der SCANDIA liefen Rundfunk und UKW mit voller Lautstärke, damit bei dem Kreischen des Sturmes im Rigg überhaupt noch etwas zu verstehen war. Zudem zitterte und vibrierte mein armes Boot erbärmlich, als habe es Todesangst. Tatsächlich waren wir in Gefahr. Der nördliche Wind drückte unaufhörlich das Wasser in die Lagune. Bald war der Steg völlig überspült und meine Vorleinen zeigten schon beinahe senkrecht nach unten. Würden die hölzernen Klampen auf dem Steg den gewaltigen Zug aushalten?

Zwei Mal kämpfte ich mich des Nachts auf allen vieren auf das Vorschiff, um die Leinen zu kontrollieren, und kroch klatschnass und frierend zurück.

Eine Gefahr schien auch von der dänischen Motoryacht auszugehen, die an der Innenseite des Steges quer und in Luv zu uns lag. Wenn das Wasser noch weiter anstieg, dann konnte sie über den Steg hinweg und gegen unsere Vorsteven gedrückt werden. Dann würden unsere Vorleinen brechen und wir alle drei würden quer über die Lagune auf den Steinstrand treiben.

Ab Mitternacht erreichte der Sturm Orkanstärke. Auf dem Höhepunkt, der mit pausenlosem, heftigem Regen einherging, jagten sich die Notrufe auf dem UKW-Not- und Anrufkanal 16:

Einem dänischen Fischkutter aus Bagenkop gelang es nicht, den Hafen zu erreichen. Schließlich trieb er mit ausgefallener Maschine quer zu den vier bis fünf Meter hohen Seen in der Kieler Bucht und rief ständig nach Schlepperhilfe. Alle Küstenfunkstellen riefen Yachtcrews an, deren an Land befindliche Angehörige sich ernste Sorgen machten.

In allen Ostseehäfen zwischen Warnemünde und Damp richtete der Orkan teilweise schwere Schäden an.

Im Yachthafen Wendtorff an der Kieler Außenförde hatte die Ostsee die schützenden Dünen überspült und im Hafen ein riesiges Trümmerfeld unter sämtlichen zweihundert Yachten verursacht. Viele Fahrtenseglerfamilien, die an Bord wohnten, mussten aus ihren sinkenden Yachten gerettet werden. Die gesamten Hafenanlagen waren zerstört.

In der Kieler Innenförde im Hafen Düsternbrook schlug die Kruppsche Yawl GERMANIA VI leck. Der Aluminiumrumpf wurde derart verbeult, dass es einen Großteil der Inneneinrichtung zerstörte. Die Yacht drohte zu sinken.

Alle Fähren hatten den Betrieb eingestellt.

An Land sorgten sich Kollegen, Freunde und Familienangehörige auch um mich und versuchten herauszufinden, ob ich mich in Gefahr befand. Zwischen 17.40 Uhr und 22.20 Uhr rief mich die dänische Küstenfunkstelle Lyngby Radio fünf Mal, um mir Seefunkgespräche durchzustellen. Später machte ich mir Vorwürfe, weil ich mich nicht zu Hause gemeldet hatte. Aber ich war ja nicht wirklich in Gefahr.

Allerdings mochte ich mir nicht vorstellen, was geschehen wäre, wenn der Sturm nur zwei Stunden später eingesetzt hätte und ich womöglich schon im Fehmarnbelt Richtung Lippe unterwegs gewesen wäre. Ich glaube nicht, dass ich dort bei Orkan unbeschadet hätte einlaufen können. Wenngleich ich den rettenden Strand vielleicht zu Fuß erreicht hätte, wäre die unvermeidliche Strandung meiner SCANDIA bestimmt nicht gut bekommen.

Zurück in Travemünde trieb mich und viele andere Segler immer wieder die Frage um, weshalb diese außergewöhnliche Wettererscheinung nicht richtig hatte vorhergesagt werden können. Eine Erklärung erhielten wir bei einem Fachvortrag, zu dem ich einen Meteorologen des Deutschen Wetterdienstes in unseren Seglerverein einlud. Einfach ausgedrückt handelte es sich um ein Höhentief, dessen Zugrichtung in Ermangelung genauer Beobachtungsdaten nicht vorhersehbar war. Mit so etwas müsse man wohl so lange leben, bis die Technik der Wetterprognosen und die Simulationen mit leistungsstarken Computern entscheidend besser würden. Das war ein schwacher Trost.

Meine Einhandreise und der Sommerorkan gerieten dann aber rasch in Vergessenheit. Denn in ganz Deutschland war etwas viel Unerhörteres, Unglaubliches, Unerwartetes und Wunderbares geschehen, das auch unser Seglerleben vollkommen auf den Kopf stellte:

Die Bürger unseres deutschen Nachbarvolkes hatten die politische Gunst der Stunde genutzt und den entscheidenden Schritt in die Freiheit getan, indem sie ihrem maroden Staatsapparat unmissverständlich klarmachten, wer der Souverän war und was er wollte. Unvergessen bleiben die Parolen, Schlagworte und Reden, die die »Wende« einleiteten:

»Wer zu spät kommt, den bestraft das Leben« (Michael Gorbatschow bei der Feier zum 40. Jahrestag der DDR in Ostberlin).

»Wir sind das Volk!« (Kampfruf der 100 000 Bürger bei den Montagsdemonstrationen in Leipzig, Dresden und weiteren ostdeutschen Städten).

»… teile ich Ihnen mit, dass Ihre Ausreise …« (Rede von Außenminister Genscher auf dem Balkon der Deutschen Botschaft in Prag an 4000 DDR-Bürger, die über Ungarn geflüchtet waren und nach Westdeutschland wollten).

Am 9. November fiel die Mauer in Berlin. Ein endloser Strom überglücklicher DDR-Bürger ergoss sich noch in derselben Nacht zu Fuß und mit Fahrzeugen aller Art über die nun offene Grenze nach Westen.

Schon wenige Tage später lief bei eisiger Kälte und Nieselregen die erste DDR-Segelyacht mit der Hammer-und-Zirkel-Flagge am Heck in Travemünde ein. Sie legte vor dem Lübecker Yachtclub an der Überseebrücke an, wo der eilig herbeigerufene Vorstand sie begrüßte. Das kleine Schiff war – zumindest bei den Seglern und Travemünder Bürgern – eine Sensation. Man überschüttete die beiden hartgesottenen Wassersportler mit Sympathien und Geschenken. Nach einer Woche segelten sie glücklich nach Wismar zurück.

Unsere Gedanken schweiften angesichts der gewaltigen Veränderungen natürlich sofort nach Heringsdorf auf Usedom. Wie mochten unsere dortigen Segelfreunde die Wende erlebt haben?

Da eine telefonische Verbindung einstweilen noch nicht möglich war, schrieben wir uns lange Briefe. Erst dabei ging uns auf, wie sehr sie da drüben vierzig Jahre lang unter der kommunistischen Herrschaft gelitten hatten. Erst jetzt wagten sie es, ihren Gedanken, Ängsten und Hoffnungen freien Lauf zu lassen. Ihre Briefe waren teilweise erschütternd! Sie brauchten unsere Zuwendung mehr denn je!

Schon bald vereinbarten wir ein erstes Treffen bei uns in Travemünde für den Februar 1990. Reinhard und Gaby reisten in einem nagelneuen ockerfarbenen Wartburg an, den sie sich von ihren Ersparnissen in DDR-Mark gekauft hatten.

Ich begutachtete artig das Auto. Aber das war meinem Freund nicht genug. »Sag mal – hörst du nichts?«, fragte er und ließ den Motor laufen. In meinen Augen muss er die Fragezeichen gelesen haben. »Meeensch – der hat 'nen Viertakter! 'nen Polo-Motor von VW hat der! Na?«

Nach einem langen Wochenende, das angefüllt war mit Rundfahrten zu unseren luxuriösen Ostseebädern Timmendorfer Strand, zum Yachthafen von Grömitz und nach Lübeck, mit staunenden Besuchen in den Kaufhäusern und Boutiquen, mit endlosen Diskussionen über Politik und Zukunft unserer beiden Staaten fuhren sie wieder ab.

Fest vereinbart aber war unsere erste Reise nach Usedom, wo wir im August 1990 auf eigenem Kiel im Achterwasser eintreffen wollten.

1990

Nach den turbulenten Jahren meiner Mitarbeit bei der *Yacht* und beim Verlag Delius Klasing war allmählich etwas mehr Ruhe in meinem Privatleben eingekehrt. Das war ein Glück. Denn gleichzeitig krempelte die Bundesrepublik mein Berufsleben um, indem sie beschloss, ihre Deutsche Bundespost zu privatisieren.

Der neue Mann an der Spitze des neuen Unternehmens hieß Ron Sommer. Er kam direkt von Sony Europa, dessen Sparte Unterhaltungselektronik er geleitet hatte. Sein Auftrag lautete, das Fernmeldewesen unter dem neuen Namen Deutsche Telekom an die Börse zu bringen. Das wurde ein schmerzhafter Prozess für zunächst 100 000 Mitarbeiter, die innerhalb weniger Jahre unser von Personal überfrachtetes Unternehmen verlassen mussten. Für diejenigen, die blieben, hieß es die Ärmel hochzukrempeln. Für mich auch. Aber es blieb immer noch genügend Freizeit zum Segeln.

Wenn politische Ereignisse des Ausmaßes, wie sie Deutschland zu jener Zeit erlebte, auch unseren Segelsport auf der Ostsee grundlegend veränderten, so ist dies keineswegs ein Wunder, sondern nur die logische Folge: Ab dem Frühjahr 1990 war es vorbei mit der jahrzehntelangen Einschränkung. Wir durften endlich nach Osten steuern. Und das taten wir auch. Sofort. Ausgiebig. Und mit großem Enthusiasmus!

Unser erster Herrentörn am Sonnabend, 19. Mai 1990, führte uns denn auch konsequent an der Mecklenburgischen Küste entlang, die wir bisher immer nur von Weitem gesehen hatten. Mit an Bord waren »Stürmann« Friedhelm und Eckie, der Neue.

Mit den Seekarten gab es kein Problem, denn die internationale wie auch die westdeutsche Frachtschifffahrt hatte ja schon immer auch DDR-Häfen angelaufen. Wir nahmen also amtliche BSH-Karten mit.

Über die Infrastruktur in den Häfen wussten wir indes nichts, denn natürlich gab es keinerlei Hafenhandbücher oder gar Sportbootführer. Auch über die eventuell anzutreffenden Grenzformalitäten konnte uns niemand Auskunft geben – nicht einmal die

Travemünder Wasserschutzpolizei. Das alles gestaltete sich sehr spannend.

Unser Weg führte uns geraden Kurses zur Wismarer Ansteuerungstonne »Offentief«, die wir mit GPS trotz des unsichtigen Wetters leicht fanden.

Auch die Fahrrinne über die Wismarbucht, vorbei an der Insel Poel mit dem Leuchtturm von Timmendorf, war gut betonnt. Mehrere Yachten versuchten über UKW Kanal 16 herauszufinden, wo sie einklarieren sollten. Rostock Radio schickte sie nach Timmendorf. (Wir hatten das aber nicht gehört).

Je weiter wir uns den Häfen von Wismar näherten, desto mehr Yachten mit neugierigen Seglern und Motorbootfahrern trafen wir an. Als wir den Alten Hafen erreichten, bargen wir die Segel und hielten Ausschau nach den Grenzbehörden, die es doch bestimmt noch gab. Richtig – dort an Backbord sahen wir ein offenbar provisorisch gemaltes Schild mit der Aufschrift »Grenzübergangsstelle Wismar«. Unter dem Schild standen zwei grün uniformierte Männer ohne Waffen, die uns ein wenig schüchtern zu sich heranwinkten und uns über drei Bootslängen hinweg baten, unsere Ausweise zu zeigen. Unsere Reisepässe lagen schon in der Plicht bereit. Wir klappten sie auf und hielten sie hoch. Natürlich konnten die Männer auf diese Entfernung keine Passkontrolle vornehmen. Aber das wollten sie offenbar auch gar nicht.

»Vielen Dank«, riefen sie etwas linkisch und winkten uns weiter in den Hafen, »ein Personalausweis hätte auch genügt!«

Erleichtert machten wir an der verfallenen Kaimauer in der Stadt fest. Von unseren bisherigen Besuchen in der DDR waren wir ja ganz andere Grenzkontrollen gewohnt. Man hatte uns des Öfteren sogar schikaniert, uns überflüssigerweise langwierig durchsucht und uns unnötig lange festgehalten. Nichts dergleichen geschah hier.

Nun sahen wir uns erst mal um – und wurden zunehmend stiller. Das Ambiente des Hafens lud nicht zu freudigen Beifallsäußerungen ein. Verfallene Industriebauten, aufgerissenes Kopfsteinpflaster, fensterlose Ruinen und eine große Flotte heruntergekommener Fischereifahrzeuge wirkten düster und bedrückend. Elektrischen Strom oder Wasserhähne suchten wir ebenso vergebens wie Hinweise auf Waschräume oder Toiletten. Ja – was hatten wir denn eigentlich erwartet?

Hier war doch vierzig Jahre lang in sozialistischer Planerfüllung gewurstelt worden. Jede Privatinitiative hatte als kapitalistischer Verrat am Volk der Werktätigen gegolten. Selbst ihren Staatslenkern hatten die Parteibonzen immer nur die Potemkinschen Dörfer intakter Innenstädte und Vorzeige-LPGn präsentiert.

Diese Erkenntnis besserte nun unsere Stimmung sofort: Wismar galt doch auch als eine solche Vorzeigestadt – oder? Also machten wir uns landfein und marschierten los.

Doch so sehr wir uns auch bemühten, Positives zu entdecken – Wismars Innenstadt erweckte eher den Eindruck, als sei sie seit dem Kriegsende vor 45 Jahren vergessen worden.

Einzig der Marktplatz – und dort auch nur der West- und der Nordriegel sowie der schön restaurierte Renaissancebrunnen »Wasserkunst« – konnte uns entzücken.

Inzwischen hatten sich Appetit und Hunger eingestellt. Zwei nett aussehende Restaurants in hanseatisch anmutenden Giebelhäusern am Markt schienen uns zur Einkehr geeignet. Vor den Türen sahen wir aber schon lange Schlangen von Menschen stehen, die meisten von ihnen wohl Segler wie wir und Touristen.

Wir reihten uns ein und erhielten bald Bescheid: Leider seien alle Plätze besetzt oder reserviert. Und im Übrigen schließe das Lokal um 20.00 Uhr. Nun waren wir baff! Das durfte doch nicht wahr sein? In den Restaurants saßen kaum Gäste. An einem Sonnabend schlossen die um 20.00 Uhr? Ungläubig die Köpfe schüttelnd erreichten wir unser Boot, warfen den Primuskocher an und machten eine Dose auf …

Auf den Kais hatten sich derweil viele einheimische Schaulustige eingefunden: Hier bestaunten sich Ost und West gegenseitig, zunächst etwas gehemmt und verstohlen, dann mehr und mehr offenen Blickes und schließlich in neugierigen Gesprächen. Man wurde ganz langsam warm miteinander. Bald saßen an Deck mancher Boote Menschen zusammen, die sich nie gesehen hatten und sich doch beinahe wie Freunde gaben. Man konnte sie übrigens immer voneinander unterscheiden: sie überwiegend in Altmodischgrau, wir in Jeans, Docksides und Helly Hansen.

Nach einer ruhigen Nacht suchten wir den Hafen noch einmal nach sanitären Einrichtungen ab, denn wir hatten etwas läuten hören. Und wirklich fanden wir nach abenteuerlichem Aufstieg durch düstere Treppenhäuser einer Industriebrache einen riesigen Mannschaftswaschraum mit langen Trögen aus braunem

Steingut, aus deren verrosteten Wasserhähnen es zögernd lauwarm tröpfelte. Sogar eine einsame Dusche war da. Und Toiletten ohne Brille und Deckel. Immerhin!

Am Sonntagmorgen gaben wir Wismar eine zweite Chance: Das konnte doch gestern Abend nicht alles gewesen sein?

Die Sonne schien. Und siehe da: Bei Licht betrachtet entdeckten wir viel Schönes.

Herrliche Bausubstanz, die trotz der vielfach eingestürzten Dächer vielleicht zu retten sein würde.

Die ersten Imbisswagen – aus dem Westen – mit Bratwurst und Pommes, bedrängt von Einwohnern.

Das weiße Ausflugsschiff, mit dem wir eine Rundfahrt nach Timmendorf/Insel Poel und zurück unternahmen.

In besserer Stimmung als am Vortag segelten wir noch am Nachmittag weiter.

Nach Timmendorf Fischerhafen mit verfallener Nordmole und Schwell, aber recht guter Gaststätte am Leuchtturm und Preisen zum Träumen. Wir aßen Mecklenburger Rippenbraten, tranken Lübzer Bier und hinterher einen Rostocker Kümmel, alles zusammen für erstaunliche 6 Mark 83! Natürlich West – aber trotzdem!

Nach Warnemünde, wo es an der Mittelmole einen »richtigen« Yachthafen gab. Mit Frühstücksrührei im Seglerheim (für 1,34 Mark). Dafür kassierte zum ersten Mal ein Hafenmeister, und zwar saftige 20 D-Mark! Nachmittags besuchten wir das auch im Westen schon legendäre Hotel »Neptun« an der Strandpromenade. Vom geradezu luxuriösen Café im obersten Stockwerk genossen wir den Blick über Hafen, Strand und Fährschiffe. Eine hübsche Kellnerin mit mahagonifarbener Lockenpracht kam mit dem Kuchenwagen: dreimal Nusstorte bitte. Mit Sahne. Eine zweite Bedienung fragte nach unseren Getränkewünschen. Kaffee bitte. Der lauwarme Kaffee kam und schmeckte dünn und fade. Wir reklamierten. Da meinte die Kaffeefrau mit süffisantem Grinsen: »Tja, werte Herren, den hat 'ne Kaffeemaschine aussem Westen jemacht, da kann ich nu ooch nischt für!«

An unseren letzten Hafen dieses ersten Ostdeutschlandtörns habe ich die positivsten Erinnerungen. Herrlich gelegen zwischen Fischland und Darss erwartete uns ein Paradies! Der ehemalige Militärhafen Darsser Ort war soeben von den Einheiten der Volksmarine geräumt worden. Umgeben von einer offenbar vollkommen intakten Natur mit weißen Sandstränden, Kiefernwäldern, Ferienhäuschen ehemaliger Parteigrößen und einem riesigen Campingplatz schien er mir als der ideale Platz für eine Marina, wie es sie bisher nirgendwo anders an der deutschen Ostseeküste gab. Dass daraus bis heute nichts wurde, verantworten listige Naturschützer der DDR, die das Hafengebiet in einer Blitzaktion noch vor der Wende in ein Naturschutz-Kerngebiet umwidmeten. Schade!

Über Gedser und Grömitz segelten wir zurück nach Hause. Dort bereiteten Gisela und ich uns auf den eigentlichen Osttörn vor: Im August sollte es endlich nach Usedom gehen! Unser Freund war informiert und hocherfreut. Er würde uns gebührend empfangen!

Natürlich segelten wir die mir schon bekannte Route über Wismar, Timmendorf, Warnemünde und Darsser Ort.

In Wismar hatte sich in den wenigen Monaten schon einiges zum Positiven verändert. Vor allem der Hafen wartete mit drei neuen Attraktionen auf.

Die erste war ohne Frage Waltraud. Die junge Frau mit der verblüffenden Ähnlichkeit zur Volksschauspielerin Helga Feddersen begrüßte viele Yachten – vornehmlich aber die mit Männercrews – mit einem fröhlich gerufenen »Hallo Ju-hungs – herzlich willkom'm in der schön'n Hansestadt Wismaaa. Und wenn ihr nachher duschen wollt – kommt man hier bei mir in mein'n blauen Conteeenää. Also bis de-henn'n!«

Alles freute sich und lachte: die Segler sowieso, aber auch die Landratten. Am Hafen ging das Gerücht, dass Waltraud eigentlich einen Mann wollte. Einen zum Leeeben. Vielleicht einen Wessi? »Die Waltraud is okee«, sagte ein Fischer, »die is arbeitsam und billig im Futter. So eine findstu in'n Westen bestimmt nich!«

Die zweite Attraktion war das große Fahrgastschiff VATERLAND, dessen weiß bemützter Kapitän vor jeder Ausflugsfahrt – also alle Stunde – lautstark per Megafon um Gäste warb: »Halloo, wertes Publikum: Wir sind nich nur die Längsten, sondern wir ha'm auch den längsten —— Rrrundfahrttörn. Kommt an Booord auf Faaagastschiff VADDERLAND mit de gaaanze Familie! Muddi kricht 'n Piccolo un Vaddi 'n Bier un'n Koorn. Un denn faaahn wir rrrund um den Waaalfisch bis nache offene Seee. Mit Faaagastschif VADDERLAND. Oheee!«

Für meine Bordfrau war das natürlich alles Neuland, doch sie empfand die schönen, aber desolaten Städte als noch düsterer, als ich sie ihr nach dem Herrentörn geschildert hatte.

Je weiter wir nach Osten segelten, desto abweisender erschien uns der Zustand unseres östlichen Vaterlandes.

Selbst die Natur schien feindlich. Im kleinen Hafen Barhöft am Gellenstrom fielen Myriaden von Mücken über uns her. Wir verbarrikadierten uns hinter rasch zugeschnittenen Gardinennetzen unter Deck.

Stralsund zeigte sich noch um einiges verfallener als Wismar. Stahlbrode, Fischer- und Fährhafen im Strelasund, beherbergte Mengen vollkommen verrosteter und halb versunkener Baggerschuten.

Als ganz besonders gruselig empfanden wir nach den Tagen mit immerhin zivilen Städten die Fahrt durch die einsame Peene. Denn nun passierten wir mit einer gewissen Ehrfurcht im Herzen die ehemalige Versuchsanstalt Peenemünde, wo Wernher von Braun für die Nazis die V1- und V2-Raketen entwickelte und von wo sie gen England abgefeuert worden waren.

Bei Karlshagen aber lagen – in mehreren Buchten hinter dichten Schilfwänden verborgen – dunkelgraue Riesen: die DDR-Kriegsschiffe. Schien dort zunächst keine Menschenseele mehr an Bord zu sein, so gewahrten wir nach und nach doch den einen oder anderen Marinesoldaten, der uns hinter einem Schanzkleid oder von einem Krähennest aus vorsichtig durch sein Glas beobachtete. Hoben wir die Hand zu einem freundlichen Winken, dann sahen sich die Männer verstohlen um, ehe sie scheu und kurz zurückgrüßten. Manche verschwanden aber auch blitzschnell aus unserem Blickfeld. War ihnen nicht recht bewusst, dass der Kalte Krieg zu Ende, der Eiserne Vorhang endgültig zerrissen war?

Am nächsten Morgen meldeten wir über UKW-Seefunk via Rügen Radio Kanal 5 ein Seefunkgespräch nach Heringsdorf an. Aufgeregt meldete sich unser Freund. Er kam zuerst überhaupt nicht zurecht mit der besonderen Art der Gesprächsabwicklung im Simplex-Verfahren, bei dem man nur abwechselnd sprechen und hören kann. Entgeistert fragte er: »Sag mal – Rügen Radio? Wie habt ihr das gemacht? Darf man das denn überhaupt?«

Wir kündigten ihm unser Einlaufen in Wolgast für den gleichen Abend an.

Als SCANDIA um 19.00 Uhr beim Wolgaster Seglerverein »Dreilindengrund« festmachte, da standen die beiden schon aufgeregt auf dem Steg. Wie fielen uns in die Arme wie nie zuvor. Von diesem Augenblick an sagten wir »Du« zueinander. Wir waren froh, nicht mehr die überlegenen Wessis zu sein, sondern einfach nur die Seglerfreunde aus Travemünde.

An Bord in der Plicht warteten Snacks und Getränke. Gaby zeigte sich neugierig-entzückt von den gerösteten Pistazien, die es in der DDR – wie so vieles andere – nie gegeben hatte.

»Wat is'n det?«

»Das sind Pistazien!«

»Und wie isst man die?«

»Ganz einfach: Mit den Daumennägeln in den Spalt und ziehen!«

Tatsächlich bekam sie die erste Pistazie ihres Lebens leicht geöffnet. Und lachte begeistert. »Möönsch – die sind ja vorjeknackt!«

Erst spät an diesem Abend fuhren sie mit ihrem Wartburg wieder nach Hause. Wir hatten alles besprochen: Morgen gegen 16.00 Uhr würde SCANDIA in das Achterwasser einlaufen und in dem kleinen Hafen Balm anlegen. Wir waren sehr gespannt!

Das Achterwasser ist ein Seitengewässer des Peenestroms mit zahlreichen kleinen und größeren Buchten, mit von Buchen bestandenen Steilufern, Schilfgürteln und einigen kleineren Häfen an seinem Nord- und Ostufer. Eine schmale Landenge trennt das Gewässer bei Zinnowitz von der Ostsee. Auf der Landenge liegt das alte Ostseebad Bansin und weiter südöstlich die berühmten Kurorte Heringsdorf und Ahlbeck.

Das Achterwasser ist mit etwa zwei bis fünf Metern Wassertiefe flach, aber es eignet sich sehr gut zum Segeln mit Jollen. In einer Jolle, die wir beim Einlaufen in die Bucht gewahrten, winkte jemand heftig und segelte auf uns zu. Es war ein enger Freund Reinhard Dauers, der uns die ungefähre Richtung zu unserem Anlegeplatz wies. Kurz darauf entdeckten wir ein Dingi mit einem emsig rudernden Mann. Reinhard Dauer höchstselbst kam uns entgegen, um uns in »seinen« Yachthafen Balm zu lotsen.

Dort erwartete uns ein kleiner »Großer Bahnhof«. Segler und Freunde Reinhards nahmen unsere Leinen entgegen. Wir gingen auf knapp 1,40 Meter Wassertiefe an eine alte Pier, von der früher wohl Sand und Kies verladen worden waren, und nahmen an Bord einen Begrüßungsdrink.

Die Hauptperson war unsere SCANDIA: Niemand hatte je eine Vindö »in natura« gesehen. Ein wenig scheu streichelte man das schöne Mahagoni-Steuerrad, bewunderte stumm die Bordtechnik, inspizierte schweigend den grünen Diesel in seiner Motorbilge. Verblüfft sahen alle zum ersten Mal eine Seekarte ihrer heimischen Gewässer, auf der sämtliche Leuchtfeuer, Baken und Bojen verzeichnet waren und mit deren Hilfe man die offene See erreichen konnte. Einige zeigten offen ihre verbitterte Entrüstung darüber, wie man ihnen diese Angaben vorenthalten hatte, damit sie niemals den Weg auf die freie Ostsee fanden!

Später baten unsere Gastgeber zu Tisch.

Im Gebäude einer Ferienanlage, die zu dem Hafendorf gehörte, war eine lange, festliche Tafel gedeckt, die sich im wahrsten Sinne des Wortes unter der Last der Leckereien bog, die man aufgetragen hatte. Neben allerlei – zum Teil geräucherten – Fischen wie Aal, Zander und Steinbeißer gab es leckere Steaks und Koteletts, Hähnchen und Putenbraten, aber auch Pommes frites, und Gemüse vieler Art. Reichlich zu trinken ward ebenfalls angeboten. Und so wurde es ein ziemlich fröhliches Gelage bis in die tiefe Nacht.

Ziemlich auch deshalb, weil manche – mit zunehmendem Alkoholgenuss und entsprechender Lockerung der Zungen – durchaus nicht mit deutlicher Kritik sparten. Da wurden wir schon nach den Versäumnissen unserer Westpolitiker gefragt, die sich erst Wochen nach dem Bau der Mauer am 13. August 1961 nach Berlin bequemt hatten. Da hörten wir auch die ersten Klagen über das Benehmen westlicher Geschäftsleute, die die »Ossis« mit schlechten Gebrauchtwagen und überteuerten Versicherungen über den Tisch ziehen wollten. Und selbst Reinhard Dauer – der sich wenige Monate vor unserem Besuch als Bauunternehmer auf Usedom selbstständig gemacht hatte – beklagte gewisse Machenschaften von Vereinigungsgewinnlern. Dazu konnten wir nicht viel sagen. Denn für uns stellte sich »die Wende« als das gleiche unerwartete Phänomen dar wie ihnen. Eines, mit dem niemand Erfahrungen haben konnte. Schließlich trennten wir uns aber ohne Misstöne. Erst weit nach Mitternacht fanden wir in unsere Kojen.

Am nächsten Morgen empfingen wir Reinhard und Gaby zu einem opulenten Frühstück an Bord. Dann hieß es, Abschied zu nehmen.

Scandia schien gern noch bleiben zu wollen: »Rudolf« musste sie mit reichlich Gas rückwärts aus dem Hafenschlick von Balm ziehen, bis sie endlich genügend tiefes Wasser zum Segeln unter ihrem Kiel spürte. Unter vielem Winken setzten wir unsere Segel, gaben drei Mal »lang« mit dem Horn und richteten den Kurs nach Norden.

Ein Gefühl der Zufriedenheit – und ein wenig Stolz – zog in uns ein. Obwohl uns viele unserer Segelkameraden mit den Worten: »Was wollt ihr denn da drüben in Grauland – da ist doch noch jahrelang Wüste!«, ihr Befremden ausgedrückt hatten, waren wir sicher, die historische Wiedervereinigung unserer Nation angemessen gewürdigt zu haben.

Ganz zu Ende war unsere Begegnung mit unseren neuen Nachbarn aber noch nicht. Da wir die Heimreise über Sassnitz nach Bornholm, Schweden und Dänemark antreten wollten, segelten wir erst einmal wieder die Peene hinauf nach Norden und machten zur Nacht in dem Fischereihafen Freest am Greifswalder Bodden fest. Dort schliefen wir am nächsten Morgen gründlich aus und legten erst gegen 15.00 Uhr ab. Das war für die Strecke nach Sassnitz eigentlich reichlich spät, aber das Wetter war mit Westsüdwest 4 bis 5 handig und wir würden eine schnelle Reise haben. So dachten wir.

Doch es kam anders: Gleich nach Erreichen des Peenefahrwassers gerieten wir in der unübersichtlichen Knaackrückenrinne durch meine Unachtsamkeit aus dem Tonnenstrich und liefen mit gut vier Knoten Fahrt auf harten Sandgrund auf. Schnell holte ich lehrbuchmäßig die Schoten dicht, um das Boot zu krängen und damit unseren Tiefgang zu verringern. Scandia legte sich auch gehorsam auf die Backe. Aber ich segelte damit nur noch weiter auf das Flach hinauf. Im nächsten Augenblick saßen wir fünfzig Meter neben der Fahrrinne mit 37 Grad Lage nach Steuerbord »hoch und trocken« fest.

Ein ganz kleines Fischerboot kam angetuckert und umrundete uns. Der alte Fischer steckte einen Stock ins Wasser, schüttelte entgeistert seinen Kopf und fuhr schweigend weiter. Nun half keine eigene Anstrengung mehr – wir brauchten fremde Hilfe.

Sogleich erinnerte ich mich an das kleine Tochterboot Möwenort im Hafen von Freest. Es war ein Geschenk der »Deutschen Gesellschaft zur Rettung Schiffbrüchiger« an die Rettungsorganisation der DDR. Also rief ich über UKW Kanal 14 Wolgast

Port an, schilderte unsere missliche Lage und bat um Entsendung dieses Rettungsbootes. Als das Boot nach einer halben Stunde tatsächlich in Sicht kam, schlangen wir unsere lange Schleppleine mit einem Palstek um den Mast, hievten sie mit dem Großfall unter die Saling und übergaben den Tampen.

»Nee«, rief der Vormann auf dem Rettungsboot, »das machen wir nich! Wir reißen euch ja euern Mast runter!« Sie hatten eben keine Ahnung von der Qualität der Püttings.

Erst nach gutem Zureden zog unser Schlepper kräftig an. SCANDIA legte sich nun sechzig Grad auf die Seite. Gisela stieß einen spitzen Schreckensruf aus. Grünes Wasser schwappte ins Cockpit. Aber unsere brave Yacht schwamm auf, ließ sich gehorsam ins Fahrwasser ziehen und verneigte sich artig vor ihren Rettern. Die kamen nun höflich und neugierig an Bord, um einerseits ihre Formalitäten zu erledigen und den fälligen Bergelohn zu kassieren. Andererseits waren wir offenbar ihre allererste »Beute«. Sie beguckten sich erstaunt das Boot, wollten wissen, ob es etwa unser eigenes sei oder einer Betriebssportgemeinschaft gehöre, besahen sich unsere Seekarte und zeigten sich ebenso fassungslos wie unsere Segelfreunde vom Achterwasser.

»Ich hab' das immer geahnt«, murmelte einer von ihnen. »Die haben uns jahrelang angeschissen. Guck mal, was hier für Tonnen liegen! Und die ganzen Sandbänke!! Da wären wir nie rausgekommen …«

Erfreut kassierten sie zuletzt unsere freiwillig gezahlten hundert Westmark, verabschiedeten sich herzlich und ließen uns unserer Wege segeln. Um 22.00 Uhr legten wir im nächtlichen Hafen von Sassnitz an der Fischerpier bei den verrosteten Trawlern an.

Wir ließen uns ein paar Tage Zeit. Zu interessant stellten wir uns Rügen vor! Deutschlands größte Insel! Mit den Kreideklippen! Und den Leuchttürmen des berühmten Baumeisters Schinkel! Und überhaupt!

Aber vor dem Landgang brauchten wir mal wieder eine Dusche. Ob es so etwas hier wohl schon gab? Gab es!

Vor einem der noch ganz brauchbar aussehenden Fischdampfer fanden wir ein Pappschild: »Seglerdusche 50 Pfennig«. Über eine steile Treppe kletterten wir hinunter in die Eingeweide des Maschinenraumes und standen bald in einem kleinen, sauberen, grün gestrichenen Duschraum, der Unmengen heißen Wassers für uns bereithielt.

Dann gingen wir hinauf in die Stadt, die genauso grau daherkam wie alle anderen vor ihr auch. Den Kick gab uns erst eine einstündige Fahrt mit einem Taxi, dessen Fahrer uns am Bahnhof ansprach. Für 25 Mark wollte er uns Rügen zeigen. Und das tat er auch mit seinem uralten gelben russischen Wolga. Wir sahen die Inselhauptstadt Bergen, die Kreideklippen auf Stubbenkammer, das Störtebeckerdorf Rahlswiek und die lieblichen Hügel des Mönchsguts. Abends entdeckten wir die Promenade nach Alt-Sassnitz und stellten uns die reizvolle Altstadt mit ihren Treppen und Winkeln nach der hoffentlich baldigen Restaurierung vor. Die Restaurierungen begannen aber nicht bald. Sondern zum Glück sofort.

Seit unserer ersten Reise nach Osten sind wir den wunderschönen Revieren von Wismar bis Ueckermünde treu geblieben. Jahr für Jahr war es spannender, den »Aufbau Ost zur See« mitzuerleben. Aber auch die nautischen und seemännischen Reize der Ostseeküste von der Lübecker Bucht bis zur Swinemündung, rund um Rügen und Hiddensee, in den Bodden von Barhöft bis Dierhagen und von Wittower Fähre bis Gager stellen interessante Herausforderungen dar, die wir nicht missen möchten.

***

Meine Ostseejahre von 1992 bis 1997 sollten erneut tief greifende Veränderungen in nahezu allen Lebensbereichen mit sich bringen. Sie waren zu einem Teil »hausgemacht«, zu einem anderen unausweichlich und schließlich auch fremdbestimmt. Dabei spielten auch Zufälle eine große Rolle, die mich in meiner Meinung bestärkten, dass unser Leben nicht vorbestimmt sein kann.

Ich glaube nicht an eine höhere Macht, die sich unseren Lebensablauf in allen wichtigen Einzelheiten ausdenkt und lenkt. Sondern dass es Zufälle sind, die zu den entscheidenden Begegnungen mit Menschen und mit Dingen führen.

Das erste Ereignis war 1992 der Zerfall meiner zweiten Ehe. Eine andere Frau trat in mein Leben, und wir begannen von vorn. Das war – zumindest in Bezug auf das Segeln – leicht, denn sie war eine erfahrene Motorbootfahrerin und Wasserskiläuferin. Und sie besaß einen Sportbootführerschein.

Allerdings hielt Silke mir einen Angelhaken vor die Nase, auf den ich beißen musste, wollte ich sie ganz gewinnen.

»Du bist ein begeisterter Segler, wie jeder weiß. Aber eines sag ich dir: Einmal im Jahr mache ich eine Fernreise in die weite Welt.« Das gefiel mir. Ich antwortete mit einer Frage: »Darf ich mit?« Das gefiel ihr. Ich hatte angebissen.

In diesem herrlichen »Jahrhundertsommer« 1992 mit bestem Wetter von Mai bis September schipperten wir erst einmal »zum Angewöhnen« in der näheren Umgebung herum, wobei Neptun meine Neue gleich am dritten Tag tüchtig 'rannahm: Bei der Untiefentonne »Brodten Ost« zog eine blauschwarze Gewitterwand auf, aus der uns gleich darauf eine Schauerbö überrollte, die nicht von schlechten Eltern war.

Silke schaffte es gerade noch, in ihren nagelneuen Segeloverall zu springen, als wir auch schon »auf der Backe« lagen und bei strömendem Regen mit rauschender Bugwelle raumschots abliefen. Dabei flitzten wir an einer anderen, größeren Vindö vorbei, deren Skipper sein Schiff sich selbst überlassen und unter Deck Schutz gesucht hatte. Seine Vindö torkelte mit knallenden Segeln steuerlos in den Seen umher und bot ein Bild des Jammers, was ihm von meiner neuen Bordfrau mit sicherem Instinkt den Titel »Warmduscher« einbrachte. Wir beide hatten jedenfalls kalt geduscht. (Und er konnte es ja gar nicht gehört haben.)

Mehrere Wochenenden verbrachten wir in der Wismarbucht mit romantischen Tagen vor Anker.

Einen ausgiebigen Segelurlaub unternahmen wir in diesem Jahr nicht. Denn unsere Firma – die Deutsche Telekom AG – nahm uns wortwörtlich den Atem. Der neue Chef Ron Sommer und seine immer jüngeren Führungskräfte in Bonn wollten es »den alten Säcken in den Beamtenstuben« mal so richtig zeigen. Sommer verlangte nicht weniger, als dass bisherige Befehlsempfänger plötzlich selbstständig und verantwortungsbewusst handeln sollten. Deshalb erlaubte er ausdrücklich und in allen Sparten und Fachbereichen das Denken!

Es war, als habe ein unartiger Junge mit einem langen Stock in einen riesigen Ameisenbau gestochen. Die Ameisen rannten aufgescheucht umher, versuchten die alte Ordnung zu retten oder wiederherzustellen und waren sich dabei ständig selbst im Wege.

Für unsere Abteilungen Vertrieb, Service und Auftragsbearbeitung zeigte sich die schmerzhafte Wandlung von der Behörde zu einem modernen Dienstleister in immer neuen Organisationsformen, deren Halbwertzeit selten länger als drei Monate betrug.

Oft saßen meine neue Lebensgefährtin und ich nächtelang verzweifelt auf der häuslichen Couch und ereiferten uns über den »Wahnsinn an der Spitze«, der leider kaum Methode zu haben schien. Diese Situation verlangte auch uns einiges ab, galt es doch, neben der beruflichen Anspannung unser neues Privatleben inklusive des Segelns zu organisieren und unsere Lebensziele neu zu formulieren.

Alles gelang! Im Juni 1993 heirateten wir. Das Festmahl nach der Trauung nahmen wir an einem Ort ein, den ich eigentlich nicht wieder hatte betreten wollen: im Restaurant des Lübecker Yachtclubs an der Wakenitz, wo ich fast vierzig Jahre zuvor auf den Klubjollen SAMOA und HAITI – etwas mühsam – das Segeln gelernt hatte.

Gleich danach sollte es mit der SCANDIA auf unsere dreiwöchige Hochzeitsreise gehen. Doch das Unglück nahm seinen Lauf.

Als wir eines Nachmittags vom Treibstofftanken auf der Trave an unseren Steg zurückkehrten, gab unser Volvo-Diesel komische Geräusche von sich und blieb stehen. Zwar sprang er unwillig noch einmal an, begann dann aber blauweiß aus dem Auspuff zu rauchen, schob uns mit letzter Kraft in unsere Box und hauchte röchelnd sein Leben aus.

Unser schnell herbeigeholter »Vereinsmechaniker« Peter zog den Ölmessstab, konstatierte Seewasser im Schmieröl des Kurbelgehäuses, fragte nach dem Alter des Motors und riet zu einem neuen. Das war bitter! 21 Jahre lang hatte »Rudolf« auf der Vindö treu seinen Dienst getan. Er hatte kein leichtes Leben, denn die Einkreiskühlung durch Seewasser erlaubte ihm nie die gesunden hohen Öltemperaturen seiner zweikreisgekühlten Brüder, sondern setzte ihm allmählich die Kühlkanäle zu und führte außerdem zu einem Durchbrennen der Zylinderkopfdichtung.

Eine Grundüberholung in einer Motorenfachwerkstatt würde teuer. In Hamburg-Harburg – wo ich fast täglich beruflich zu tun hatte – fand ich in einer großen Motorenfirma nicht nur einen baugleichen, aber sieben Jahre jüngeren, generalüberholten »Rudolf«. Sondern der nette Verkäufer überließ ihn mir unter Inzahlungnahme des alten und inklusive Ein- und Ausbau sehr viel günstiger als erwartet. Ich griff zu!

Wenige Tage später erschien ein weißer Kastenwagen im Passathafen.

Ich hatte einen Tag Urlaub genommen.

Zwei Mechaniker der Harburger Firma krochen drei Stunden in meiner Motorbilge umher, wuchteten »Rudolf« unter Hinterlassung zahlreicher Schrammen auf den lackierten Bodenbrettern der Kajüte und pechschwarzer Ölflecken auf den Teakholzduchten der Plicht an den Kranhaken und fuhren mit ihm davon. Es war wie bei einer Beerdigung.

SCANDIA aber lag angesichts der Beraubung von 225 Kilo Motorgewicht so lange vertrimmt-verstimmt und mit erhobenem Heck scheußlich anzusehen da, bis endlich der weiße Transporter zurückkehrte.

Ich hatte einen Tag Urlaub genommen.

Dieses Mal erschien nur einer der Mechaniker. Er fierte den »Neuen« unter Erzeugung von noch mehr Schrammen in die Kajüte und stellte fest, dass der nicht auf die alten Motorfundamente passte. Das konnte eigentlich gar nicht angehen, denn es war ebenfalls ein MD2B. Offenbar hatten die Schweden klammheimlich die Motoraufhängungen am Kurbelgehäuse geändert. Mein Mechaniker fluchte, schwang eine Stunde lang den Zollstock, kratzte sich den Kopf, fluchte nochmal und fuhr wieder ab.

Nun stimmte zwar SCANDIAS Trimm. Aber der Mechaniker kam nicht wieder.

Nach mehreren Telefonaten erschien der weiße Transporter erneut.

Ich hatte mir einen Tag Urlaub genommen.

Der neue, ganz junge und unverbrauchte Mechaniker pfiff ein Lied, verteilte lauter grüne, nagelneue Motorhalterungen in der Bilge und schritt ans Werk. Nach drei Stunden war sein Lied verstummt. Stattdessen fluchte er schlimmer als sein Kollege, raufte sich ein ums andere Mal die Haare und wollte den Kampf mit den Tücken der Aufhängungen in der engen Vindö-Bilge schon aufgeben. Es ging zuletzt nicht mehr um Millimeter, sondern nur noch um weniger als Zehntelmillimeter, bis Kupplungsflansch und Propellerwelle endlich fluchteten. Jetzt noch schnell die elektrischen Kabel für Anlasser, Lichtmaschine und Messgeber anschließen – fertig.

Nach einem erfolgreichen Probelauf, bei dem mein neuer »Rudolf« sogleich freudig seinen Dienst aufnahm, verschwand am Freitagabend ein sichtlich gealterter, nicht mehr ganz so junger und kaum noch pfeifender Mechaniker mit seinem weißen Kastenwagen aus dem Hafen.

Am folgenden Wochenende segelten wir zur Erholung erst einmal über die Bucht nach Neustadt. Am Morgen der sonntäglichen Rückfahrt herrschte Totenflaute und die Lübecker Bucht lag bleiern da wie ein sonnenüberfluteter Spiegel. Rudolf tuckerte fröhlich sein stählernes Lied, und wir machten gute Fahrt, bis ich plötzlich ein lautes Piepen aus der Kajüte vernahm.

Nanu – was war denn nun los? Rasch sprang ich hinunter zum Kartentisch. Das Display des GPS-Navigators verlangte piepsend nach mehr Spannung. Unser Voltmeter zeigte Null, das Amperemeter aber Vollausschlag. Und da roch ich auch schon die Bescherung. Aus sämtlichen Ritzen der Schalttafel, aus der Wegerung der Bordwand und zwischen den Polstern der Hundekoje kroch weißer, stinkender Qualm hervor, der sich rasend schnell im ganzen Salon ausbreitete!

»Feuer an Bord!«, schrie ich. »Stopp den Motor, Silke, schnell!« Dann riss ich die beiden Batteriehauptschalter auf AUS und den Feuerlöscher aus seiner Halterung über dem Herd, klappte die Schalttafel auf und richtete den Löscher in die vermeintlich sogleich herausschlagenden Flammen. Das war zum Glück nicht nötig, denn der beißende Qualm verzog sich allmählich. Offenbar hatte es sich »nur« um einen kapitalen Kabelbrand gehandelt, der nach dem Abschalten des Bordnetzes von selbst erlosch.

Inzwischen lag SCANDIA ohne Fahrt auf dem glitzernden Wasser. Null Wind – wir brauchten einen Schlepper. Doch woher? Unser Bordnetz war mausetot. Kein UKW. Kein Horn. Nichts.

Schon standen Silke und ich an Deck und winkten den vielen anderen Booten zu, die rings um uns herum in der Flaute dümpelten. Einige winken höflich zurück. Die meisten aber guckten weg.

Verdammt – was war denn das für eine Seemannschaft? Jetzt half nur noch Brachialgewalt. Schon hielt ich meine Signalpistole Kaliber 4 in der Hand und ballerte eine Blitz-Knall-Patrone in die sonntägliche Stille. Das half. Wenig später schleppte uns eine starke Ketsch in den Passathafen ein. Dort besah ich mir den Schaden genauer. Das Ausmaß war erschreckend und dies erst recht, als ich die Ursache fand: Unser letzter Monteur hatte ein Pluskabel von der Batterie unter Verwendung eines völlig ungeeigneten Kabelschuhes an die Lichtmaschine angeschlossen.

Der hatte sich durch die Vibrationen der Maschine gelockert und war an den Motorblock geraten. Durch diesen – wie wir

Elektriker sagen, satten – Kurzschluss floss nun für Sekunden ein mehrere hundert Ampere starker Gleichstrom, der das nur 2,5 mm^2 starke Kabel sofort hell aufglühen ließ. Da das Kabel aber Teil eines dicken Kabelbaumes war, schmolzen die Isolierungen aller benachbarten Kabel durch, sodass überall blanke Drähte miteinander Kontakt hatten. Darüber hinaus mussten auch die Klemmleisten in der Schalttafel, das Amperemeter und viele Sicherungen dran glauben. Wir fotografierten das ganze Dilemma und gingen niedergeschlagen nach Hause. Noch am selben Sonntagabend verließ ein langes Schreiben mein Telefaxgerät in Richtung Harburg.

Drei Tage lang hörte ich nichts. Dann erschien wieder der weiße Kastenwagen im Passathafen. Dieses Mal entstiegen ihm zwei Elektriker.

Ich hatte einen Tag Urlaub genommen.

Sie zerlegten stundenlang die Umgebung des Kartentisches, die Wegerung und die Hundekoje, um den verkohlten Kabelbaum zu bergen. Außerdem demontierten sie die komplette Schalttafel und die Lichtmaschine. Wir schrieben unsere Hochzeitsreise ab und verfielen in dumpfe Lethargie.

Doch siehe da: Eine Woche später hatten die Harburger einen ganz neuen Kabelbaum angefertigt.

Ich hatte einen Tag Urlaub genommen.

Sie bauten ihn ein und auch die restaurierte Schalttafel, die Lichtmaschine und die Wegerung. Rudolf sprang begeistert an. Nichts roch verbrannt. In leisem Stolz auf meinen Berufsstand bedankte ich mich artig mit einem Trinkgeld bei den tollen Elektrikern. Insgeheim hoffte ich allerdings auch, den weißen Kastenwagen aus Harburg nie wieder zu sehen.

Als ich an diesem Freitagabend beglückt meine Elektrik in Betrieb nahm, stutzte ich dann aber doch: Mit dem Schalter für das Dampferlicht schaltete sich die Trinkwasserpumpe ein. Das Amperemeter zeigte negative Werte an, sobald die Lichtmaschine die Batterien auflud. Die 12-Volt-Steckdose an der Schalttafel war stromlos. Und meine Lenzpumpe in der tiefen Bilge auch.

Gegen Mitternacht war ich fertig mit meinen Nacharbeiten und es schien alles, wie es sein sollte. Ich folgte meiner Silke in die Koje. Denn am nächsten Morgen wollten wir – endlich und vier Wochen verspätet – unsere Hochzeitsreise antreten.

Es wurde ein schöner Törn, jedenfalls bis zu dem Tag im Hafen von Svendborg, an dem mein Betriebsstundenzähler zwanzig Motorstunden mehr anzeigte. An diesem Tag – so wollten es Betriebsanleitung und Garantieurkunde – musste ein erster Ölwechsel erfolgen.

»Das geht ganz schnell, Schatz. Die paar Liter Motoröl sind rasch abgepumpt.«

Kanister, Schlauch und Pumpe lagen schon bereit. Ich führte den Schlauch in die Bohrung des Ölmessstabes ein und pumpte. Und siehe da – es ging wirklich ganz schnell. Denn so sehr ich auch pumpte: Es kam kein Tropfen Öl! Was sollte das heißen? Waren wir etwa stundenlang ohne Öl gefahren? Das hätte eigentlich das jähe Ende des Motors bedeuten müssen. Aber er lief ja ansonsten störungsfrei. Ich füllte neues Öl auf und wir setzten unsere Reise fort.

Irgendetwas aber war »wrong«: Unserem Rudolf wurde es nun abwechselnd heiß und kalt! Das Kühlwasserthermometer schwankte ständig zwischen dem roten und dem grünen Bereich hin und her. Stand es auf Rot, dann zischte weißer Wasserdampf aus dem Auspuff. Bei Grün kam hellblauer Ölrauch.

Ich baute den Thermostat aus – er schien in Ordnung zu sein. Ich prüfte stündlich den Ölstand – ohne Auffälligkeit. Dennoch war mein Vertrauen zu diesem Motor gestört und wir traten über Fåborg, Ærøskøbing, Rudkøbing und Fehmarn alsbald die Heimreise an. Was nicht so schlimm war, denn dieser Spätsommer 1993 stand ganz unter dem Zeichen »Schauerböen – sonst gute Sicht«.

Zurück im Passathafen erschien erneut der herbeigerufene weiße Kastenwagen.

Ich hatte einen Tag Urlaub genommen.

Zwei Mechaniker, die ich noch nie an Bord gesehen hatte, grübelten – wortlos mit gekrausten Stirnen über dem grünen Ungetüm kauernd – ohne Erfolg. Zuletzt tauschten sie den Thermostat aus. Das half. Wir hatten erst einmal Ruhe. Aber das Segeljahr ging ja ohnehin zu Ende.

Rudolfs plötzlicher Ölverbrauch konnte übrigens nie restlos aufgeklärt werden. Wahrscheinlich lag es an der zeitweisen Überhitzung des Motors durch den defekten Thermostat. Ein von mir zu Rate gezogener Sachverständiger schlug vor, den Motor auszubauen und in einer Fachwerkstatt vollkommen zu zerlegen; nur so könne man feststellen, ob Hitzeschäden vorlägen. Ich steckte sein Schreiben in die Tasche, um es bei meinem nächsten Aufenthalt in Harburg meiner Motorenfirma zu zeigen. Aber die gab es nicht mehr: An der Tür des verwaisten Ladens stand: »Wegen Geschäftsaufgabe geschlossen.« Hoffentlich war daran nicht unser Rudolf schuld?

1994 begann, wie 1993 geendet hatte: »Schauerböen – sonst gute Sicht«. Das Frühjahr zeigte sich bis in den Juni hinein von seiner eiskalten, windigen und regnerischen Seite. An Segeln war kaum zu denken und durchgreifende Besserung nicht in Sicht.

Das Orakel von Kiel Radio versuchte, die Seglerwelt mit munteren Sprüchen aufzuheitern. Einer der Wettersprecher – die alle meistens selbst Seeleute gewesen waren – konnte es am besten. Besonders sein Spruch: »Auf der Rückseite einer Kaltfront strömt polare Meeresluft in die westliche Ostsee ein – ich wünsche allen Fahrtenseglern einen schönen Törn!«, kam immer gut an.

An einem der seltenen sonnigen Vormittage standen wir dann aber doch in rotem Regenzeug in der Plicht und beobachteten den Himmel. Die SCANDIA war verproviantiert und ausgerüstet. Der Motor lief. Der Wetterbericht von Kiel Radio hatte einen passablen ersten Törntag prophezeit. Wir wollten für drei Wochen nach Osten segeln und wieder zurück. Wir brauchten dringend ein wenig Erholung vom Telekom-Stress.

Schon waren die Leinen klar zum Loswerfen, als über der Travemünder St.-Lorenz-Kirche eine neue blauschwarze Wetterwand von Nordwesten her den Himmel verdunkelte.

In diesem Augenblick brannte irgendwo in mir eine Sicherung durch. Ich riss mir fluchend den Südwester vom Kopf und schleuderte ihn – wütend vor Enttäuschung – in die Kajüte. Dieses ewige, verdammte Sch…wetter!

Fluchtartig verließen wir unser Schiff. Noch am selben Abend startete eine Boeing 737 der »Sultan Air« von Hamburg Fuhlsbüttel nach Bodrum in der Türkei. Wir lagen zwei herrliche Wochen lang in der heißen Junisonne des Mittelmeers am Pool, badeten, segelten auf einer Gulet, fuhren zu den historischen Stätten und ließen uns verwöhnen.

Als wir an Bord zurückkehrten, schien sich der Ostseesommer beruhigt zu haben. Sofort legten wir ab, um wenigstens noch eine lange Woche über die Ostsee zu schippern. Aber irgendwie war die Luft raus. Es reichte gerade über Fehmarn bis zum idyllischen Nysted auf der Insel Lolland.

Dort zeigte ich meiner Silke am ersten Tag das wunderschöne Schloss Ålholm des Grafen John Raben-Levetzau, das damals noch – vollständig mit den historischen Möbeln liebevoll eingerichtet – ein Museum und außerdem von den Besitzern, der Familie von Raben-Levetzau, bewohnt war.

Am zweiten Tag begleitete sie mich in das beim Schloss gelegene Automuseum, in dem der Graf seine Besucher beinahe jedes Jahr mit neuen Exponaten überraschte; in jenem Sommer gab es eine neue Abteilung mit amerikanischen Oldtimer-Straßenkreuzern der 1920er- bis 1950er-Jahre.

Den letzten Abend verbrachten wir im Luxusrestaurant »Old Cottage« bei Skansepynt, um nach der doch etwas eintönigen Türkeiverpflegung wieder einmal richtig zu schlemmen.

Leider bekamen uns der leckere Räucheraal und die dänische Remoulade mit den Bratkartoffeln an diesem Abend auch dann nicht, als wir sie mit reichlich Åalborg Taffelakvavit zu zersetzen versuchten.

Nach einer ungemütlichen, weil schlaflosen Nacht liefen wir am Freitag unter Motor über den spiegelglatten Fehmarnbelt zurück nach Grömitz.

Während SCANDIA unter Autopilot ihren Kurs abspulte, hielten wir abwechselnd Wache. Ich döste gerade benommen von der gnadenlosen Hitze auf der Sofakoje im Salon, als Silke einen Schreckensruf ausstieß. Sofort schnellte ich hoch, rammte mit dem Kopf den nächstbesten Decksbalken und torkelte benommen an Deck.

Vor uns lief – in einer Entfernung von etwa zwei Kabellängen – ein furchtbar qualmender, dunkelgrauer Marineschlepper, offenbar ein Russe. Weit hinter ihm folgte ein ebenso graues, aber überhaupt nicht rauchendes aufgetauchtes U-Boot. Ich wollte Silke gerade fragen, was denn los sei, als zwischen den beiden Fahrzeugen das Schleppseil aus der Ostsee schnellte, flirrende Gischt in die Luft peitschte und ins Wasser zurückklatschte. Schnell legten wir Ruder, um das Seil nicht zu überfahren. Das wäre unserem Kiel wohl schlecht bekommen!

Der erneut äußerst wechselhafte Sommer 1995 stand wieder ganz im Zeichen des Segelns in ostdeutschen Gewässern. Dieses Mal wollten wir die Gewässer um Hiddensee und Rügen etwas gründlicher bereisen. Wir begannen – wie meistens – in Wismar und sahen, wie zielstrebig und schnell sich die Stadt von innen nach außen zu ihrem Vorteil veränderte. Beginnend vom Marktplatz restaurierte man zuerst die Häuser in den sternförmig wegführenden Straßen. Im Hafen wurden neue Industrien angesiedelt, die offenbar reichlich Steuergelder in die Stadtkasse spülten. Zudem gab es schon bald eine erste private Marina im Westhafen sowie einen sogenannten Wasserwanderrastplatz im Osthafen.

Stralsund tat sich indes immer noch schwer mit dem Wiederaufbau. Ebenso Wolgast.

Es erschien uns so, als hätten die jeweiligen politischen Kräfte den entscheidenden Anteil an der Wirksamkeit und Geschwindigkeit der eintretenden Veränderungen. Nur diejenigen Bürgermeister, die die Wege zu den Geldtöpfen der Fördermittel kannten und sie konsequent ausschöpften, kamen voran. Stadtverwaltungen, die es nicht einmal schafften, ihre Wirtschafts- und Bauplanungen zu erledigen, blieben auf der Strecke.

Das sahen wir auch deutlich bei den Hafenbauten für den Wassersport. Der Wirtschaftsfaktor Sportschifffahrt wurde und wird von manchen Landräten und Bürgermeistern einfach nicht zur Kenntnis genommen. So gibt es bis heute in Wolgast keinen städtischen Yachthafen. Ebenso vermissen wir Wassersportler eine Ersatzlösung für den ständig versandenden Nothafen Darsser Ort, der im Übrigen von den Naturschützern beharrlich gegen die Nutzung durch Sportschiffe verteidigt wird.

Auch die 15 Seemeilen lange Inselküste Usedoms auf der Ostseeseite lässt einen Yachthafen vermissen; von Freest bis Swinemünde gibt es dort keinerlei Anlegemöglichkeit. Dabei würde ein Yachthafen – zum Beispiel neben der Seebrücke von Heringsdorf – auch der touristischen Vielfalt neue Impulse geben.

Selbst die Seestadt Rostock tat sich lange Zeit schwer mit der Erneuerung und Umrüstung des Seehafens Warnemünde für Yachten. So zeigte sich der kleine Yachthafen an der Mittelmole der Warnow immer noch gefährlich unsicher bei nordwestlichem bis nordöstlichem Starkwind. Für Gastlieger wird es höchste Zeit, in den Alten Strom zu verholen, sobald die einheimischen Segler ihre Yachten dort in Sicherheit bringen. Außerdem zerrt jedes Mal ein gewaltiger Sog an den Leinen, wenn die Schwedenfähren ihr Fährbett anlaufen oder verlassen, denn es liegt direkt neben dem Yachthafen und eine schützende Spundwand fehlt dort.

Inzwischen gibt es den riesigen Yachthafen Hohe Düne, der als Olympiahafen zur Austragung der Segelwettbewerbe 2010 gedacht war. Privat betrieben bietet er 750 Liegeplätze, die allerdings bei Weitem noch nicht ausgelastet sind.

In den Rügenschen Gewässern angekommen, bummelten wir gemütlich die Gellenrinne hinab, verließen sie südlich Barhöft nach Norden und passierten die schmalen und flachen Rinnen zwischen Hiddensee und Rügen.

Dabei galt es, scharf aufzupassen, dass man einerseits den wenig rücksichtsvollen Fährschiffen der »Weißen Flotte« nicht in die Quere kam und andererseits den Tonnenstrich einhielt, denn gleich neben ihm gehen die Möwen zu Fuß.

Eine ganze Woche verbrachten wir in dem privaten Yachthafen Hiddensee-Langeort, wo wir den Hafenmeister Olaf Thürke wegen der andauernden regnerischen Kälte im Juli um die Freischaltung einer 16-Ampere-Steckdose baten. Unter Deck herrschten nur noch ungemütliche 15 Grad! Aber jetzt heizten wir uns ein.

Nur einen Tag später badeten wir bei großer Hitze in der 16 Grad kalten Ostsee und wanderten in kurzen Hosen über den Nordstrand zum Dornbusch hinauf. Dort blühen wunderhübsch die Ginster- und Sanddornbüsche und der Blick schweift weit über Insel und Bodden.

Abends goss es dann schon wieder wie aus Kübeln, sodass wir in Ölzeug und Gummistiefeln zum Abendessen ins gepflegte Restaurant »Hiddenseer« stapften.

Zurück ging es erst einmal über Stralsund und den Strelasund zum Greifswalder Bodden und zum ersten Mal in das Flüsschen Ryck nach Eldena. Dort besuchten uns Reinhard und Gaby mit einem neuen Auto: Reinhards Bauunternehmen in Heringsdorf ging es bestens, und so fuhr der Chef einen neuen Mitsubishi Pajero.

Auch als Segler war ihm ein großer Schritt nach vorn geglückt: Sein neues Boot war ein niedlicher und schiffiger Seekreuzer aus amerikanischer Produktion, eine Compac 23, die er auf den sinnigen Namen RELAX getauft hatte. Wir überreichten ihm eine hübsche kleine Schiffsglocke aus blinkendem Messing, über die er sich sehr freute. Sie fand ihren Platz unter Deck an einem Schott. Und wir hörten viel später durch einem seltsamen Zufall erneut von ihr.

Begeistert berichtete er uns von seinem ersten großen viertägigen Ostseetörn mit dem neuen Boot: Er war einhand und nonstop neunzig Seemeilen von Balm nach Rønne gesegelt. Dort hatte er eine Konservendose mit Ravioli in Tomatensoße geöffnet, sie kalt aus der Dose gelöffelt und wieder abgelegt, um nach abermaligen neunzig Seemeilen wieder in Balm einzulaufen. Dieser für uns völlig unverständliche, weil sinnlose Gewalttörn war seine Reaktion auf vierzig Jahre Achterwasser!

Nach Umtrunk an Bord lud er zum gemeinsamen Abendessen ins Fährhausrestaurant neben der urigen hölzernen Klappbrücke ein. Wir klönten bis in die späte Nacht und freuten uns über seinen unternehmerischen und seglerischen Erfolg.

Über den Bodden ging es weiter nach Lauterbach auf Rügen. Dort besichtigte ich die Werft »Yachtbau Rügen«, auf der seit 1967 – also noch zu Zeiten der DDR – die soliden und beliebten »Vilm«-Motorsegler gebaut werden.

Anderentags wanderten wir in das Städtchen Putbus, das nach seinem Gründer, dem Fürsten Malte zu Putbus, benannt ist und sein Residenzsitz war. Angetan waren wir vor allem von dem sehenswerten kreisrunden Prospekt zeitgenössischer Gebäude rund um den Hauptplatz.

Nachmittags brachte uns die uralte, echte Dampfeisenbahn »Rasender Roland« zum alten Seebad Binz an der Ostküste der Insel. Dort bewunderten wir bei schönstem Wetter die faszinierende, weitgehend restaurierte Bäderarchitektur der Jahrhundertwende mit ihren hölzernen Veranden und Balkonen.

In einem stürmischen Ritt jagte SCANDIA dann mit uns nach Sassnitz, das wir zuletzt nur noch unter der auf Sturmfockgröße gerefften Genua erreichten. Wir freuten uns über die weit fortgeschrittene Wiederherstellung der Altstadt, die Promenade mit den guten Restaurants und über den von verrosteten Trawlern entrümpelten und modernisierten Hafen.

Abends kamen wir mit zwei Fischern ins Gespräch, die uns schließlich ganz privat ihren alten Fischdampfer aus den 1950er-Jahren zeigten. Der ist heute als Museumsschiff für das Publikum geöffnet und absolut sehenswert!

Einige Tage später beschädigte ich leider leichtfertig unser schönes Boot: Beim Auslaufen aus Sassnitz schaltete ich noch im Hafen den Autopiloten ein, um die Segel zu setzen. Doch der Spannhebel des Zahnriemens klappte von selbst in die OFF-Stellung zurück und SCANDIA schrammte mit der Steuerbordseite an den rostigen Bohrgestängen entlang, die in der DDR so gern als Festmacherpfähle in die Yachthäfen gerammt wurden. Eine meterlange tiefe Schramme war die hässliche Folge …

Der Hafen Darsser Ort war dieses Mal so voll, dass wir nur noch eine der roten Muringbojen erwischten, an der wir mit einer Heckleine festmachten. Das war für uns kein Problem, denn wir haben einen schwedischen Bojenhaken, mit dem man vom Deck aus bequem jede Bojenöse erreicht. Viele andere Yachties schienen überhaupt zum ersten Mal in ihrem Leben eine Boje vor sich zu haben. Es spielten sich die abenteuerlichsten Szenen ab. Lang an Deck liegende Bordfrauen versuchten, während der Fahrt an den Steg eine Leine in die Bojenöse einzuknoten. Andere zogen nur das Ende durch die Öse, aber dann reichte meist die Länge der Leine nicht aus und das Boot stoppte weit vor dem Steg. Darauf schrien die Skipper gnadenlos ihre Crews an.

Den Höhepunkt der abendlichen Anlegeshow in Darsser Ort bot eine Bordfrau, die nach dem dritten misslungenen Anlauf ihres total genervten Skippers mitsamt der Leine über Bord sprang, zur Boje schwamm, irgendwie einen Knoten in die Öse friemelte und glücklich zur Yacht zurückkehrte. Dort erwartete sie ihr breitbeinig im Heckkorb stehender wütender Kapitän:

»Und? Wo ist denn nun die Leine?«

»Na – an der Boje, Karl-Otto!«

»Mensch, das andere Ende!«

»Das? Ist das nicht bei dir an der Klampe?«

»Nein! Dusselige Kuh! Schwimm' noch mal zurück!«

Zu allem Überfluss erschien in diesem Moment der Hafenmeister auf dem Steg und grölte:

»Heh – Sie da! Wissen Sie nicht, dass das Baden im Hafen von Darsser Ort verboten ist?«

Spätestens jetzt wieherten alle Segler vor Lachen …

Am folgenden Morgen wehte es im Hafen mit sechs bis sieben Windstärken. Man konnte das allerdings nur daran erkennen, wie sich die Bäume bogen. Aber Kenner addieren dann eine Windstärke dazu und wissen, was einen draußen erwartet.

In Darsser Ort einzuwehen ist nicht lustig.

Spätestens um elf Uhr steht irgendein grüner Umweltschoner vor dem Schiff, klopft energisch auf den Bugkorb und fragt, wann man denn wohl auszulaufen gedenke. Schließlich sei dies nur ein Nothafen und das Überliegen nicht erlaubt. Diskussionen sind eigentlich zwecklos:

»Bester Mann, Sie wollen mich bei diesem Wetter doch nicht auf See hinausschicken – oder?«

»Wieso, ist der Wind zu stark?«

»Nein, aber die Wellen sind zu hoch!«

»Komisch – ich sehe gar keine Wellen, mein Herr.«

»Na – dann gehen Sie mal hinüber zum Strand und gucken Sie nach Westen.«

»Na gut, aber – können Sie denn nicht nach Osten segeln?«

»Doch, das ginge. Aber da will ich ja nicht hin.«

An diesem stürmischen Tag liefen vier Segelyachten aus, die alle nach Westen – also nach Warnemünde oder nach Gedser – wollten. Drei von ihnen kamen nach zwei Stunden in den Hafen zurück. Die vierte ging draußen bei der grünen Tonne 1 vor Anker.

Am nächsten Morgen schien es etwas ruhiger zu sein und wir versuchten es alle noch einmal. Die Sonne schien warm und es wehte mit fünf Beaufort aus West. Als wir bei der Untiefentonne »Darss West« die Schoten dichtholten und an den Wind gingen, standen wir sogleich Kopf in den zwei Meter hohen Seen, die uns aus Westsüdwest entgegenrollten.

So ist das an dieser verdammten Ecke immer. Die Windsee trifft auf die Küste und wird nach Norden abgelenkt. Es wird jedes Mal eine elende Kreuz! Aus den knapp dreißig Seemeilen nach Warnemünde werden fünfundvierzig. Aus sechs Stunden werden neun.

Wie gesagt – in Darsser Ort einzuwehen ist eben nicht lustig.

Das aus dem ansonsten durchschnittlichen Segelsommer 1996 herausragende Ereignis ist nur deshalb erwähnenswert, weil man daraus einen ebenso ungewöhnlichen wie lehrreichen Schluss ziehen kann.

Wir kamen von unserer Sommerreise rund um Fünen, Samsø und Seeland zurück und segelten gemütlich den Guldborgsund hinunter, als mich urplötzlich ein fürchterlicher Rückenschmerz buchstäblich umwarf: Es war ein kapitaler Hexenschuss. Ich konnte mich zunächst nicht rühren. Aber je näher wir dem Hafen von Nysted kamen und darüber diskutierten, wie Silke allein das Anlegemanöver durchführen könnte, desto mobiler wurde ich. Schließlich barg meine Bordfrau allein die Segel und es gelang mir, in gekrümmter Haltung am Ruder stehend, das Boot in eine freie Box zu steuern. Kaum waren alle Leinen fest, da sackte ich vollkommen zusammen und konnte mich überhaupt nicht mehr bewegen.

Wir riefen den Hafenmeister zu Hilfe. Der telefonierte mit einem Arzt. Zwei Männer der Gemeindewerke in orangenen Overalls trugen mich zu ihrem Kleinlastwagen und dann in die Praxis.

»Aah – dass iss nich sso sslimm, junger Männ, dasss haaben wir gleisss!«, meinte der Doktor. Er setzte mich auf seine Liege, bohrte mir eine Anzahl hauchdünner Nadeln in die Gegend meines Schmerzes, ließ mich da eine Viertelstunde sitzen, zog die Nadeln wieder raus und sagte dann fröhlich: »Ssso – nu können Sssie wieder laufen!«

Ich kam freihändig von der Praxistür bis zur nächsten Hauswand. Dann schoss die Hexe den dritten Pfeil ab, genau ins Schwarze. Mich steifbeinig an Hauswänden und Gartenzäunen entlangtastend und von den Nystedter Einwohnern verstohlen durch Gardinenschlitze beobachtet, erreichte ich mit Mühe unsere SCANDIA und sank dankbar auf die Ducht nieder.

Inzwischen war Silke mit dem Skipper der Nachbaryacht ins Gespräch gekommen. Der war zwar kein Arzt, aber er bot mir eine Therapie an, der ich – dankbar, wie ein Ertrinkender den Rettungsring ergreift – sofort zustimmte.

»Hier – nehmen Sie das mal. Das hilft sofort, Sie werden sehen.«

Tatsächlich! Die Wunderpille wirkte. Innerhalb von zwanzig Minuten war der Schmerz weg. Ich konnte es zuerst kaum glauben und fing an, mich gaaanz vorsichtig aufzurichten. Es klappte. Schon stand ich ohne Festhalten aufrecht an Deck. Ging die ersten Schritte. Und war baff!

»Und – was war das denn nun für ein Wundermittel?«, fragte ich neugierig.

»Das war Ibuprofen 800, ein ziemlich hoch dosiertes Schmerzmittel – weiter nichts!«

Ärzte bestätigten mir später die Wirksamkeit dieser Therapie. Allein die Schmerzfreiheit beseitigt wohl eine der Ursachen eines Hexenschusses, nämlich eine Verkrampfung der Rückenmuskulatur. Seitdem haben wir das Medikament immer an Bord.

Dennoch entschlossen wir uns zu Beginn der Segelsaison 1997 dazu, unseren Mast mit einem Rollgroßsegel auszurüsten. Das würde eine Person allein in die Lage versetzen, das Groß von der

Plicht aus zu reffen und zu bergen, ohne an Deck gehen zu müssen. Unser Travemünder Segelmacher Heino Haase holte sich den Mast in die Werkstatt, und drei Wochen später war alles erledigt. Diese Maßnahme hat sich im Laufe der Jahre zunehmend bewährt und ist ein erhebliches Sicherheitselement für eine Zwei-Personen-Crew auf See. Die Nachteile – ein etwas höheres Toppgewicht und ein etwas weniger effizientes Großsegel – sind leicht zu verschmerzen, erhält man doch zusätzlich zu dem erheblichen Komfort auch den großen Vorteil, das Segel stufenlos reffen und sich so den Ruderdruck nach Belieben einstellen zu können. Das bringt neben der Sicherheit auch mehr Speed, weil die Luvgierigkeit abnimmt.

Zu Pfingsten 1997 segelten wir – erstmals seitdem ich mich von meiner Familie getrennt hatte – mit meiner Tochter für vier Tage in die Wismarbucht. Tina war inzwischen eine gestandene junge Dame von 27 Jahren. Um so verwunderter registrierte ich ihr Verhalten an Bord, das sich scheinbar nahtlos an jenes des kleinen achtjährigen Mädchens von damals anschloss, als habe es die verstrichenen Jahre gar nicht gegeben. Unordentlich wie einst verstreute sie ihre Siebensachen gleichmäßig im ganzen Boot. Unaufmerksam wie eh und je stand, saß oder lag sie überall im Weg, wo Skipper oder Bordfrau gerade zu tun hatten. Unbekümmert genoss sie unseren Service, ohne selbst einen Handschlag zur Bordroutine beizutragen.

Dafür zeigte sie sich von früh bis spät in bester Stimmung, fand das Segeln mit Papi und Silke einfach herrlich und ging nach den vier Tagen sonnengebräunt und vollkommen erholt von Bord. Wir wischten uns den Schweiß von der Stirn, klarten das Boot auf und setzten unsere Sommerreise fort. Bald kehrte auch bei uns die Entspannung zurück und wir begannen, Tinas Verhalten zu analysieren.

War das eine Art Rückkehr in eine entbehrte Sorglosigkeit im Schoß der kleinen Familie? Beschwor sie lediglich Erinnerungen herauf an die Gemütlichkeit der Tage auf einem kleinen Segelboot und die Nähe zu den Eltern an Bord? Wollte sie wieder einmal stolz sein auf ihren Vater, den »Kapitän«? Eine Antwort auf unsere Fragen fanden wir nicht. Aber im nächsten Sommer luden wir Tina wieder ein. Denn es waren doch gute und wertvolle Tage gewesen mit ihr.

Weniger gute Tage verbrachten wir zwei Wochen später auf der dänischen Insel Alsen bei der Flensburger Förde. Dort gibt es einen schönen Naturhafen namens Dyvig. Man liegt sehr gemütlich an der Pier direkt vor dem renommierten Gasthof »Dyvig Kro«, lässt sich ein »Luksus-Anretning« schmecken und genießt die ländliche Stille.

Wir hatten dort aber nicht deswegen angelegt, sondern um eine Freundin zu besuchen. Sie hatte sich vor Jahren in dem Städtchen Nordborg an der Nordspitze Alsens niedergelassen, wo sie eine idyllische Strohdachkate bewohnte und ihrem Hobby frönte: der Malerei.

Natürlich waren wir angemeldet. Aber als sie uns mit ihrem kleinen Auto an der Pier abholte, erkannte ich sie kaum wieder. Die lebensfrohe, burschikose, tatkräftige Ingrid von der Insel Sejerø hatte sich in eine in sich gekehrte, stille, ja – trübsinnige Frau verwandelt. Ihre meist düsteren Bilder zeigten eine Zerrissenheit ihrer Seele, die uns traurig stimmte. Sie erwähnte den Grund ihres Schmerzes mit keinem Wort, aber wir wussten, dass es die Trennung von Lutz war, die sie noch immer nicht hatte verarbeiten können.

Bei unserer Weiterreise den Kleinen Belt hinauf über Assens, Middelfahrt, Bogense und Korshavn überquerten wir den Großen Belt und legten erstmals in der alten Stadt Kalundborg auf Seeland an. Dort holte uns Lutz ab, der nun seit seinem Wegzug von Sejerø in Højsted nahe Kalundborg wohnte. Nach zwei Herzinfarkten hatte die Schulbehörde ihn zur Ruhe gesetzt und er lebte als Hausmann mit seiner neuen Frau Tina in einem schönen, neu erbauten Haus.

Tina empfing uns mit großer Herzlichkeit und – überraschte uns mit einem Anretning, das es mit dem auf Sejerø aufnehmen konnte. Fast schien es, als wolle sie Ingrid übertreffen. Aber dazu bedarf es mehr als eines gelungenen Lunchs: Die besondere Stimmung auf der Insel konnten uns die beiden auf dem Festland nicht mehr bieten …

1998

In Heringsdorf auf Usedom taten sich ungeahnte Dinge. Durch häufigen Kontakt mit unserem Bauunternehmer Reinhard erfuhren wir Jahr für Jahr allerlei Neuigkeiten.

Seine Hoch- und Tiefbaufirma lief so gut, dass er zum größten Bauunternehmer Usedoms mit zeitweise 120 Beschäftigten aufgestiegen war und uns – allein materiell gesehen – längst überholt hatte. Er fuhr einen stattlichen Mercedes-Geländewagen, hatte sich am Ufer des Achterwassers ein respektables Landhaus bauen lassen und segelte eine nagelneue finnische Degerö 31 DS, die ebenfalls RELAX hieß. Die wollte er uns im Sommer 1998 endlich – irgendwo im Greifswalder Bodden – vorstellen.

Wir verließen Travemünde Ende Juni und segelten wieder einmal auf einer unserer Standardrouten Burgtiefe – Gedser – Klintholm – Gislövsläge – Ystad – Rønne nach Bornholm. Es war ein windiger Sommer mit vielen Starkwindtagen und einigen unfreiwilligen Aufenthalten in Gedser, Klintholm und Rønne. Mein Logbuch verzeichnet allein zwölf Wetterberichte mit den sattsam bekannten »Schauerböen – sonst gute Sicht«.

Nach vier endlosen Sturmtagen in Rønne lief uns die Urlaubszeit davon und wir morgens um 06.45 Uhr – für uns eine unmögliche Zeit – zu einem wilden Ritt über 54 Seemeilen offene See nach Sassnitz aus. Es wehte aus Nordwest mit sechs Beaufort und SCANDIA lief halb gerefft ständig über sechs Knoten. Das war »ihr« Wetter, aber für ihre Crew nicht unbedingt erholsam, denn die grobe See beutelte uns gehörig. Wir steckten den ganzen Tag in Ölzeug und Südwester unter Gischt, hockten mit Lifebelts und Rettungswesten in der Plicht und hielten uns gut fest. Der Autopilot kam mit dem Seegang nicht zurecht, sodass ich neun Stunden lang konzentriert steuern musste. Das schlaucht! Hinzu kam der psychische Stresseffekt durch die Fähre Bornholm – Sassnitz, die uns zwei Mal je Richtung mit wohl zwanzig Knoten Fahrt passierte, wobei sie vollkommen ruhig lag und fröhliche Fahrgäste aus Salonfenstern auf uns herabsahen. Einige von denen winkten sogar! Ja – glaubten die wohl, dass uns das hier unten Spaß machte?

Zwei Tage später kamen wir in Lauterbach am Greifswalder Bodden an und meldeten uns verabredungsgemäß in Heringsdorf.

Jawoll – am nächsten Nachmittag, einem Freitag, wird RELAX einlaufen! Wir beschlossen, den beiden einen »großen Bahnhof« zu bereiten.

Am Freitag wehte es nicht nur heftig aus Nordwest, sondern es zog auch eine Schauerbö nach der anderen durch. Dennoch legte SCANDIA um 15.00 Uhr »Große Flaggengala« an: Wir setzten unseren Signalflaggensatz vom Bugkorb über den Masttopp bis zur Großbaumnock und harrten der Dinge, die da kommen sollten.

Nach langem Harren krächzte endlich unser UKW. Zischrausch: »SCANDIA – SCANDIA, hier ist RELAX, bitte kommen!« Zisch-rausch.

»RELAX, hier ist SCANDIA, wo steckt ihr?«

Zisch-rausch: »Wir bolzen an der Kreuz über den Bodden.« Zisch-rausch: »Hartes Wetter«. Zisch-rausch: »Werden bald da sein«. Zisch-Rausch.

Eine Stunde später sahen wir die kleine Degerö in den Hafen motoren. Zwei erschöpfte, aber glückliche Segler warfen uns ihre Leinen zu. Wir fielen uns um den Hals. Ich glaube, Reinhard hatte einen gehörigen Kloß im Hals. »Möönsch – ihr habt über die Toppen geflaggt, das hatten wir auch noch nie zur Begrüßung!«

Bald bewunderten wir die Degerö. Sie wurde seinerzeit noch komplett von einer finnischen Werft gebaut, war handwerklich perfekt gemacht und mit vielen Extras wie Teakdeck, Innen- und Außensteuerstand, Heizung, Ankerwinde und viel Elektronik versehen, kostete aber auch ein Schw…geld. Für ihren Neupreis hätte man zwei gleich große Hallberg Rassy bekommen. Nun – Reinhard konnte sie sich offenbar leisten und wir gönnten sie ihm.

An diesem Abend in Lauterbach tafelten wir rustikal im Restaurant »Schwarzer Bär«, klönten ausgiebig über Reinhards phänomenalen Aufstieg und fantasierten in die Zukunft hinein.

»Sag mal – wie wäre es denn«, fragte er listig nach dem x-ten Bier, »wenn du mein Bootsmann würdest? Falls das mit meiner Firma hier so weitergeht, dann sehe ich mich in absehbarer Zeit als Eigner einer Oyster 48 in Monte Carlo oder so. Na?«

Ich weiß nicht, ob diese Frozzelei ernst gemeint oder nur eine schnapslaunige Prahlerei war. Wahrscheinlich war Letzteres der Fall. Hier beflügelte nämlich eine gehörige Portion Ehrgeiz seine Fantasie, denn er war gewiss nicht der einzige »Ossi«, der den arroganten »Wessis« da drüben mal zeigen wollte, wie man das macht: Geschäftsmann werden, ein Unternehmen gründen, Geld verdienen, eine eigene Yacht segeln und reich sein. Und alles ganz allein aus eigener Kraft und trotz vierzig Jahren Planwirtschaft hinter Mauern und Stacheldraht.

Inzwischen ist seine Baufirma zu einer Größe zurückgekehrt, die nach der überhitzten Anfangskonjunktur einer normalen Auftragslage entspricht, wie sie eine Insel wie Usedom hergibt.

Reinhards Freizeitschwerpunkt liegt inzwischen auch nicht mehr im Segeln, sondern er fährt nun seine geliebte Harley Davidson »Road King«.

Meine Hochachtung vor diesem Mann und seinem Mut bleibt. Und auf der Oyster 48 in Monte Carlo Bootsmann geworden zu sein – warum eigentlich nicht?

Nach Rückkehr von unserem Sommertörn klingelte eines Tages zu Hause in Travemünde mein Telefon, und mein ehemaliger *Yacht*-Chefredakteur Harald Schwarzlose begrüßte mich.

»Weißt du eigentlich, wen ich kürzlich kennen gelernt habe?«, fragte er. »Deinen Freund Reinhard Dauer!«

Ich stutzte. Hatte Schwarzlose sich etwa ein Haus auf Usedom bauen lassen? Nein:

»Ich hab' seine Compac 23, die RELAX, gekauft. Mit der schönen Schiffsglocke, die so gut auf dieses klassische Boot passt. Und da hat er mir erzählt, dass die ein Geschenk des bekannten *Yacht*-Autors und Buchschreibers Helge Janßen sei.«

»Nein – ist das ein Zufall!«, erwiderte ich.

»Stimmt. Aber es geht ja noch weiter. Denn Dauer wusste ja nicht, dass ich mal dein Chefredakteur war und dich deshalb bestens kannte aus unserer jahrelangen Zusammenarbeit; der hat sich vielleicht gewundert!«

Tja – Zufälle gibt's, die gibt's gar nicht.

1999

Bei der Deutschen Telekom Aktiengesellschaft war der Kahlschlag im Personalbereich in vollem Gange.

Jede der ständigen Neu- und Umorganisationen der einzelnen Geschäftsfelder sparte durch Straffung der Arbeitsabläufe und Effizienzsteigerungen Arbeitsplätze ein.

Neue Technologien im Fernmeldewesen arbeiteten automatisch und ohne eine menschliche Hand.

Noch mehr Personal konnte man durch die Zentralisierung bisher vor Ort geleisteter Kundendienste im Vertrieb und beim Service freisetzten.

Das Ziel der Unternehmensleitung war klar: Die Telekom musste und wollte sich vor allem von teurem Personal trennen. Das waren in erster Linie die dienstälteren Beamten in den oberen Besoldungsgruppen des gehobenen und des höheren Dienstes – etwa 50 000 im ersten Schritt. Zu denen gehörte auch ich.

So war ich nicht besonders verwundert, als ich eines Tages ein amtliches Schreiben erhielt, mit dem meine Firma mir ein Angebot unterbreitete, das ich unmöglich ablehnen konnte: Meine an sich 43-jährige Dienstzeit sollte schon in meinem 60. Lebensjahr nach 38 Dienstjahren mit der Zurruhesetzung enden.

Ich jubelte – natürlich innerlich und nicht zu laut – über diese überraschende Wende in meinem Berufsleben. Denn sie bedeutete vor allem eines: Ich würde endlich viel Zeit zum Segeln haben! Da es auch meiner Silke gelang, für sich und zum Wohle unserer Firma eine ähnliche Regelung auszuhandeln, stand unseren Reiseplänen bald nichts mehr im Wege.

Diese Pläne lagen seit Langem fertig in der Schublade.

Zuerst sollte es auf einen zweimonatigen Segeltörn »zum Angewöhnen« gehen, um herauszufinden, ob wir es überhaupt so lange zusammen an Bord aushalten konnten.

Dann wollten wir endlich einmal rund um Schweden segeln inklusive Öland, Gotland, Stockholm, Ostschären, durch den Götakanal und an die Westküste.

Und schließlich war es schon lange mein Herzenswunsch gewesen, meine seglerische Laufbahn mit einem Langtörn um die ganze Ostsee zu krönen.

Es konnte also eigentlich losgehen. Aber eben doch nur eigentlich.

Denn meine Pensionierung war nicht geheim geblieben. Bei mir meldete sich ein alter Bekannter aus meiner Zeit mit dem »Gütezeichenverband Yachtcharter«. Er war Geschäftsführer des größten deutschen Segelyachtvercharterers an der Ostsee in Heiligenhafen, hieß auch Reinhard und bot mir einen Job als Personaltrainer und Qualitätsberater an. Diese Aufgabe umfasste hauptsächlich die Schulung seiner Mitarbeiter in kundendienstlichem Verhalten und die Verbesserung der Qualität sowohl des Kundenservices als auch der Charteryachten. Die Aufgabe erforderte meine zeitweilige Anwesenheit bei den Charterbasen in Heiligenhafen und in Greifswald.

Nachdem wir uns über meine Abwesenheit während langer Segelreisen geeinigt hatten, nahm ich die Aufgabe an.

Nun aber war es wirklich so weit: Anfang Juni 1999 segelte SCANDIA endlich nordwärts. Natürlich hatten wir – wie immer – einen Fahrplan. Der zwang uns dazu, nach Heiligenhafen zu schippern. Von da wollten wir einmal im Uhrzeigersinn die ganze deutsche Ostseeküste absegeln. In Heiligenhafen aber war erst mal Schluss, denn es wehte stramm genau aus der Richtung, in die wir wollten: eiskalt aus Nordwest.

Nach drei Tagen haderten wir mit dem Schicksal. Am vierten Tag liefen wir aus. Aus dem eiskalten strammen Nordwest war ein leichter kalter Westnordwest geworden. Wir mussten also aufkreuzen, um unser Ziel – das gut 35 Seemeilen entfernte Damp – zu erreichen.

Nach einer Stunde dümpelten wir mit drei Knoten Fahrt und vor Kälte bibbernd vor der Betonkulisse des Kurzentrums. Eine weitere Stunde später schlichen wir auf der Hohwachter Bucht herum. Da brannte mir zum zweiten Mal in meinem Seglerdasein irgendwo eine Sicherung durch.

»Kann mir mal jemand sagen, weshalb wir das hier eigentlich machen?«, maulte ich. »Wir quälen uns hier ab und frieren wie die Schneider. Wer hat denn bloß diesen blöden Fahrplan erfunden? Warum müssen wir denn unbedingt kreuzen? Wir können doch aus linksrum segeln. Komm – wir drehen um und gehen nach Burgtiefe!«

Minuten später lief SCANDIA vor dem Wind nach Osten ab. Die Mittagssonne wärmte unsere Rücken. Und bald lagen wir gemütlich am Rundsteg mit einer Muck Nachmittagskaffee in der Hand.

Uns beseelte das Gefühl, einen großen Sieg errungen zu haben. Einen Sieg über uns selbst. Denn wir hatten soeben begriffen, dass wir doch jetzt Millionäre geworden waren. Zeitmillionäre! Von diesem Augenblick an genossen wir unser Seglerleben erst richtig. Entspannt – gelöst und glücklich!

So verlief auch unsere ganze Reise. Sie führte uns auf teilweise neuen Kursen weiter über Gedser nach Darsser Ort, wo wir uns zum ersten Mal den riesigen Campingplatz der Firma »Regenbogen Camping« ansahen. Er wird zweifellos gut geführt und verfügt über eine sehr gute Infrastruktur, aber seine direkte Nachbarschaft zum Kerngebiet des Naturschutzparks rechtfertigt es nicht, den Hafen Darsser Ort gegen die Wassersportler zu verteidigen: Im Hafen übernachten pro Sommersaison etwa 6000 Wassersportler auf ihren Booten, denen eine Anzahl von 20 000 Übernachtungen von Campingurlaubern gegenübersteht!

Positiv für uns Bootfahrer: Während der Hafen keinerlei Versorgung bietet, gibt es auf dem Campingplatz einige gute Restaurationen mit günstigen Preisen.

Vitte/Hiddensee lockt uns immer wieder mit seinem herrlichen Weststrand und sauberem Badewasser sowie einer nahezu ungestörten Natur, in der wir lange Spaziergänge zu schönen Zielen unternehmen: zum Gerhard-Hauptmann-Haus in Kloster etwa oder zu »Rosis Café« bei Neuendorf.

In Stralsund an der Nordmole herrschten leider immer noch dürftige Zustände in den Sanitärcontainern. Zum Einkaufen in Supermärkten war es sehr weit. Wir gingen zu Fuß acht Kilometer in die nördliche Neustadt und kamen mit einem voll beladenen Taxi wieder zurück.

Zum ersten Mal segelten wir in diesem Sommer durch die niedliche holländische Klappbrücke in den Fluss Ryck, um in Greifswald anzulegen. Im Yachtzentrum findet man gute Liegeplätze mit allen Einrichtungen. Sehenswert ist auch die Yachtwerft, auf der der Hamburger Unternehmer Michael Schmidt seit der Wende die »Hanse«-Yachten baut. Nach ständiger Expansion ist er heute der zweitgrößte Hersteller moderner GFK-Yachten nach »Bavaria«.

Wolgast hat das Rennen um die sehenswerten Städte im Osten erfolgreich aufgenommen. Wir legten zum wiederholten Male bei der Werft Horn an, die etwas außerhalb der Innenstadt Gastliegeplätze bereithält. Dort ereilte uns das gleiche Missgeschick wie bei unserem ersten Anleger Jahre zuvor: Der durch die Peene setzende Strom läuft tückisch unter den Bootsstegen hindurch, und schon klebt man quer an den Heckpfählen wie die Fliege an der Wand. Peinlich!

Im Achterwasser auf Grüssow-Reede erwartete uns Freund Reinhard. Er segelte uns mit seiner RELAX entgegen und lotste uns dann zu seiner privaten Muring vor der schmucken Landhausvilla. Nach einem fröhlichen Grillabend und einer ruhigen Nacht neben der RELAX setzten wir die Reise nach Freest und Sassnitz fort.

Der idyllische kleine Hafen von Lohme unter den mächtigen Klippen der Kreideküste Rügens beherbergte uns für eine Nacht. Der Aufstieg zu dem hübschen Dörfchen über die steile Treppe gestaltete sich etwas mühsam, aber er lohnte sich: Oben laden sehr gute Restaurants und kleine Boutiquen ein. Und der weite Blick über das hellgrüne Ostseewasser entschädigt allemal.

Klintholm auf der Insel Møn hatten wir manches Mal vor allem aus einem Grund angesteuert: Die gebratene Ostseescholle im Restaurant »Aalekroen« – einfach Spitze! Dieses Mal erwartete uns eine besondere Freude. Denn der Krug, der nach jahrelangem Abstieg zur Kaschemme verkommen war, zeigte sich neu eröffnet in altem Glanz und gewohnter Qualität.

Stubbekøbing am Grønsund – beschauliche Kleinstadt in ländlicher Umgebung – erlebten wir an einem Sonntagabend mit hochgeklappten Bürgersteigen.

In Karrebæksminde am Smålandsfahrwasser können Ostseesegler üben, wie man auf engem Raum mit fünf Knoten Strömung umgeht. Aus dem Noor hinter der Brücke schoss uns das Wasser entgegen und wir mussten mit hoher Drehzahl und entschlossenem Ruderlegen in den Yachthafen einsteuern. Entzückt verspeisten wir auf der Uferterrasse vom Restaurant »Kanal Kroen« endlich mal wieder eine »Platte«, wie hier das Anretning hieß.

Nach Dageløkke an der Ostküste Langelands muss man nicht unbedingt, es sein denn, man ist ein Hafensammler wie wir. Es ist eine kleine Marina mit ruhigem Ambiente und viel Komfort.

In Rudkøbing – der größten Stadt auf Langeland – erwartete uns die neue Marina gleich hinter der Hochbrücke. Ist das Städtchen schon nett, so galt dies erst recht für das Marina-Restaurant.

Der Svendborgsund zwischen den Inseln Fünen und Tåsinge ist eines der beliebtesten und landschaftlich reizvollsten Segelreviere Dänemarks. Wir durchsegelten ihn bei herrlichstem Sommerwetter »wie an der Schnur gezogen« der Länge nach bis Fåborg im Westen. In Fåborgs großem Yachtshop kaufen wir immer irgendetwas fürs Schiff ein; die Auswahl ist überwältigend!

Über Mommark an der Ostküste Alsens segelten wir zum ersten Mal in die Flensburger Förde, die wir bisher immer nur von Ausflügen mit dem Auto kannten. In Langballigau, das manche Segler – respektlos und unberechtigt – »Langweiligau« nennen, trafen wir es gut an. Es war Sonntagnachmittag und der Hafen proppenvoll. Merkwürdig: Auf fast allen Yachten sah man die Segler und Motorbootfahrer mehr oder weniger ausgiebig Kaffee trinken! Danach räumten sie ihre Cockpittische ab – und liefen aus. Später erklärte man uns das Geheimnis: Langballigau ist der Sonntagsnachmittagskaffeetrinkerhafen der Flensburger.

Eigentlich wollten wir schon immer einmal bis in die Innenstadt von Flensburg hineinsegeln. Aber das klappte nicht, weil wir in Damp mit Segelfreunden verabredet waren. Also weiter!

Die »Betonburg« Damp hat nicht so unser Lieblingsambiente. Deshalb blieben wir auch nur eine Nacht und segelten weiter in die Schlei hinein bis nach Kappeln. Dort überredeten uns die Freunde, sie bis nach Schleswig zu begleiten. Bei »Schauerböen – sonst gute Sicht« wurde es für sie ein harter Törn, denn ihr Ehrgeiz war es, mit ihrer Rennziege die ganze Schlei aufzukreuzen, während wir unter Maschine gemütlich hinterherfuhren. Da – plötzlich saß ihre HADES hoch und trocken auf einer Bank neben der Fahrrinne fest! Aber sie hatten Glück – bevor wir helfen konnten, schleppte eine andere Yacht sie wieder herunter.

Den restlichen Sommertörn über spielte das Wetter mit heißer Sommersonne und schweren Gewittern verrückt.

Unsere gut zweimonatige Sommerreise endete mit der erfreulichen Erkenntnis, dass das Leben an Bord während längerer Reisen erstrebenswert ist. Wir sind also fit. Aber was ist mit unserem Boot, der SCANDIA?

Unsere gute Vindö 40 hat nun immerhin 27 Jahre auf dem Salzbuckel und während dieser Zeit etwa 20 000 Seemeilen im

Kielwasser gelassen. Es ist nicht zu übersehen: Der Zahn der Zeit hat seine Spuren hinterlassen.

Die lackierten Mahagoniflächen sind ausgeblichen von der Sonne. Teakdecks und Duchten stoßen reihenweise Holzpfropfen der Verschraubung ab. Hier und da fehlt Vergussmasse zwischen den Teakstäben.

Auch die ziemlich verschrammte GFK-Außenhaut und das von vielen Farbschichten bedeckte Unterwasserschiff könnten eine gründliche Erneuerung vertragen.

Wir spitzen den Bleistift und rechnen, was das alles kostet und ob wir es uns leisten können. Das Ergebnis sieht gut aus und wir schreiten sofort zur Tat. Das heißt, wir lassen schreiten. Denn es handelt sich durchweg nicht nur um körperlich schwere Arbeiten, sondern auch um solche, die absolute Fachkunde verlangen, soll das Ergebnis zufriedenstellend ausfallen.

Noch im Herbst wird in der Winterlagerhalle meines Vereins das Unterwasserschiff abgezogen. Es ist eine schwere und schmutzige Arbeit. Das ganze Boot muss eingerüstet und mit Planen staubdicht verhüllt werden. Ein junger, kräftiger Mann, der sich gerade selbstständig gemacht hat, erledigt den Job – für den ich zehn Jahre vorher vier Wochenenden gebraucht habe – innerhalb von fünf Tagen. Dann glänzt SCANDIA unterhalb der Wasserlinie mit einem weißen Gelcoat. Während des Winterlagers hat der Rumpf Zeit, auszutrocknen. Dann – ab Mai 2000 – soll es mit den Arbeiten weitergehen.

Ein lieber und sachkundiger Vereinskamerad lackiert uns den Rumpf mit einer Grundierung und zwei Lackschichten aus Zweikomponentenlack weiß. Anschließend erhält das Boot einen neuen sechs Zentimeter breiten Zierstreifen über dem Wasserpass in Burgunderrot.

Zum Schluss versiegelt unser Fachmann das Unterwasserschiff mit fünf Lagen Gelshield und zwei Schichten Antifouling in Burgunderrot. Darüber vergeht der Sommer.

Im August baue ich alle Fensterrahmen und die Scheiben im Aufbau sowie alle Decksbeschläge ab, denn nun soll das Schiff in eine Yachtwerft, um die Mahagonihölzer und die Teakdecks zu renovieren.

Wir setzen die etwas nackt aussehende SCANDIA in die Trave und fahren sie unter Motor über die Ostsee hinauf nach Großenbrode zur Klemenswerft. Der Törn verläuft problemlos, aber sehr ungewöhnlich: Noch nie haben wir das Boot ohne Mast über See gefahren. SCANDIA schaukelt kurz und schnell, sodass wir uns trotz der nur kleinen Wellen richtig festhalten müssen. Aber nach gut drei Stunden hängt das Boot am Kran und verschwindet in der Werfthalle.

Dort zieht man zuerst die Teakstabdecks, das Kajütdach und alle Flächen und Deckel in der Plicht ab. Natürlich fällt dabei ein Drittel aller Pfropfen heraus und etliche Meter Vergussmasse. Aber nach vier Wochen sieht das Teakholz aus wie neu, wenngleich es jetzt natürlich nicht mehr zwölf Millimeter Dicke aufweist, wie vor 27 Jahren, sondern nur noch etwa zehn bis acht.

Jetzt kommen die Mahagoniflächen dran. Auch sie werden abgezogen bis auf das nackte Holz. Dabei muss mit äußerster Vorsicht gearbeitet werden, weil die Aufbauten aus einzelnen Holzschichten formverleimt sind und die äußere Schicht möglichst nicht beschädigt oder gar durchgeschliffen werden darf.

Nach einem Feinschliff folgt die Ausbesserung einzelner Risse, die an den Nahtstellen der Bauteile aufgetreten sind. Die feineren unter ihnen werden mit Epoxidkleber plus Härter gefüllt und verschliffen. Breitere Risse repariert die Werft durch das Einleimen von Mahagonispänen entsprechender Dicke – eine schwierige und zeitraubende Arbeit. Nun muss der durch das Schleifen entstandene Materialabtrag an den Fensteröffnungen ausgeglichen werden: Damit die Fensterscheiben nach dem Wiedereinbau nicht über die Oberfläche hinausragen, fräst der Bootsbauer die Nuten nach.

Schließlich beizt er alle Mahagoniflächen drei- bis fünfmal mit Mahagonibeize, bis der typische dunkelbraune Ton einer werftneuen Vindö erreicht ist. Diese Arbeit ist besonders kniffelig, denn das Holz nimmt die Beize nicht überall gleichmäßig an.

Der erste Lack zeigt den Erfolg oder Misserfolg des Beizens sofort an. Tatsächlich sind danach nicht alle Flächen vollkommen farbgleich, aber Kenner der Szene wissen ohnehin, dass diese Yachten schon seit den frühen 1990er-Jahren nicht mehr gebaut wurden und dass ein wenig Patina nicht stört.

Nach insgesamt sieben Schichten hochglänzenden Bootslacks erstrahlt die Yacht wie neu. Inzwischen ist auch der September vergangen und raue Winde wehen über die Lübecker Bucht. Wir wollen nichts riskieren bei der Überführung ohne Fensterscheiben und lassen SCANDIA mit einem Spezialtransporter über die

Straße nach Travemünde zurückbringen, wo wir sie in der Winterlagerhalle wieder mit den Fenstern und allen Beschlägen versehen. Unter ihrer Staubplane verschläft sie die kalte Jahreszeit.

Im Frühjahr 2001 rüsten wir uns zu einer noch längeren Reise als im Jahr zuvor: Wir wollen endlich damit beginnen, den »Rest« der Ostsee kennen zu lernen, den wir während der Berufstätigkeit aus Zeitmangel nie auf eigenem Kiel bereisen konnten. Zwar haben wir seit 1990 auf Ostseefähren schon Göteborg und Malmö, Tallinn und St. Petersburg besucht. Aber uns reizen die Inseln Öland und Gotland, die Schärenwelt der schwedischen Ostküste und natürlich das Highlight – der Götakanal.

Am 15. Mai legen wir unter vielem Winken unserer Freunde und Segelkameraden ab. SCANDIA ist randvoll gestaut mit Getränken und Konserven für das angeblich so teure Schweden. Unser neuer »Target«-Wetterempfänger versorgt uns über Langwelle laufend mit Wetterberichten aus Hamburg. Aber das Wetter ist hervorragend gut und es segelt perfekt.

Wir wollen – wegen meiner neuen beruflichen Pflichten – über Heiligenhafen und Greifswald segeln, die deutschen Küsten aber dann hinter uns lassen, um viel Zeit für Schweden zu haben. Aber aus diesem Wunsch wird erst einmal nichts. Denn unser »neuer« alter Rudolf spielt nicht mit. Beim Einlaufen in Darsser Ort beginnt er fürchterlich blauschwarz zu rauchen, hustet ein paar Male heftig und bleibt stehen. Mit letzter Fahrt gleiten wir in das weite Hafenbecken. Meine erste Diagnose lautet – wie damals bei Rudolf I – Wasser im Öl, Zylinderkopfdichtung durchgebrannt. Aber die Diagnose allein bringt uns nicht weiter. Was wir brauchen, ist ein Monteur mit einem Werkstattwagen und Ersatzteilen!

Schon sitze ich am UKW und rufe Stralsund Port auf Kanal 14. Man gibt mir eine Telefonnummer. Yachtservice Stralsund ist ein Volvo-Vertragspartner. Aber die wollen nicht nach Darsser Ort kommen, weil das zu lange dauert und sie wahrscheinlich mehrmals hin und her fahren müssen wegen der Ersatzteile. Also stimme ich zu, das Boot nach Stralsund zu bringen. Ist ja auch kein Problem – schließlich ist die SCANDIA ein Segelboot, nicht wahr?

Am nächsten Morgen herrscht Totenflaute. Neptun grinst sich eins! Ich gehe hinüber zum Seenotkreuzer, der in Darsser Ort stationiert ist, und frage höflich nach einem Schlepp. »Haben Sie nicht zufällig heute ’ne Routinefahrt nach Stralsund?«

Die Männer gucken mich an, als stelle ich ihnen einen unsittlichen Antrag. Ich versuche es über mein Handy direkt in Bremen bei der Seenotleitstelle. Schließlich bin ich seit Jahrzehnten Fördermitglied der DGzRS. Unverständnis schlägt mir entgegen: »Wo kämen wir denn hin, wenn wir …«

Naja – da haben sie natürlich auch wieder recht.

Auf dem Rückweg an Bord komme ich an dem winzigen Zeesboot LUISE vorbei, das in einer Ecke des Hafens halb auf dem Strand liegt. Auf einem Plakat an einem Pfahl bei dem Kutter lese ich:

»Interessante Stunden mit Fischer Heinrich Kleist.
Erleben Sie den Tierreichtum der Boddengewässer
bei einer Rundfahrt mit Original-Zeesboot LUISE.
Telefon 1234567«

Wir rufen Heinrich Kleist an und fragen, ob er uns nach Stralsund schleppen kann. Er kommt mit einem Pickup angefahren, sieht unser Schiff an, kratzt sich am Kopf und sagt »ja«. Dann verschwindet er wortlos. Nach einer Stunde ist er wieder da. Aus dem Pickup steigt eine vollschlanke junge Frau mit pechschwarzem Haar, die er uns als seine Luise vorstellt. Sie hat einen großen Korb mit Kaffeekanne und belegten Broten mit. Das sieht aus wie ein Ausflug in den Grunewald.

Von der Ladefläche des Pickup wuchtet Heinrich Kleist einen schweren Kanister mit Diesel an Bord. LUISE krängt erheblich. Sie krängt noch erheblicher, als Luise an Bord der LUISE klettert. Nur die beiden kleinen Dackel können LUISE nichts anhaben. Um 10.45 Uhr laufen wir an einer 15 Meter langen Schleppleine hinter LUISE aus. Die See liegt spiegelglatt. Die Sonne piekt. Vor uns klopft LUISES 20-PS-Deutz vor sich hin. Es ist ein eigenartiges Gefühl, auf SCANDIA mit drei Knoten Fahrt nahezu geräuschlos über das Wasser zu gleiten. Aber es dauert auch nicht lange, denn nach zwei Stunden hört das Klopfen auf. Der Deutz steht still.

Während die beiden Boote umeinander treiben, ertönt zaghaftes Werkzeuggeklapper. Fischer Kleist fummelt an den Kipphebeln und meint: »Das haben wir gleich!« Und tatsächlich geht die Fahrt bald weiter. Nach zwei erneuten Stopps erreichen wir gegen 17.00 Uhr endlich die Gellenrinne vor Hiddensee.

Da zieht von Süden ein gewaltiger Gewitterturm heran. An seiner blauschwarzen Unterseite rauscht deutlich sichtbar der Regen herab. Bei Barhöft in der Vierendeelrinne erwischt es auch uns.

Eine Stunde lang gießt es wie aus Eimern. Die Sicht ist gleich null, man sieht die nächste Tonne nicht. Aber es gibt kaum Wind. Nach sieben Stunden Schleppfahrt erreichen wir endlich den Stralsunder Nordhafen und treiben mit dem letzten Schwung in eine freie Box.

Fischer Kleist, Luise und die Dackel frieren durchnässt und müde vor sich hin. Sie bekommen ihren vereinbarten Schlepplohn plus stattliches Trinkgeld und vier Dosen Bier, denn sie wollen sofort zurück nach Darsser Ort!

Im Herbst erreicht uns eine Postkarte: Sie haben nochmals acht Stunden zurück bis Darsser Ort gebraucht. Ein Gewittersturm riss ihnen den Mast von der LUISE und der Motor fiel endgültig aus. Nachdem sie Rot geschossen hatten, holte sie schließlich der Seenotkreuzer rein. Ich glaube, so was macht der Heinrich nie wieder …

Früh am nächsten Morgen klopft es in Stralsund auf den Bugkorb. Vor dem Boot steht ein junger Mann namens Marcus mit einem Wergzeugkoffer. Und es beginnt ein fünftägiges Chaos um unseren neuen alten Motor.

»Das haben wir gleich«, meint Marcus optimistisch, »das ist die Kühlwasserpumpe. Die Wellendichtung ist hin und dann läuft natürlich das Kühlwasser in das Kurbelgehäuse!«

Meinen Einwand bezüglich der Möglichkeit einer durchgebrannten Zylinderkopfdichtung weist Marcus vehement zurück und macht sich ans Werk. Nach Ausbau der Wasserpumpe, an der kein Schaden zu erkennen ist, wird er etwas ruhiger, besteht aber darauf, die Pumpenwelle mit einem zusätzlichen O-Ring wieder einzubauen. Dann spült er den Motor mit 16 (!) Litern frischem Motoröl durch, um auch die letzten Reste von Seewasser zu beseitigen, und lässt Rudolf an. Hurra – er läuft! Aber er raucht genauso blauschwarz wie vor der Reparatur!

Nun folgt eine neue Diagnose: »Das Rauchen kommt von den Einspritzdüsen. Ist aber nicht schlimm – die müssen nur abgedrückt und neu eingestellt werden!«

Zusammen fahren wir in die Werkstatt, um dort festzustellen, dass die Einspritzdüsen irreparabel kaputt sind. Marcus' Chef bestellt neue. Marcus bringt mich an Bord zurück und will einstweilen die Öffnungen der Düsen im Zylinderkopf mit Putzlappen verstopfen, als er entsetzt feststellt: Der vordere Zylinder steht bis Oberkante Motorblock unter Wasser!

Es hilft nichts – die Zylinderköpfe müssen auch runter, denn nun steht ziemlich fest, dass doch die Kopfdichtungen schuld sind. Aber jetzt ist erst mal Pfingsten und Marcus ist weg.

Sonnabend geschieht nichts.

Trotz des ganzen Schlamassels feiern Silke und ich am Pfingstsonntag unseren Hochzeitstag. Abends werden uns Usedom-Reinhard und Frau zu einem Festessen an Bord besuchen.

Mittags meint Silke, die Trinkwasserpumpe pumpt zu langsam. Ich stelle fest, dass wir keinen Landstrom zum Batterieladen haben. Nach Überprüfung der Zuleitung vom Steg ergibt sich: Unser Ladegerät muss kaputt sein. Auch das noch!.

Schwitzend baue ich das Ladegerät aus, das unter der Hundekoje versteckt ist. Dann sehe ich die Bescherung: Marcus hat eine Minus-Leitung vom Ladegerät zum Motorblock ab-, aber nicht wieder angeklemmt. Nach zwei Minuten ist wenigstens dieser Schaden behoben.

Pfingstmontag geschieht – natürlich – auch nichts. Aber am Dienstag um acht demontiert Marcus beide Zylinderköpfe. Tatsächlich: Die Dichtung des vorderen Zylinderkopfes ist durchgebrannt.

Zur Sicherheit nimmt er beide Köpfe mit in die Werkstatt, weil sie eventuell neu plangeschliffen werden müssen. Abends klingelt unser Handy: Zylinderkopf 1 muss ebenfalls neu beschafft werden, denn ein Kühlkanal ist auch durchgebrannt und eine Reparatur des Graugussteils unmöglich!

Wir setzen uns an den Salontisch und berechnen, ob wir nicht gleich einen ganz neuen Motor einbauen sollen. Nein – es ist finanziell zurzeit nicht zu wuppen. Ein weiteres Bestellfax geht raus an Volvo Deutschland nach Kiel.

Den ganzen Mittwoch warten wir ungeduldig auf Marcus und die Ersatzteile. Vergebens!

Aber am Donnertag um zwölf Uhr läuft Rudolf perfekt. Wir trinken mit Marcus ein Glas Sekt – das hat er trotz allem wirklich verdient. Und er konnte in den vergangenen Tagen eine Menge lernen über den alten Volvo Penta MD2B.

Dann erscheint Marcus' Chef mit der Rechnung. Meine Zusicherung der sofortigen Überweisung des Betrages von gut 3000 Mark erscheint ihm allerdings nicht geheuer – er will Bargeld. Und zwar sofort! Wir fahren zusammen zum Postamt und bringen den Deal auf dem Marktplatz hinter uns.

Noch am selben Nachmittag fahren wir Rudolf ein und machen spät abends in Eldena vor der idyllischen holländischen Klappbrücke fest. Am Freitag legen wir im Yachtzentrum Greifswald an. Ich tue meinen Job als Qualitätskontrolleur und interviewe unsere Kunden auf den Charteryachten.

Am Sonnabend, dem 9. Juni 2001, ging es endlich Richtung Schweden.

Sassnitz war Routine. Rønne auf Bornholm ebenfalls. Aber dann machte uns Neptun wieder einen Knoten in die Schnur: Es stürmte wie verrückt bei strahlendem Sonnenschein. Wir ließen uns aber nicht aufhalten, sondern liefen am dritten Tag mittags aus, um bis nach Ystad in Südschweden zu kommen. Kaum auf See erkannten wir, dass wir den Kurs nach Ystad nicht anliegen könnten und Simrishamn zu weit war. Die See war saugrob und wir landeten nach dreistündiger Knüppelei und einer haarigen Umrundung von Kap Hammerodde in Allinge an der Ostküste Bornholms. Dort lagen wir am folgenden Tag wegen »Schauerböen – sonst gute Sicht« fest und machten Pläne für übermorgen.

Der logische Weg nach Schweden führt nun über die Felsenschäre Utklippan in der Hanöbucht. Die liegt genauso weit von Allinge entfernt wie Rønne von Sassnitz: 54 Seemeilen. Das Wetter wurde besser und wir legten ab. Nach der Hälfte der Strecke und ungefähr dreißig Meilen hatte es aber wieder derart aufgefrischt, dass wir auf hoher See beidrehten, um zu reffen und unsere Rettungswesten und Lifebelts anzulegen. SCANDIA legte sich gehörig auf die Backe und das Reffen des Großsegels wurde trotz Reffwinsch zur Schwerarbeit. Zum Glück hatte ich – einer schon länger gefassten Idee folgend – in Stralsund ein Reffsystem für unsere Rollgenua »erfunden«, bei dem wir deren Reffleine mit Umlenkblöcken auf unsere Zweigang-Genuaschotwinschen führen konnten. Das bewährte sich nun und wir konnten die Reise entspannter als vorher fortsetzen.

Nach Stunden »richtiger Hochseesegelei« mit großen und langen Wellen und ohne Landsicht kam die Nadel des Leuchtturms Utklippan auf der kleinen Inselgruppe aus kahlen Felsen recht voraus in Sicht. Das war ein eigenartiges Gefühl: Zum ersten Mal in meinem – und erst recht in Silkes – Seglerleben steuerten wir eine solche Schäre an! Uns wurde erneut bewusst, wie lange wir uns aus Zeitmangel auf das kleine Seegebiet der westlichen Ostsee, die Belte, den Sund und das Kattegatt hatten beschränken müssen und welche nautische, aber auch geografische Vielfalt jetzt vor unserem Bug lag.

Gewiss waren wir schon früher diverse Male nach Schweden gesegelt. Aber unsere Häfen lagen dann in der südlichen Provinz Skåne (Schonen) und am Øresund. Die Schweden sagen selbst, dass Skåne und die Sundregion nicht Schweden sind, sondern eher Dänemark, was von der langen dänischen Besetzungszeit herrührt.

Doch bevor wir uns nun auf das »wirkliche« Schweden freuen konnten, war erst einmal die schwierige Ansteuerung Utklippans zu bewältigen.

Der Wind hatte weiter auf gut sechs Beaufort aufgefrischt und dabei zunehmend geraumt. Die Genua knallte über dem Vorschiff hin und her und hätte ausgebaumt werden müssen, aber an ein Arbeiten auf dem Vorschiff war angesichts der Seen nicht zu denken. Deshalb nahmen wir das Vorsegel weg und liefen mit weit aufgefiertem Groß platt vorm Laken mit hoher Fahrt auf die Schären zu. Meine Entscheidung für diese Segelführung erwies sich jedoch als falsch, denn SCANDIA gierte bei der schräg achterlichen Welle derartig, dass ich eine heftige Patenthalse fuhr, was mit unserer relativ indirekt übersetzten Radsteuerung vorkommen kann, aber nicht vorkommen darf! Es wäre also besser gewesen, das Groß zu bergen und nur mit der gerefften Genua einzulaufen.

Das Einlaufen aber war meine nächste Sorge! Die beiden kleinen Hafenbecken der Insel haben zwei Einfahrten, die sich nach Westen bzw. nach Osten öffnen. Ich wagte es nicht, die in Luv liegende Westeinfahrt anzusteuern, sondern wählte die leeseitige Osteinfahrt, die jedoch von flachen Riffen eingerahmt ist, auf denen gefährliche Brecher tobten. Aus Angst vor diesen Riffen segelten wir weit an der Insel vorbei, drehten unter Landschutz in den Wind und bargen das Groß, um unter Motor einzulaufen.

Drinnen lagen mehrere Segelyachten. Uns wurden sogleich hilfsbereit die Leinen angenommen, und später erfuhren wir, dass sie alle von Luv gekommen waren, was viel einfacher und wegen des tiefen Wassers auch vollkommen ungefährlich gewesen war. Wir hatten wieder etwas dazugelernt über das Segeln in den Schären. Wir würden es noch gut gebrauchen können …

Lautes Geschrei aus tausend hungrigen Möwenschnäbeln weckte uns am Morgen. Auch das war neu, hörten wir doch sonst meist die typischen Geräusche der Stadthäfen – Autos, Kirchenglocken, Hafenmeister und Nachbarn. Hier kam kein Hafenmeister zum Kassieren und auch sonst niemand. Nach Benutzung des einzigen Plumpsklos und der Mülltonne legten wir bald ab. Und machten prompt die nächste Erfahrung.

Unsere schwedischen Seekarten gaben die nautische Wirklichkeit nur ungenau wieder: Gewohnt an deutsche und dänische Betonnungen wunderten wir uns sehr über die kümmerlichen Stangen, die den Kalmarsund kennzeichnen sollen. Sie liegen meist so weit voneinander entfernt, dass man die jeweils nächste – auch mit dem Glas – kaum erkennen kann. Auch ihre Farben und Toppzeichen sind oft nur zu erahnen. Wir erreichten aber dennoch nach vier Stunden wohlbehalten Kristianopel an der Festlandküste, wo uns perfekt ausgelegte rote Muringbojen einladend entgegenragten. Allerdings bot das kleine Dorf keinerlei Reize zum Landgang. Dies sah nach dem nächsten Segeltag ganz anders aus. Denn schon in Kalmar am gleichnamigen Sund erwartete uns eine internationale Hafenatmosphäre und eine bildschöne Einkaufsstadt.

Erfreut aßen wir günstig im »Hafengrill« und fühlten uns endlich wirklich in Schweden!

Leider mussten wir inzwischen feststellen, dass unsere Kühlwasserpumpe nach der – ohnehin unnötigen – Reparatur in Stralsund nun wirklich leckte. Die Motorbilge war ständig voll Wasser und die automatische Lenzpumpe hatte gut zu tun. Ich baute die Pumpenwelle mit dem Impeller aus und entfernte erst mal den von Marcus in Stralsund eingebauten O-Ring, der laut der Explosionszeichnung in unserem Ersatzteilkatalog dort überhaupt nicht hingehörte. Da leckte die Pumpe schon deutlich weniger! Wahrscheinlich brauchte die Pumpe zwei neue Simmerringe, die ich selbst einbauen könnte. In Kalmar bekam ich die aber leider nicht.

Unser Besichtigungstag in Kalmar fiel eiskaltem Regen und starkem Wind zum Opfer. Auch unsere Reise hinüber zur Insel Öland bei eisigem Südost verdient kaum Erwähnung, wohl aber der große Hafen der Hauptstadt Borgholm.

Zunächst verblüffte uns die mit 187 SEK (ca. 20 Euro) recht hohe Hafengebühr, die aber durch das Hotel-Schwimmbad mit Sauna und unbegrenztem Duschen gerechtfertigt war. Das niedliche Städtchen mit den flachen und in vielen Farben gestrichenen Holzbauten gefiel uns auch.

Zu Fuß erwanderten wir uns die Burgruine und den Parkeingang der königlichen Sommerresidenz – leider waren Sylvia und Gustav nicht zu Hause. Wir beschlossen, zwei Nächte zu bleiben, und erkundeten anderntags die Insel auf einer langen Rundfahrt mit dem Linienbus bis nach Nabbesund im Norden. Byxelkrog sah auch nett aus und sollte der nächste Hafen sein. Allerdings wehte es nachmittags noch mit Nord bis Nordost sechs bis sieben!

Rechtzeitig zum Auslaufen hatte Neptun ein Einsehen und der Wind auf zwei bis drei Beaufort abgenommen. Dafür aber kamen wir unter Segeln nicht gegen den noch sehr hohen Seegang an und motorten schließlich bis nach Byxelkrog. Ein teurer und wenig komfortabler Platz für Yachten, aber ein guter Absprung für Gotland.

Die 47 Seemeilen weite Überfahrt nach Visby geriet bei wechselnden Winden und hoher Welle mit zahlreichen Segelwechseln mit und ohne Blister zu einem mühsamen Segeltag, der erst nach zwölf Stunden endete. Aber dann:

Visby – Kleinod der Ostsee, internationales Seglermekka und uralte Hansestadt! Was für ein Ort – was für eine Insel! Wir blieben drei Tage, feierten mit den Seglern der amerikanischen Nachbaryacht eine leider verregnete Sommersonnenwende, durchstreiften die Klosterruinen der Innenstadt auf den Spuren der Goten und besichtigten den mächtigen Dom.

Dann endlich Sonnenschein und sommerliche Wärme!

Gegen einen immer noch, wenn auch schwach, aus Nordwest wehenden Wind segelten wir stundenlang gegen die eineinhalb Meter hohe und lange Dünung an, bis wir vor Lickershamn die Segel bargen. Von hier aus sind es 68 Seemeilen bis hinüber zu unserem nächsten Ziel, nach Nynäshamn. Ein langer Schlag, für den wir den richtigen Wind brauchten, der sich aber partout nicht einstellen wollte.

So blieben wir dann auch drei Tage liegen und bereuten es nicht. Im idyllischen Hafen in ländlicher Umgebung mit besten sanitären Einrichtungen und einem netten Restaurant ließ es sich gut aushalten. Wir wanderten ein wenig bis zu den sagenumwobenen Raukensteinen. Dann liehen wir uns zwei uralte und enorm schwere Fahrräder ohne Gangschaltung, die aus der Zeit der Dänenkriege stammen mussten, und fuhren mit ihnen schwitzend den langen Berg hinauf zum einzigen Kaufmann. Mit voll beladenem Rad rasten wir ohne einen Pedaltritt und frierend vom Fahrtwind zum Hafen zurück.

Neben uns lagen zwei weitere deutsche Segelyachten – eine Dehler und eine Hallberg Rassy –, die ebenfalls nach Nynäshamn wollten. Und endlich erbarmte sich unser ein leichter, milder Ostwind.

In aller Frühe legten wir drei um 04.15 Uhr bei Sonnenaufgang ab und liefen zunächst unter Motor. Gegen 05.50 Uhr begann sich ein immer dichter werdender Seenebel auszubreiten und es wurde auch empfindlich kalt. Um die Bugwellen und die Propellergeräusche großer Schiffe besser hören zu können, stellten wir den Motor ab und schlichen unter Blister und Großsegel mit drei Knoten Fahrt durch die dicke Suppe.

Unser UKW-Gerät lief auf Kanal 16 mit und wir hörten mittels Dual-Watch-Funktion auch die Gespräche unserer Mitläufer, die sich auf dem Seglerkanal 69 alsbald ein ebenso heftiges wie belustigendes Wortgefecht lieferten. Die Dehler verfügte nämlich über ein Radargerät, und ihr Skipper warnte nun seinen Freund auf der Rassy ständig vor den vermeindlichen Echos riesiger Frachter und Fähren, die sich angeblich alle verschworen hatten, uns zu versenken. Als er sich zuletzt zu der Behauptung verstieg, von Backbord komme die 33 Knoten schnelle FINNJET angerauscht, war es der Freund auf der Rassy leid und er antwortete einfach nicht mehr.

Der Nebel lichtete sich gegen neun Uhr, aber der Tag wurde sehr lang. Nach sonnigen 16 Stunden legten wir in Nynäshamn an. Dort sahen wir auch die beiden anderen Yachten wieder: Sie lagen weit voneinander entfernt jeder in einer anderen Ecke des Hafens und die Crews würdigten sich tagelang keines Blickes mehr.

Von Nynäshamn aus erreicht man mit dem Vorortzug in einer Stunde Schwedens großartige Hauptstadt Stockholm, das »Venedig des Nordens«. Die kühle Schönheit ihrer Prachtbauten begeisterte uns ebenso wie das Flair der Altstadt »Gamla Stan«. Auf Rundfahrten mit Linienbussen durch alle fünfzehn Stadtteile und mit dem Ausflugsboot durch die Schärengärten genossen wir drei Tage lang Schweden pur, bevor wir ablegten zu dem eigentlichen, wichtigsten Ziel unserer Reise, dem Götakanal.

Über die Schärenhäfen Öxelösund und Arkösund führte unser Weg durch enge Schärenfahrwasser und vorbei an herrlichen

Sommerhäusern und verschwiegenen Ankerbuchten. Leider wehte der Wind tagelang von vorn und wir motorten jeweils acht bis zehn Stunden gegenan.

Navigation war dabei Teamarbeit: Während der Skipper bei dem enorm starken Sportbootverkehr aufmerksam zu steuern hatte, hakte die Bordfrau auf der Karte akribisch jede passierte Tonne, Schäre, Leuchte und sonstige Landmarken ab. Tut man dies nicht, dann verirrt man sich sehr schnell in den unendlichen Schärengärten und muss sich mühsam und zeitraubend zum letzten sicheren Schiffsort zurücktasten! Abends verzehrten wir oft todmüde unser Abendessen und fielen in die Koje.

***

Am Mittwoch, dem 4. Juli 2001, erreichen wir den Kanal und legen vor der ersten Schleuse in Mem an. Es ist unsere allererste Schleuse im Leben überhaupt. Nachdem wir im Kanalbüro für 4250 SEK (ca. 400 Euro) unseren Kanalpass für die gesamte Strecke von Mem bis Göteborg erworben haben, beobachten wir erst mal vom sicheren Ort der Schleusenmauer aus, wie es »die anderen« machen. Dann blasen wir mit dem Kompressor im Kanalbüro unsere mitgebrachten dicken Leihfender auf und laufen als einziges Boot mutig ein. Und siehe da – es klappt auf Anhieb!

Die Schleusentreppe von Mem ist mit ihren drei Schleusen eine gute Übung. Wir haben bald raus, dass wir das Boot mit kurzen Vor- und Achterleinen dicht an der Mauer halten müssen. Das macht Silke mit der Vorleine auf der Mauer und ich mit der Achterleine vom Heck aus. Schießt das Wasser beim Schleusen zu Berg zu hart in die Schleuse, dann halte ich mit etwas Motorleistung gegen.

Am Abend liegen wir schon als »alte Hasen« am malerischen Steg der alten Stadt Söderköping unter sechzig Meter hohen Klippen und genießen das Flair. Bei einem Rundgang am nächsten Morgen bestaunen wir die alte Laurentiuskirche mit dem eigenartigen freistehenden Holzturm. Das Wetter ist sommerlich heiß und wir riggen unseren schwarzen Duschsack auf – eine tolle Sache!

Für den ganzen Kanal, der aus dem östlichen Teil »Götakanal« und der westlichen »Götaälv« besteht, haben wir etwa drei

Wochen vorgesehen, und die nehmen wir uns auch. Der hohe Preis für den Kanalpass rechnet sich eigentlich erst, wenn man die darin enthaltenen kostenlosen Liegetage ausnutzt. Das können wir »Zeitmillionäre« tun. Und es wird niemals langweilig.

Die Sonne knallt heiß vom wolkenlosen Himmel. Wir trinken wohlschmeckendes schwedisches »Lättöl« (Leichtbier) mit nur 2,8 bis 3,5 Prozent Alkohol, das den Durst löscht, ohne einen dicken Kopf zu machen – köstlich und billiger als Mineralwasser.

Bei jeder Gelegenheit springe ich über Bord: beim Warten vor den Brücken und Schleusen und schließlich sogar während des Schleusens, obwohl es verboten ist. Es ist einfach mörderisch heiß.

Die Kanalfahrt gestaltet sich abwechslungsreich mit vielen sehr unterschiedlichen Eindrücken und führt durch eine intensiv blühende und grünende Natur mit kleinen Dörfern, gepflegten Anwesen und fröhlich winkenden Menschen an den Ufern und auf den Hunderten von Yachten.

Aber die Fahrt ist auch anstrengend. Beim Schleusen müssen wir höllisch aufpassen, dass der SCANDIA nichts passiert, und wir müssen kräftig zupacken. Vor allem Silke hat den Stressjob: Sie steigt mit Vor- und Achterleine von Bord, erklimmt die Steigung der Schleusenmauer, hält dabei das von mir in die Schleuse gesteuerte Boot ab, belegt die Leinen und kämpft dann mit der Vorleine gegen die manchmal heftige Gewalt des einströmenden Wassers. Zum Glück gelingt es uns meist, in den Schleusen hinten zu liegen, wo der Schwell nicht so stark ist. Und ich verwöhne sie des Öfteren mit einem Lättöl, bevor ich in das Schleusenbecken springe. Dann steht sie – beneidet von allen anderen Crews – mit einem schäumenden, eiskalten Pils in der Hand auf der Mauer und grinst vergnügt. Schnell vergehen die Tage!

Donnerstag, 5.7.: Fünf Brücken und zwölf Schleusen nach Norsholm. Dort gibt es ein großes Motorrad- und Corvette-Oldtimertreffen. Die Schweden sammeln ja mit Leidenschaft amerikanische Straßenkreuzer. Abends baden wir im Roxensee. Aus dem See kommt dann auch noch einer der nostalgischen Kanaldampfer rein, auf denen Touristen in fünf Tagen von Göteborg bis Stockholm den ganzen Kanal erleben.

Freitag, 6.7.: Motorfahrt über den windstillen Roxensee nach Linköping, wo niemand hinfährt. Aber es lohnt sich: Tolle Einkäufe gemacht und beim Edel-Italiener fabelhaft zu Abend gegessen.

Sonnabend, 7.7.: In Berg vor der ersten Schleusentreppe mit sieben (!) Schleusen. Übernachtung in Berg-Övre sehr gemütlich. Drei nette Hamburger Yachtcrews kennen gelernt. Abends Besichtigung der sehenswerten Klosterkirche Vreta.

Sonntag/Montag, 8./9.7.: Ziemlich langes Warten vor und in den Schleusen der Treppen von Berg und Motala. Aber eineinhalb Stunden schön gesegelt über den Borensee. In Motala sehenswertes Motormuseum. Beim Mausoleum des Kanalerbauers Baltzar von Platen hupen alle Yachten ehrfürchtig. In Motalas Kirche bewundern wir den prächtigen Holzaltar.

Dienstag, 10.7.: Seit Tagen fällt das Barometer. Inzwischen haben wir nur noch 993 Hektopascal! Liegt das an der Höhe über dem Meeresspiegel? Wolken und Wind aus West. Wir motoren in gut zwei Stunden hinüber zum wunderschönen Vadstena, wo wir im Schlossgraben im Sonnenschein anlegen. Besichtigung des Schlosses, Spaziergänge und Einkäufe.

Mittwoch, 11.7.: Ist der Sommer vorbei? Heute ein wilder Ritt über den Vättersee bei »Schauerböen bis sechs Beaufort – sonst gute Sicht«! Aber schneidig gesegelt! In Karlsborg auf der anderen Seite des Sees großer Spaziergang auf die Festung, die etwas trostlos und verlassen wirkt.

Donnerstag, 12.7.: Schlechtes Wetter, Regen und Starkwind. Wir fahren dennoch los durch idyllische Winkel im Vikensee, vor allem durch die engen Rinnen und Durchfahrten ohne Begegnungsmöglichkeit zwischen den Treidelmauern von Billströmmen, wo man kräftig tuten muss. Vor der Einfahrt in den Vikensee legen wir für zwei Stunden in Forsvik an, um das liebevoll zusammengetragene Kanalmuseum zu besuchen. Hier erfahren wir alles Wissenswerte über die Geschichte des Kanalbaues und erleben live die Restauration des Raddampfers ERIC NORDEVAL. Später auf dem offenen Vikensee mühsam unter Maschine gegen die kurze und hohe Welle bei gut sieben Beaufort. Gegen 16.30 Uhr haben wir keine Lust mehr und legen bei den Campern von Vassbacken an. Ein idyllischer Hafen!

Freitag, 13.(!) 7.: Lange geschlafen, weil es regnet. Gegen zehn kommt die Sonne durch, und nach herrlichem Frühstück tuckern wir los die fünf Meilen nach Töreboda, wo uns der Schleusenwärter die letzte handbediente Schleuse des ganzen Kanals vorführt. Die Schweden machen wieder mal einen Superjob: Alle Brücken und Schleusen öffnen sich für uns sofort und ohne jede

Wartezeit. Der Kanal ist in der Hochsaison zusätzlich mit fröhlichen jungen Schülern und Studenten besetzt, die die Bedienung der Bauwerke übernehmen! In Töreboda legen wir wieder bei den Campern an.

Sonnabend, 14.7.: Von jetzt an geht's bergab – wir haben den Zenit des Kanals überschritten und schleusen ab sofort komfortabel und kräfteschonend zu Tal. Auch das Wetter ist wieder recht schön. Nach sechzehn mühelosen Schleusungen legen wir abends in Sjötorp am Ostufer des Vänersees an.

Dort haben wir ein nettes Erlebnis mit einer fünfköpfigen Schwyzer »Seefahrerfamilie« aus Bern: Die hatte soeben von ihrem Vercharterer eine Peniche (schutenähnliches Stahlschiff mit viel Wohnraum) übernommen, war aber kaum eingewiesen worden und hatte demzufolge keine Ahnung.

Der Vater-Kapitän betrachtete die Seefahrt wie Autofahren, aber mit Pinne statt Steuerrad fuhr er deshalb immer in die falsche Richtung. Und Frau und Kinder kannten weder Back- noch Steuerbord, von Seemannsknoten ganz zu schweigen.

Sie legten umständlich ab, um noch die letzte Schleusung in den Vänersee zu erreichen. An der Schleuse wurden sie aber nicht mitgenommen, weil sie sich dem Schleusenwärter nicht verständlich machen konnten; sie drehten weit vor der Schleuse ihre Kreise und so dachte er, sie wollten gar nicht schleusen. Bald kamen sie enttäuscht zurück, um wieder bei uns anzulegen.

Das war aber nicht so einfach. Zuerst warfen sie uns auf unseren Zuruf ihre Leinen zu, wovon die eine ins Wasser fiel und die andere auf den Steg. Aber sie waren beide nicht an Bord belegt. Endlich am Steg, versuchten sie, den Rest der Leinen an Bord auf den Pollern aufzuwickeln, und die ältere Tochter rief verzweifelt:

»Papa, jetz isch dr ganze Pollr voll und ich hab immr noch Schnur übrig, odrr?«

Zuletzt stiegen wir zu ihnen an Bord und brachten ihnen in einem Crash-Kursus den Achtknoten, Kreuzknoten und Palstek sowie das Belegen mit Kopfschlag auf dem Poller bei. Dann legten wir gemeinsam ab und wieder an, um ihnen zu zeigen, wie man den Propellerstrom zum Manövrieren nutzt. Sie bedankten sich überschwänglich.

Sonntag, 15.7.: Fauler Tag in Sjötorp. Unsere Schwyzer fahren ganz manierlich ab und winken uns glücklich zu, bis sich die Schleusentore hinter ihnen schließen.

Montag, 16.7.: Wir besuchen noch das interessante Schiffsmotorenmuseum und legen ab nach Mariestad. Müssen aber eineinhalb Stunden vor der Schleuse warten wegen der Kanaldampfer, die immer Vorrang haben. In Mariestad großer Einkauf: Der Sommerschlussverkauf hat begonnen und wir kaufen tolle Klamotten zu Wahnsinnspreisen!

Dienstag, 17.7.: Der Sommer scheint vorbei. Bei leichtem Nordwest und nur elf Grad segeln wir langsam zum Schloss Läckö, wo wir einen guten Liegeplatz mit Landstrom bekommen und den Heizlüfter einschalten! Danach Schlossbesichtigung im Nieselregen. Seit Sonntag haben wir wieder Kontakt zu JOKER mit den Vereinskameraden Hannelore und Siegfried, die auch nach Läckö kommen. Sie bringen noch AKKA mit, auf der Elke und ein weiterer Reinhard segeln. Wir laden alle vier für morgen zum Abendessen an Bord SCANDIA ein.

Mittwoch, 18.7.: Vormittags mit dem Bus ins niedliche Städtchen Lidköping mit seinem hübschen dunkelroten Rathaus aus Holz. Großer Einkauf. Nachmittags fröhliches Kaffeetrinken auf JOKER, abends Dinner bei uns. Silke kocht für uns sechs Lachsgratin mit Lauch-Champignongemüse, Reis und Toast. Schöner Abend im Cockpit bis 23.00 Uhr.

Donnerstag, 19.7.: Wetter etwas besser und milde bei wenig Wind. JOKER und AKKA laufen zum Ankern zu den Kållandsö-Schären, wir motoren fünf Seemeilen nach Höllviken im Skärgård, um kleine Reparaturen an Bord und große Wäsche zu machen; dort gibt es Waschmaschine und Trockner.

Freitag, 20.7.: Nach dem Wasser- und Dieselbunkern bei leichtem Regen raus in den Schärenweg. Und da passiert es: Der Skipper verfranzt sich gründlich in den Schären, weil er seine oft selbst gepredigte nautische Sorgfalt vergisst:

»Nicht raten, sondern wissen, wo man ist!«

Die Folge ist eine harte Grundberührung auf Fels. Wir kommen aus eigener Kraft durch Rückwärtsfahren wieder frei und stellen am GPS fest, dass wir ganz woanders sind als angenommen! Schäden am Boot sind nicht zu erkennen, und so laufen wir unter Motor bei heißem Sommerwetter und Gewitterschauern in den Stadthafen von Vänersborg ein. Zur Belohnung (oder zum Trost?) gehen wir schön essen beim Italiener.

Sonnabend, 21.7.: Heute geht's in den Trollhättenkanal. Die bis hierher idyllische Naturlandschaft des Götakanals zeigt sich völlig verändert. An den Ufern des breiten Kanals Industrieanlagen. Unsere erste riesige Kanalschleuse wird gerade geschlossen, aber der Schleusenwärter öffnet sie erneut und nimmt uns doch noch mit. Wir gehen elegant längsseits an einer dänischen Yacht und werden mit unseren Händen in den Hosentaschen runtergeschleust. Und da wir als Erste auslaufen müssen, überholen wir quasi in der Schleuse sieben Boote – so loben wir es uns!

Im Stadthafen von Spikön finden wir einen guten Platz. Die kleine Stadt ist voller Menschen, denn hier sind gerade die »falls days«: Einmal im Jahr lässt die Kanalverwaltung die oberen Wehre der Götaälv öffnen und Tausende Tonnen Wasser stürzen zu Tal. Wir kraxeln über die Felsen zu einem besonders schönen Aussichtsplatz und sehen uns das Spektakel an – toll! Abends und nachts dann Volksfest in Spikön.

Sonntag, 22.7.: Es gießt. Im Rotmann nehmen wir lässig wie Profis die nächsten vier Großschleusen und motoren bei besserem Wetter am Nachmittag bis nach Lilla Edet, wo wir überraschend zwei gut sortierte Supermärkte finden und unsere Bordbestände gründlich aufstocken. Übrigens ist das Leben in Schweden eher billiger als bei uns zu Hause: Grundnahrungsmittel wie Brot, Fleisch, Margarine und auch Bier sind von allerbester Qualität und zum Teil deutlich billiger. Teuer ist das Essengehen in Restaurants und – natürlich – Spirituosen und Wein, die es immer noch nur in den staatlichen Läden zu kaufen gibt.

Montag, 23.7.: Wollten heute eigentlich »in eins durch« bis Göteborg. Doch wozu die Eile? Wir haben ja Zeit genug! So machen wir in Kung Älf Schluss. Der winzige Bootshafen verlangt mir mit seiner starken Strömung allerlei Kunststücke am Ruder ab, aber wir kommen doch noch gut an einen Steg, weil Segelkameraden uns beim Anlegen helfen. Das Städtchen aber ist ein Volltreffer. Nirgendwo in Schweden hatten wir eine so vollständige Sammlung der schönsten bunten Holzhäuser gefunden wie ausgerechnet hier.

Im Ort eine hübsche hölzerne Kirche mit den wunderbarsten Deckenfresken auf Holz! Ein Supermarkt ist auch da. Und »Göteborg Kex« – wir kaufen in der Fabrik billig Kekse ein.

Dienstag, 24.7.: Heute geht es aber endgültig nach Göteborg. Nach einem schwierigen, aber erfolgreichen Ablegemanöver kommen wir zwei Stunden später bei heißem Sommerwetter in Göteborg an. Und zwar im Herzen der Stadt, in Lilla Bommen.

Wir ergattern die beste Box ganz innen beim Hafenmeisterbüro. Als Erstes telefoniere ich mit der örtlichen Volvo-Penta-Vertretung wegen der benötigten Dichtungen für unsere Kühlwasserpumpe. Sie können keinen Mechaniker schicken, versprechen aber, die Dichtungen zu liefern. Und richtig – kurz nach 18.00 Uhr kommt eine junge Dame mit der Sendung. Nach zwei Stunden anstrengender Fummelei habe ich die Pumpe aus- und mit neuen Dichtungen wieder eingebaut. Ist jetzt Ruhe? Nicht ganz.

Wir haben schon wieder eine neue Macke entdeckt: Rudolf II fängt allmählich an, zunehmend zu ölen. Das beginnt mit dem Starten, bei dem er aus dem Auspuff Rußplacken und bunt schillernden Diesel ausstößt. Auch in der Bilge findet sich ausgetropftes Motoröl, das von verschlissenen Simmerringen an der Kurbelwelle stammen könnte. Noch nichts Ernstes, aber …

Göteborg gefällt uns sehr gut. Schwedens zweitgrößte Stadt glänzt nicht nur mit dem perfekten Yachthafen und mit seinem internationalen Flair, sondern auch mit der großzügigen Shopping Mall »Nordstan«, exklusiven Geschäften, Restaurants und Bars und einer sehenswerten Altstadt. Die grünen Parks mit ihren Kanälen und Brücken bilden einen wohltuenden Kontrapunkt zur Hektik der Großstadt. Wir bleiben drei Tage. Dann ist unser »Abenteuer Götakanal« zu Ende, und es soll weitergehen hinüber ins dänische Skagen.

***

Dazu wünschten wir uns einen mäßigen Ostwind, denn die Reise geht über 46 Seemeilen, von denen 35 über das offene Kattegat führen, mit dem nicht zu spaßen ist.

Unser Segelwind wehte jedoch aus Westnordwest. Und deshalb beschlossen wir, erst mal »Anlauf« zu nehmen und unter Motor die elf Meilen bis zur Insel Hönö Klåva zu fahren, die draußen am Rande des Schärengürtels vor Göteborg liegt.

SCANDIA kam auch gut gegen den frischen Wind voran, bis wir eine merkwürdige Entdeckung machten: Die Durchfahrtshöhe der festen Hochbrücke über den Sund nach Hönö war in der Seekarte mit 15 Metern bezeichnet, in der entsprechenden Detailkarte aber nur mit 13,5 Metern. Das war knapp für unser Boot, dessen Masthöhe inklusive UKW-Antenne 13,6 Meter betrug. Was nun?

Auf Kanal 13 rief ich »Göteborg Traffic« und schilderte mein Problem. »Stand by, SCANDIA«, sagte der Operator, »I'll try to find out.« Nach drei Minuten kam er kleinlaut mit der Nachricht, dass er auch nur diese beiden unterschiedlichen Angaben hätte, wünschte uns »good luck« und war – »klick« – weg.

Die Alternative zu dieser Brückendurchfahrt war ein Umweg von etlichen Meilen, und es war schon später Nachmittag. Also denn – 'ran an die Brücke. Wir tasteten uns mit langsamster Fahrt gegen den Wind heran und peilten – Kopf im Nacken – nach oben. Jetzt sahen wir das kleine Schildchen »13,5 m«. »Das klappt nie!«, rief Silke. Aber es klappte doch. SCANDIA passte so gerade eben unter der Brücke durch, da fehlten aber keine fünf Zentimeter. Gleich darauf liefen wir in eine schöne Box im Hafen ein. Manchmal hat man eben auch Glück!

Bei einem ausgiebigen Spaziergang auf der Schäreninsel und auf den Leuchtturm bekamen wir einen letzten Eindruck von der schwedischen Westküste: tausend kahle und runde Buckel, wohin man schaut. Aber doch beeindruckend in ihrer natürlichen Schönheit im goldenen Abendlicht …

Der Wetterbericht versprach anstelle des erbetenen Ostwindes wieder einen Motortag, aber wir nahmen ihn in Kauf, zumal unser Rudolf II inkl. Wasserpumpe jetzt wenigstens nicht mehr leckte. Wir tankten voll und fuhren los – Kurs 270 Grad unter Autopilot. Ich hatte, wie üblich bei langen Strecken über See, einen Bleistiftstrich auf der Seekarte gezogen und trug hin und wieder die GPS-Position ein, um deren Plausibilität durch Koppeln zu ermitteln. Da entdeckte ich gegen Mittag, dass wir immer langsamer wurden. Nanu? Sollten wir etwa …?

Wir stoppten und ich ging mit Taucherbrille und Messer außenbords. Denn wenn Propellerdrehzahl und Speed nicht zueinander passen, dann hat man wahrscheinlich etwas in der Schraube – oder? Hatten wir aber nicht. Aber – was war es dann? Silke kam vom GPS am Kartentisch nach oben und grinste: »Das Tauchen hättest du dir sparen können. Wir treiben mit eineinhalb Knoten und Kurs 170 Grad rückwärts.« Donnerwetter, was lief hier für ein Strom!

Das letzte Stück bis Skagen durften – nein, mussten – wir dann doch noch segeln, denn ein starker Westwind warf hohe Wellen auf und wir bolzten bald mit gerefften Segeln gegenan. Nach insgesamt neun Stunden liefen wir endlich ein.

Doch was war denn hier los? Noch nie hatte ich den Hafen von Skagen so überfüllt gesehen! Sämtliche Hafenbecken quollen über von Yachten aller Art. Tausend Segler und Motorbootfahrer bevölkerten alle Kais. Von der Mittelpier ertönte die Musik einer Liveband. Überall Eis- und Pølserbuden und donnernde Harleys. Es sah aus wie ein Regatta-Großereignis. Aber es war »nur« der allabendliche Wahnsinn der Hochsaison und des schönen Wetters, der Skagen so beliebt macht. Wir brachten alle Fender aus. Hilfreiche Hände zogen uns Spätankommer zwischen die Hecks zweier Yachten, und damit hatte sich's. – Nein, noch nicht ganz: Überall kletterten jetzt junge hübsche Däninnen über die Boote, um das Hafengeld zu kassieren! Natürlich zahlten wir den üppigen Betrag. Denn auch der Service war in Skagen inzwischen Spitze!

Es folgte ein wohlverdienter Ruhetag, der dann doch keiner wurde: Wir liehen uns Fahrräder und radelten erst zum historischen Wippfeuer, dann zum Grenenstrand, wo sich Nord- und Ostsee treffen, und schließlich nach Gammel Skagen, das uns etwas enttäuschte: Wo wir die alten Strohdachkaten und die Maler der Skagenschule vermuteten, empfingen uns kühle, moderne Hotelbauten. Da fuhren wir wieder ab und besahen uns die Maler im Museum.

Der schöne Urlaubstag endete dann leider mit einem Unfall: Ich vereinbarte mit dem Skipper einer Nachbaryacht, meinen Heckanker auszubringen, damit wir nicht so sehr auf den Fendern lagen. Dazu schnappte ich mir unseren Zehn-Kilo-Klappdraggen und kletterte auf sein Boot, um ihn von dessen Heck so weit wie möglich ins Hafenbecken hinauszuwerfen. Aber so weit kam ich gar nicht, denn ich rutschte auf irgendetwas aus und fiel mit meinem Anker in der Faust zwischen Boot und Steg. Nach einem Sturz von wohl eineinhalb Metern blieb ich kopfunter zwischen den Holzbalken dicht über dem Wasser hängen und konnte weder rauf noch runter. Segler eilten herbei, um mich aus meiner misslichen Lage zu befreien.

»Mensch – lass doch den blöden Anker los!«, schrien einige. Aber das wollte ich nicht, denn der war teuer und wäre dann weg gewesen.

»Bleib noch einen Moment so hängen«, rief Silke, »ich will ein schönes Foto von dir machen.« Das fand ich nun überhaupt nicht komisch.

Schließlich gelang es uns aber mit allen Kräften, mich und meinen Anker zu retten. Ich hatte mir einige unschöne Schürfwunden und Prellungen geholt. Den Anker hat dann mein Nachbar ohne weiteres Aufsehen im Hafen platziert. Dass ich dennoch schlecht geschlafen habe, lag jedenfalls nicht an den Fendern.

Der Sommer war zurückgekehrt und wir segelten nun gemütlich über die alten Häfen Strandby und Sæby hinüber zur Insel Læsø. Dort ließen wir es uns gut gehen, besichtigten die alte Salzsiederei, die mit Seetang gedeckten Häuser des Museumshofes und die Fresken der Kirche von Vesterø.

Zurück an Bord drückte ich mehr aus Gewohnheit als zielbewusst auf den Knopf unseres Wetterempfängers. Was ich las, das ließ mich zum sofortigen Ablegen raten: Sturm aus Südwest für die nächsten drei Tage! Um 15.00 Uhr legten wir mit einem Alarmstart ab und motorten über die noch spiegelglatte See hinüber zum Festland nach Hals am Limfjord.

Nach zwei nassen und windigen Tagen hatte es sich ausgeweht, und wir setzten unsere Sommerreise fort nach Grenå, lagen dort in der neuen großzügigen Marina, sahen uns das Kattegatcenter mit dem Aquarium an und auch die drei Kilometer entfernte nette Altstadt. Abends kamen wir mit einem Berliner Vindö-Eigner ins Gespräch, dessen eigenartiges Schiff uns unterwegs schon öfter aufgefallen war: Die Außenhaut seiner Vindö 40 war nämlich knallrot lackiert und damit unseres Wissens die einzige ihrer Art.

Er erzählte uns triumphierend, er habe jahrelang darauf gewartet, dass die arrogante Vindö-Werft im schwedischen Orust überhaupt dazu bereit war, ihm endlich ein Boot mit dieser Farbe zu liefern. Das konnten wir der Werft gut nachempfinden, denn der Kontrast des knallroten Rumpfes zu den wunderschön naturlackierten Mahagoniaufbauten war an Scheußlichkeit nicht zu überbieten.

Nun hatten wir es eilig: Schließlich waren wir am Sonnabend in Havnsø verabredet, wo Lutz und Tina uns zu unserer traditionellen »Frokost« abholen würden. Auf dem Weg dorthin wollte ich meiner Silke allerdings noch schnell die sehenswerte dänische Kattegattinsel Samsø zeigen. Und schon ging es los.

Aber mit Neptun ist bekanntlich kein Geschäft zu machen, und wer in Eile ist, hat schon eh schlechte Karten.

Nachdem er uns zwei Stunden lang einen schönen Anlieger

zum Nordhafen auf Samsø – Langør – bescherte, fiel es ihm plötzlich zwölf Seemeilen vor dem Hafen ein, von Nordwest auf Süd zu drehen. Und da beschlossen wir weise, lieber abzubiegen und gleich nach Sejerø zu segeln, um dort noch einen Tag lang das einsame Inselleben zu genießen, zu faulenzen und uns mental auf das Fest vorzubereiten.

Aus dem einem faulen Tag auf Sejerø wurden derer drei. Drei Sturmtiefs mit ekligen Trögen jagten nämlich in dichter Folge so über das südliche Kattegat hinweg, dass unser Mast wackelte. Als es auch am Donnerstagabend nicht nach einer Wetterberuhigung aussah, rief unser Lutz an und stellte in Aussicht, das ganze riesige Frokost-Buffet mit der Fähre von Havnsø herüberzuschaffen und es uns an Bord der SCANDIA zu servieren. Das konnten wir den beiden natürlich nicht zumuten. Wir regten unsererseits an, ohne SCANDIA mit der Fähre von Sejerø nach Havnsø hinüberzukommen.

Das aber stellte sich am Freitagmorgen als unnötig heraus. Wir erwachten nämlich in der Frühe um vier nicht durch das ewige, nervige Kreischen des Sturms in unserem Rigg. Sondern wegen der vollkommenen Stille! Als wir um 12.00 Uhr unter vollen Segeln ausliefen, guckte Neptun uns mit der Unschuld eines alten Ohrensessels still und gemütlich an, als sei nichts gewesen …

Zum ersten Mal in Havnsø. Hierher segelt kaum eine Tourenyacht, denn der kleine Fischerhafen liegt abseits der Yachttracks und einfach zu weit »aus der Kehr«. Auch deswegen empfing man uns auf Deutsch mit einem »Herzlich Willkommen« und wies uns eine schöne Box an. Ein gutes Waschhaus war da, Strom am Steg und Wasserhahn auch. Im Städtchen gab es eine Bar, ein Hotel, ein Restaurant und einen Supermarkt. Abends gingen wir schick essen im »Café Nordwest«. Man servierte in Butter gebratene Scholle mit Buttersoße und Dillkartoffeln für mich und »Hakkebøf« mit Schmorzwiebeln für Silke. Köstlich!

Sonnabend dann das bekannte und berühmte »Luksusanretnig mit alles« in Højsted von mittags um zwölf bis zum späten Nachmittag. Tina zog alle Register. Dazwischen Spaziergang durchs Dorf mit »Schweinetätscheln« beim Bauern. Am Sonntagabend kamen Tina und Lutz zu uns an Bord. Silke servierte Roastbeef und Quarkauflauf. Das musste jetzt aber für ein paar Tage reichen!

Zum kleinen Fischerhafen Lundeborg segelten wir durch die

imposante Westbrücke der neuen Beltquerung. Schönes, warmes Sommerwetter. Abends erschien im Hafen eine hübsche, blutjunge Dänin mit sechs jungen Kerls, die mit fabelhafter Sachkenntnis eine Rennziege auftakelten und trotz scheinbarer Flaute in dem engen Hafen hin und her segelten – sie gaben uns Segelunterricht auf Dänisch.

Langsam wurde es Zeit, nach Hause zu kommen.

Jetzt hakten wir die sattsam bekannten Häfen nur noch ab und machten Meilen: Rudkøbing, Bagenkop, Heiligenhafen, Grömitz, Travemünde. Am 26. August legten wir – nach drei Monaten – im Heimathafen an.

Es schien uns, als hätte uns der erste ganz lange Törn durch das herrliche Schweden mit seinen vielen neuen Eindrücken verändert. Und das stimmte auch. Nach zwanzig Mal Nysted, Gedser und Klintholm, zehn Mal Warnemünde, Vitte und Kopenhagen lechzte die Seglerseelen nach neuen Eindrücken. Eben die sollten sie ab sofort öfter haben.

2002

Silke und ich dachten seit langem über eine Reise nach, die mir schon immer – spätesten aber nach dem Zusammenbruch des Sowjetkommunismus und dem Fall des Eisernen Vorhangs – im Kopf herumspukte. Ich wollte einmal um die ganze Ostsee segeln und dabei vor allem die nie erreichten Küsten Polens, der Enklave Kaliningrad (ehemals Königsberg), die baltischen Staaten Litauen, Lettland und Estland und dann die finnischen Schären und die Ålandinseln, die Finnland mit Schweden verbinden, besegeln.

Übrigens: Die »ganze Ostsee« umfasst lediglich das Seegebiet von Skagen im Nordwesten bis Hanko im Nordosten. Die beiden Seitenarme der Ostsee, nämlich der Finnische Meerbusen bis St. Petersburg und der Bottnische Meerbusen bis Haparanda, zählen nicht zur Ostsee.

Nun denn – warum musste man eigentlich lange nachdenken? Konnte man nicht einfach ablegen und losfahren?

Nein, konnte man eben nicht!

Denn erstens war die gesamte östliche Küste seglerisches Entwicklungsland, nahezu ohne Infrastruktur für Yachten, und darüber hinaus nur wenig befahren.

Zweitens vollzogen die Staaten im Osten nach Jahrzehnten der knechtischen Abhängigkeit vom großen Bruder UdSSR gerade den unerhört aufregenden und gewiss nicht problemlosen Eintritt in die »freie Welt«. Ob ausgerechnet wir da als Freizeitsegler schon gern gesehen sein würden, war nicht nur fraglich, sondern auch administrativ unklar: Was für Einreiseformalitäten mussten wir beachten? Gab es Einfuhrbeschränkungen für Proviant, Medikamente, Geld, Signalwaffen oder Funkgeräte? Brauchten wir eventuell Visa? Gab es verlässliche nautische Unterlagen? Wo bekamen wir bei Bedarf technische Hilfe? Und wie würden wir uns verständigen mit Menschen, deren erste Fremdsprache in der Schule Russisch war?

Und schließlich machte uns auch die geografische Lage des Seegebietes im Osten ein wenig Kopfzerbrechen. Denn wir würden dort nicht nur vergleichsweise wenige Häfen in weiten Entfernungen antreffen, sondern auch bei den auf der Ostsee nun einmal überwiegenden westlichen Winden häufig auf Legerwall segeln. Fragen über Fragen, über deren Beantwortung wir uns erst einmal klar werden sollten.

Hinzu kam eine gewisse Besorgnis meiner Bordfrau. Und die stammte nicht von ungefähr, denn viele unserer lieben Segelkameraden schüttelten nur ungläubig die Köpfe, als sie von unseren Plänen hörten.

»Wo wollt ihr hin? Nach Polen? Seid ihr verrückt? Kennt ihr nicht den Spruch: Kaum in Polen – schon bestohlen?«

Oder auch diesen hier: »Soso, ihr wollt mit dem Boot ins Baltikum. Und wie kommt ihr wieder zurück?«

Unsere Entscheidung, schon in diesem Sommer auf die lange Rundreise zu gehen, erhielt also manchen Dämpfer. Der entscheidende Anlass für den Aufschub der Reise aber kam – wieder mal – von unserem Dieselmotor. Der hatte schon während der Schwedenreise dieses Sommers spürbare Launen entwickelt, indem er unwillig startete und nicht nur in den Schleusen des Kanals peinliche, bunt schillernde Öllachen um sich verbreite.

Auch sah die Motorbilge nicht appetitlich aus, was ich allerdings nicht ihm allein ankreiden durfte, denn auch das Stevenrohrlager trug mit den Fettgaben, die ich ihm jeden Tag verschrieb, seinen Teil zu der Ferkelei bei. Ein zuverlässiger Motor aber schien uns zu den wichtigen Utensilien zu gehören, wenn wir gut drei Monate lang in fremden Gewässern operierten.

Kurz und gut: Was Scandia und uns noch zu unserem Glück fehlte, war ein neuer Motor. Und zwar ein wirklich neuer!

Mit seinem Einbau vergingen sechs Wochen. Hatte ich mir einen silbernen Yamaha gewünscht, so belehrten mich die Maßtabellen und die Messwerkzeuge der Motorenfirma auf der Insel Fehmarn bald eines Besseren. In die enge Motorbilge unserer schwedischen Vindö passte nun mal kein anderer als ein schwedischer Volvo. So stand denn eines Tages ein kleiner grüner Klotz auf einer Holzpalette unter unserem Boot auf der Werft und harrte der Dinge.

Zwei Männer hatten den alten MD2B bald aus-, den neuen MD 2030 aber noch längst nicht eingebaut. Denn nahezu alles zwischen der Salontreppe und dem Ruderkoker der Scandia musste umgebaut werden.

Das begann mit den Motorfundamenten, die natürlich nicht

unter den »Neuen« passten, und ging mit dem ZF-Getriebe, der Propellerwelle und einem neuen Propeller weiter. Auch das alte fettgeschmierte Stevenrohr hatte mangels Raum einem modernen seewassergeschmierten Lager zu weichen.

Natürlich konnte der moderne Volvo (der eigentlich ein Perkins ist und deshalb gleich mit zwei Typenschildern aufwartete) mit der alten Zweihebelschaltung seines Vorgängers nichts anfangen; eine neue »Morse«-Einhebelbedienung musste her.

Und so ging es munter weiter: Die Elektrik des neuen Kabelbaums scheuchte die alten Strippen aus der Rudersäule fort. Die Tankanlage erhielt einen schönen Vorfilter mit Wasserabscheider, damit Rudolf III von schmutzigem Diesel nicht übel würde. Zuletzt kam der Auspuff an die Reihe, angefangen vom Wassersammler mit der Kühlwassereinspritzung bis zum Schalldämpfer und neuem Auspuffrohr.

Als sichtbares Zeichen des neuen Motors prangte in der hölzernen Rudersäule nun auch das nagelneue Armaturenbrett mit Drehzahlmesser, allerlei Kontrollleuchten und dem Startknopf.

Ich hatte bewusst auf ein Zündschloss verzichtet, denn vor vielen Jahren war ein Vereinskamerad mit seiner Vindö auf tragische Weise ums Leben gekommen. Bei einem kurzen Schlag in See mit einigen Freuden war er trotz ruhigen Wetters vor Heiligenhafen über Bord gefallen. Da niemand seiner Freunde segeln konnte, hatte sich die Vindö schnell von der Unfallstelle entfernt. Der in dem eiskalten Wasser paddelnde Skipper schrie ihnen noch allerlei Anweisungen nach und sie konnten daraufhin die Segel wegnehmen. Aber der Motor ließ sich nicht starten, weil der Skipper den Zündschlüssel in seiner Hosentasche hatte, als er unterkühlt und entkräftet nach einiger Zeit ertrank.

Unsere SCANDIA wurde – zu spät für die große Rundreise – erst am 11. Juni 2002 fertig. Auch wollten wir mit der neuen Bordtechnik erst einmal in der Nähe bleiben, um etwaige Störungen kompetent beheben zu lassen und dabei unsere Gewährleistung nutzen zu können. Deshalb entschlossen wir uns dazu, wieder eine »kleine« dreimonatige Reise zu unternehmen, die uns jetzt erstmals nach Polen führen sollte. Außerdem wollten wir endlich auch die westlichen Bodden hinter dem Darss und Fischland kennen lernen.

Die Anreise verlief auf gewohnten Kursen über Wismar, wo sich die Stadtentwicklung im Turbo-Zeitraffer vollzog, nach Kühlungsborn. Dort entstand seit Jahren – aus Geldmangel mühsam – die neue Marina. Wir lagen im Päckchen am östlichen Molensteg. Das Seebad Kühlungsborn empfing uns aber mit einem tollen Angebot an Hotels, Restaurants und Geschäften aller Art.

Am folgenden Tag versprach der Wetterbericht West sechs und »Schauerböen – sonst gute Sicht«. Schnell segelten wir nach Warnemünde und legten im Yachthafen an der Mittelmole an. Aber bald stellte sich heraus: Hier war unseres Bleibens nicht. Am Nachmittag verholten die ersten einheimischen Segler ihre Yachten in den »Alten Strom« oder gleich in die Stadthäfen nach Rostock. Einer meinte zu uns: »Ihr solltet auch abhauen – in zwei Stunden steht ihr hier Kopf!«

Er hatte recht. Der Wind drehte auf Nordwest, und hinter der Kaltfront briste es derart auf, dass im Hafen bald ein gewaltiger Schwell lief. Wir retteten uns längsseits Fischkutter WAR 60, der tief im Alten Strom direkt vor der historischen Drehbrücke über die Warnow liegt. Dort waren wir sicher.

Dieses Mal mieden wir Darsser Ort, denn der immer noch frische West brachte uns mit einem Schnitt von knapp sechs Knoten in acht Stunden nach Barhöft. Der damals vor allem von Mücken besiedelte Lotsenhafen hatte sich zur schmucken kleinen Marina entwickelt mit Hotel und Restaurant, guten Sanitäreinrichtungen und kleinem Supermarkt mit dem Nötigsten. Allein die enorm hohe Hafengebühr von 12,50 Euro störte unseren Seelenfrieden. Das machten wir auch dem urigen Hafenmeister mit dem Vollbart deutlich, der uns seine Intervention bei der Gemeinde versprach, denn alle Hafenlieger hatten sich schon beschwert. Es hat übrigens gewirkt: Jetzt kassiert Barhöft moderat!

Unsere Boddenfahrt ließ sich gemütlich an. Unter Segeln oder mit Motor glitten wir bei wieder schönem Wetter durch enge Fahrrinnen, entlang an Schilfufern, Birkenwäldchen und Reusen. Unser erster Hafen war das Städtchen Barth, wo uns in den drei Häfen erstaunlich viele Liegeplätze erwarteten. Wir wählten die zentral gelegene Marina und gingen in die Stadt. Merkwürdig still und leer war es dort. Wenige Geschäfte, kaum ein Restaurant, kein Kiosk. Allein im modernen »Bottenkieker« an der Marina fanden wir eine passable Speisekarte und ließen es uns gut gehen.

Im hübschen Badeort Zingst mit sommerlichem Trubel erwartete uns Hafenchef Kloss, der uns von der Pier seines kleinen Privathafens hereinwinkte und unsere Leinen annahm. Wir verbrachten den Nachmittag Eis essend und Kaffee trinkend unter tausend fröhlichen Badegästen.

Dann nahmen wir Kurs auf die provisorische Meiningenbrücke, die uns den Weg in den Saaler Bodden bis hinunter nach Dierhagen, Wustrow und Ribnitz-Damgarten eröffnen sollte. Das tat sie auch prompt, wenn auch umständlich: Eine Barkasse zog den Schwimmponton beiseite, der das Mittelstück der »Brücke« bildete. Gleich westlich der Brücke beginnt ein gut betonntes Fahrwasser in den Bodden und wir setzten die Segel. Ich wollte gerade unseren Motor abstellen, als sich SCANDIA leicht verneigte und stehen blieb. Nanu? Waren wir etwa festgekommen? Das konnte nicht sein, denn neben uns lagen an Back- bzw. an Steuerbord die beiden Fahrwassertonnen R 33 und R 31, genau da, wo sie hingehörten. Und das Fahrwasser sollte laut Seekarte eine Tiefe von 2,5 Metern haben.

Ich schaltete abwechselnd den Vorwärts- und den Rückwärtsgang ein.

Wir liefen an Deck hin und her, damit SCANDIA zu schaukeln begann. Es half aber alles nichts – wir saßen bombenfest!

Nun besann ich mich höherer Seemannschaft. Wir rollten die Segel ein und riggten unseren Bootsmannsstuhl an der Großbaumnock. Nun setzt ich die Dirk durch und fierte meine mutige Bordfrau außenbords. Unser Boot legte sich auch brav auf die Seite und fuhr mit ordentlich Gas schlürfend aus dem Lehm. Ich holte Silke – mit nassen Schuhen und Jeans – wieder an Deck und drosselte Rudolf III auf Normalfahrt. Und schon saßen wir wieder fest!

Nachdem wir unser »Frau-über-Bord-Manöver« noch zwei Mal wiederholt hatten, reichte es uns: Wir drehten ab, fuhren zurück und bogen in die Fahrrinne nach Prerow ein, wo wir eine Stunde später in der neuen Marina anlegten.

»Tjaaa«, meinte der Hafenmeister, als wir von unserem Missgeschick berichteten, »das is da wohl 'n büschen flach. Aber wenn ihr ausser Fahrrinne raus und dreißig Meter neben der Tonne weitergefahr'n wärt, denn hätte das geklappt!« Wir waren baff …

Damit war der Boddentörn gestrichen, und wir machten uns auf die Weiterreise zum Strelasund. Vorher aber wollte ich gern zum ersten Mal, seit wir den neuen Rudolf hatten, tanken. Ob er wohl ähnlich sparsam mit unserem Sprit umging, wie Nummer I und II?

Wir legten noch einmal in Barth an und hielten den Tankrüssel in sein Loch. Unser Motorenlieferant hatte von drei bis vier Litern pro Stunde gesprochen. Wie waren wir perplex, als der enttäuschte Tankwart nur 5,7 Litern in den Tank hineinbekam, obwohl wir ihm einen Großumsatz von 35 Litern in Aussicht gestellt hatten!

Silke nahm sogleich den Taschenrechner zur Hand und verkündete stolz unseren Stundenverbrauch mit 1,06 Litern. Der Tankwart zuckte die Schultern und ging. Wir beide aber rätselten über diesen fabelhaft niedrigen Verbrauch, der trotz höherer Leistung unter dem der alten Motoren lag. Nun – ein Grund zur Trauer bestand nicht. Und offenbar lag auch kein Garantiefall vor. Ganz im Gegenteil …

In Stralsund passierten wir sogleich die Ziegelgrabenbrücke, die das Festland mit der Insel Rügen verbindet, und legten bei den netten Kameraden im Vereinshafen des Yachtclub Strelasund an. Die Stadt kam langsam »auf Touren«, wenngleich sie im Wettbewerb der Küstenstädte nach unserer Einschätzung noch auf mittleren Plätzen lag.

In Greifswald hatte ich meinen freiberuflichen Pflichten beim Yachtzentrum nachzukommen. Nach anstrengenden, aber auch schönen Tagen in der aufstrebenden Universitätsstadt mit der fröhlichen und jungen Bevölkerung zog es uns weiter in die Peene.

Zum ersten Mal liefen wir die neue Großmarina Kröslin an. Silke legte ihre Stirn in Falten, weil ich unter all den freien Liegeplätzen gerade diese eine bestimmte Box am Steg 1 ansteuerte. Aber ich hatte einen sehr guten Grund, dies zu tun: Beim Einlaufen war mir schon von Weitem das ganz besondere Boot aufgefallen, neben dem wir nun festmachten. Es war unverkennbar ein Schiff meiner Jugend – die Yawl SCHLEIMÖVE V von meinem Kapitän Herrn Friedrich!

Mich beschlich ein sehr eigenartiges Gefühl. Es schien niemand an Bord zu sein, aber ich erwartete, Friedrich im nächsten Augenblick aus dem Niedergang an Deck treten zu sehen, und malte mir schon aus, wie er mich wohl begrüßen würde. Vielleicht so: »Ach – Helge Janßen – nicht? Dir kann man wohl auch nirgendwo entgehen, was?«

Damit hätte er zweifellos recht gehabt, denn ich trieb mich ja nun wirklich in allen möglichen Winkeln der Ostsee herum. Naja, in fast allen. Aber meine Fantasien erfüllten sich nicht. Vielmehr erschien nach einiger Zeit die Crew. Ich wartete, bis sie ihre Einkäufe unter Deck verstaut hatten und wieder auftauchten. Dann aber hielt mich nichts mehr: Ich stellte mich ihnen vor als langjähriger Mitsegler des ehemaligen, ersten Eigners, der ich zuletzt auch auf ihrer SCHLEIMÖVE gefahren war.

Mit diesem Schiffsnamen konnten meine Nachbarn allerdings nichts anfangen, denn SCHLEIMÖVE V hieß ja jetzt ATAIR. Sie kannten auch den Friedrich nicht, denn sie waren Charterer.

Mir lief eine leichte Gänsehaut über den Rücken, als ich das hörte. Denn natürlich stellte ich mir sogleich vor, wie sich Friedrich über Charterer geäußert hätte. Nämlich ähnlich wie über die – damals vom NOK propagierte – Olympiade der Segler in und vor seinem Heimathafen:

»Gott bewahr' uns vor Schande und Sünde
und vor der Olympiade in Travemünde!«

Nun fragte ich, ob denn der Eigner zu der Crew stoßen würde, denn dann hätte ich vielleicht erfahren, wie der Lebensweg der SCHLEIMÖVE verlaufen war. Sie sagten mir aber, dass das Boot schon mehrfach weiterverkauft wurde und deshalb auch der jetzige Eigner kaum Auskünfte würde geben können. Auf jeden Fall luden sie uns zu einem abendlichen Umtrunk an Bord ein. Wir nahmen gerne an.

Das Schiff war gut in Schuss, obwohl alles noch im Originalzustand zu sein schien. Das Teakdeck trug deutliche Altersspuren, war aber ohne Pfropfenlöcher und ordentlich vergossen. Auch die naturlackierten Aufbauten und die Holzmasten machten einen recht gepflegten Eindruck. Der weiß lackierte stählerne Rumpf schien rostfrei zu sein.

Unter Deck allerdings erkannte ich die Yacht kaum wieder, denn verschiedene Um- und Einbauten waren der ehemals großzügigen Aufteilung und Möblierung nicht gut bekommen, zumal ganz unterschiedliche Hölzer verwendet worden waren. Aber den riesigen Toilettenraum gab es noch. Und prompt erzählte ich die Geschichte meiner Meuterei, die mich letztlich Friedrichs letzten Rest von Zuneigung gekostet hatte. Nach all den Jahren konnten wir alle herzlich über meinen schrulligen Friedrich lachen, und es war ein sehr vergnüglicher Abend.

Wir blieben zwei Tage in Kröslin, weil zwischen dem ersten und dritten Tag Sonntag war. Und zwar einer der besonderen Sonntage in unserem Seglerleben: Da Silke und ich bekennende Formel 1-Fans sind, suchen und finden wir an jedem Rennwochenende ein Fernsehgerät, um die Rennen irgendwo auf der Welt mitzuerleben. Dieses Mal verbrachten wir die zwei Stunden im schicken Hafenrestaurant, in dem wir dann auch sehr gut zu Abend aßen.

Am Montag ging es weiter nach Wolgast, wo wir in der Marina Horn unseren gewohnt chaotischen Anleger fuhren: Wieder setzte der Strom durch die Stege und wir klebten erneut quer an den Heckpfählen! Dieses Mal benötigten wir drei Anläufe, bis wir endlich richtig herum und ziemlich gerade in der Box lagen – und das auch noch mit Hilfe vom Steg. Ein Glück, dass uns hier niemand kannte!

Die Stadt war immer noch eine Baustelle, aber wenigstes ging es sichtbar voran.

Getreu meiner alten Leidenschaft, immer neue Häfen aufzusuchen, segelten wir in diesen Tagen ins verträumte Krummin am Achterwasser. Es sind zwar nur fünf Seemeilen, aber wir hatten Zeit, weil wir für Freitagabend mit Freund Reinhard in Rankwitz auf Usedom verabredet waren.

In der beinahe familiären Atmosphäre der netten Marina Krummin hinter den Schilfgürteln gefiel es uns ausnehmend gut, auch wegen der niedrigen Gebühren, die zudem eine wunderbare Dusche mit Frotteevorleger beinhalteten. In Ermangelung irgendwelcher Verlockungen im Dorfe servierte meine Bordfrau eines ihrer Standardgerichte: gegrilltes Schweinefilet mit Pariser Pfeffersoße und warmen Baguettes.

Das genaue Gegenteil dieses hübschen Anlegeplatzes erlebten wir einen Tag später in Lassan. Das düstere, DDR-graue Dorf lag scheinbar verlassen. Geschlossen das Hafenmeisterbüro bei der ehemaligen Werft. Weit entfernt und ebenfalls verschlossen ein Waschraum in einem kleinen Wohnhaus. Geschlossen die wenigen Geschäfte mit ihren höchst merkwürdigen Öffnungszeiten: Bäckereien von 5.30 bis 09.00 Uhr und 15.00 bis 17.00 Uhr. Und noch viel verschlossener die wenigen Einwohner, die gegen Abend vereinzelt am Hafen auftauchten, um die neu angekommenen Yachten – scheu und beinahe feindselig, wie uns schien – zu betrachten.

Hier wollten wir nicht bleiben. Aber Neptun stellt bekanntlich die Weichen der Seefahrer, und so fiel unser Plan, am Freitag bei Reinhard in Rankwitz anzulegen, dem Wetterbericht zum Opfer: »West 6, Schauerböen – sonst gute Sicht!«

Bei dieser Windrichtung und -stärke meidet man den kleinen Hafen Rankwitz besser, denn er ist nach Westen vollkommen ungeschützt, und selbst auf der hier nicht besonders breiten Peene kann kurzer, aber heftiger Seegang entstehen.

Wir disponierten also um, luden die Freunde nach Lassan an Bord ein und gingen ins Dorf, um das Nötige einzukaufen. Doch auch dies misslang, denn das Angebot in den drei Geschäften bot keinerlei Zutaten für Silkes Wunschmenü: weder Lachs noch Fenchel noch Parmesankäse. So entschlossen wir uns zu einer Busfahrt ins nur 14 Kilometer entfernte Städtchen Anklam.

Hier gab es nicht nur alles Gewünschte zu kaufen, sondern auch noch das sehr interessante Otto-Lilienthal-Museum, das das Leben des berühmten Luftfahrtpioniers detailliert und mit vielen seltsamen Exponaten der frühen Entwicklung der Flugzeuge darbietet.

Zurück an Bord begann mein Smutje mit den Vorbereitungen des Abendessens, während ich Kontakt zu einer holländischen Motoryacht aufnahm, die hinter uns am Steg lag. Ich bat das Eignerpaar höflich, an Bord kommen zu dürfen, und erhielt die Erlaubnis. Innerhalb einer halben Stunde brachten sie mir drei Sätze auf Holländisch bei, die ich Ende September vor ungefähr siebenhundert Seglern in einem riesigen Festzelt in Heiligenhafen auswendig können wollte.

Ich hatte nämlich wieder mal nicht Nein sagen können, als der Chef meiner Charterfirma meinte, dass ich die Moderation einer internationalen Seeregatta zwischen Fehmarn und Travemünde übernehmen solle. Es handelte sich dabei um den alle vier Jahre ausgetragenen »Ariane Cup«, ein Firmen-Event der EADS-Ariane-Space-Mitarbeiter aus ganz Europa, die vier Tage lang auf neunzig Charteryachten Regatta segeln und an Land feiern wollten. Während meine Moderation an Land, an Bord des Regatta-Begleitschiffes und bei den Festabenden auf Englisch erfolgen sollte, war es mein Ehrgeiz, die Teilnehmer aus Deutschland, Schweden, Holland, Frankreich, Italien, Schweiz und England am Eröffnungsabend in ihren Muttersprachen zu begrüßen. Das hat dann drei Monate später auch gut geklappt.

Abends kam Reinhard nebst Frau an Bord und wir verbrachten einen unserer netten Abende bei gutem Essen und endlosen Klönschnacks. Draußen schüttete und stürmte es mit bis zu acht Beaufort aus West, sodass SCANDIA in der Box Lage schob. Am

Sonnabend ließ der Regen nach, und so konnten uns die Lassaner mit ihrem Hafenfest überraschen. So ein Hafenfest hatten wir jedoch noch nie erlebt: Die Lassaner schienen unter sich bleiben zu wollen, denn alle Zufahrtsstraßen zum Hafen waren gesperrt und man verlangte Eintritt! Dennoch schafften es auch Wollgaster und andere Fremde durchzukommen, und wir führten einige denkwürdige Gespräche mit Gästen von auswärts über die Lassaner. Schon Reinhard hatte uns vor den Launen der Ureinwohner gewarnt, mit denen in manchen Situationen nicht gut Kirschen essen sei. Tatsächlich stieg die Lautstärke bisweilen etwas an, aber zu Ausschreitungen kam es zum Glück doch nicht. Der Abend endete – wieder einmal – an Bord von SCANDIA mit einer Gruppe junger Leute in heißen Diskussionen über Gott, die Welt, die Ex-DDR, die bösen, lieben Kapitalisten und das Wetter.

Den stürmischen Sonntag verbrachten wir teilweise in einer großen Scheune, in der man wintertags Wohnwagen aufzubewahren pflegte. Jetzt standen dort einige Stuhlreihen, auf denen zwanzig Camper und andere Neugierige wie wir das Fußball-WM-Finale 2002 Deutschland/Brasilien (0:2) am Fernseher verfolgten.

Endlich stellte der Windgott seinen Riesenventilator etwas runter, sodass es weitergehen konnte. Wir passierten die schaurig anzusehende Ruine der zerbombten Eisenbahnbrücke bei Karnin und erreichten nachmittags Ueckermünde, wo wir beim freundlichen Seesportclub Vorpommern anlegten. Das Städtchen war erfreulich weitgehend renoviert und restauriert. Und einen guten Gasthof mit leckerem Essen gab es auch. Ueckermüde sollte unser letzter Hafen vor Polen sein, und weil wir nichts über die Einkaufsmöglichkeiten im Nachbarland wussten, bunkerten wir Proviant und Getränke. Zu den Supermärkten außerhalb der Stadt und zurück sind es sieben Kilometer, die wir mit unserem voll bepackten »Hackenporsche« zurücklegten. Aber das kennen wir schon – es ist eine unserer Bewegungssportarten an Land.

***

Mittwoch, 3. Juli 2002: Heute geht es nach Polen!

Bevor wir Ueckermüde durch den engen Seekanal verlassen, legen wir noch kurz zum Tanken in der neuen Marina am Strand an. Ein stolzes Ensemble von Ferienappartements in mehrstöckigen Ziegelbauten gruppiert sich dort um geräumige Hafenbecken mit einigen Hundert Liegeplätzen, die allerdings fast alle leer sind – genau wie die Wohnungen. Offenbar ist die Marina eine Fehlplanung, die wegen ihrer isolierten Lage weit von der Stadt nicht angenommen wird.

Kurz darauf setzen wir auf dem Stettiner Haff unsere Segel und rauschen ab nach Osten, auf zu neuen Ufern. Silke ist ein wenig aufgeregt, als sie die kleine polnische Nationale unter die Steuerbordsaling vorheißt. Und auch mir fehlt heute meine Gelassenheit. Zwei Stunden später nähern wir uns bei zunehmendem Wind und mit hoher Fahrt der polnischen Seegrenze, die zwischen den Grenztonnen 17 und 18 von einem Wachboot kontrolliert wird. Dort müssen wir anhalten, um unseren Zielhafen zu nennen und die Anzahl der an Bord befindlichen Personen anzugeben.

Nun ist das mit dem Anhalten so eine Sache bei fünf bis sechs Beaufort von raumachtern. Wir rasen also auf das Heck des Wachbootes zu, um einen kurzen Aufschießer zu fahren und die Sache hinter uns zu bringen. Doch die uniformierten Polen an Deck scheinen es mit der Angst zu kriegen und laufen – aufgeregt gestikulierend – hin und her. Naja, vielleicht sieht es von dort so aus, als wollten wir sie gleich rammen. Aber SCANDIA schießt nur elegant in den Wind, kommt hinter dem Heck des Bootes kurz zum Stehen und fällt gleich wieder ab. Dieser Moment genügt. Ich schreie: »SCANDIA, zwei Personen, Swinoujście«. Sie winken erleichtert »okay«, einer schreibt etwas in sein Buch, ein anderer spricht in ein Funkgerät, und schon sind wir in polnischen Gewässern. Bald haben wir das Haff überquert und laufen nach Backbord in den inneren Seekanal – die berühmte »Kaiserfahrt« – ein, der uns vom Haff in die Swinemünder Häfen bringen wird.

Diese Häfen aber geben uns schon bald einen Vorgeschmack darauf, was uns erwartet. Grau und teilweise sehr verfallen zeigen sich Industriebauten, Kräne und Silos. Hier und da laufen braune Abwässer aus rostigen Rohren, rauchen Fabrikschornsteine ungesund und sitzen Angler mit ernsten Gesichtern auf verfallenen Kais und Ufern. Unser Winken wird mit einem sparsamen Handheben beantwortet – wenn überhaupt. Einmal spüren wir eine leichte Grundberührung, weil der Skipper gepennt und eine Tonne übersehen hat. Je mehr wir uns jedoch der Innenstadt von Swinoujście nähern, desto freundlicher erscheint das Ambiente.

Unsere Aufmerksamkeit gilt nun dem Auffinden der Grenzkontrollstation, bei der wir uns vor dem Anlegen unbedingt melden sollen. Die liegt sehr versteckt und weit draußen bei den Seemolen zur Ostsee, aber schließlich finden wir den kleinen Kai und machen fest.

Da sich niemand sehen lässt, gehen wir gemeinsam die wenigen Stufen hinauf zu dem Wächterhaus, legen dem Grenzbeamten unsere vorbereitete Crewliste und unsere Pässe vor und dürfen gleich wieder gehen.

Entgegen den Aussagen unseres deutschen Hafenhandbuches von der Kreuzerabteilung des DSV soll sich unser Liegeplatz nicht mehr in der »Orion Marina« in der Stadtmitte, sondern im »Basen Jachtowa Polocny« schräg gegenüber befinden. Dort wartet schon ein kleiner Mann auf uns und winkt von Weitem. Es ist der Hafenmeister und er nimmt freundlich lächelnd unsere Leinen an. Wir dürfen bequem längsseits an dem nagelneuen Schwimmsteg aus Beton anlegen. Es gibt eine Steckdose am Kopf des Stegs und einen langen Wasserschlauch. In mehreren Containern befinden sich das Hafenbüro und recht ordentliche Duschen und Toiletten. Sogar eine Snackbar mit Sonnenschirmen erwartete uns. Stolz erzählt der »Bosman« in seinem lustig-holperigen Deutsch von den vielen deutschen Yachten, die schon bei ihm angelegt haben. Wir bekommen einen Stadtplan und brechen auf an Land. Beruhigt bemerkt Silke den hohen Drahtzaun rund um die Marina und die Wachtposten, die am Tor stehen. Hier scheint es durchaus geordnet und sicher zuzugehen.

Swinoujścіe zeigt sich uns Neugierigen mit zwei Gesichtern: hier das alte Stadtbild mit zwar heruntergekommenen, aber immerhin noch weitgehend im Originalzustand befindlichen Strandvillen und Hotels der Vorkriegszeit an der von gerissenen Gehwegplatten und vielen Löcher übersäten Promenade. Dort die neuen Einkaufszentren und Plattenbauten der im Krieg fast vollständig zerstörten Innenstadt. Wir bummeln lange durch die Stadt.

Morgen wollen wir hinaus auf die Ostsee. Wir sind uns einig, dass es richtig war, nach Swinoujście zu kommen: Auch wenn dies noch nicht das eigentliche Polen unseres langen Törns an der Küste sein kann, so ist doch – auch bei Silke – die Fremdheit vor dem Land und seinen Menschen ein wenig gewichen.

***

Es wurde ein langer Tag entlang der Usedomer Seeküste. Am Kai der Grenzkontrolle wagten wir nicht, unser Boot zu verlassen, denn ein heftiger Seegang zwischen den Molen stieß uns derb gegen die Fender. Der Grenzer hatte aber unsere Not bemerkt und kam uns freundlicherweise zu Hilfe, indem er unsere Papiere zum Stempeln abholte und sie auch zurückbrachte.

Bei viel Gegenwind und Kreuzschlägen passierten wir dann die alten Kaiserbäder Ahlbeck, Heringsdorf, Bansin und Zinnowitz, refften aus und segelten noch bis zur Tonne »Osttief« an der Südosthuk Rügens, bis wir den Motor anließen und nach acht Stunden Sassnitz erreichten.

Drei Tage lang erholten wir uns von unserem »Polen-Abenteuer«, während ein Volvo-Monteur Rudolfs III erste Inspektion erledigte, wir einkauften und essen gingen und beim Italiener an der Promenade Formel 1 guckten. Das war ein lustiger Nachmittag, denn der ständig durch sein Lokal rennende »Principale« brach jedes Mal in Begeisterungsstürme aus, wenn wir ihm die Spitzenposition des Brasilianers Rubens Barichello verkündeten, den er hartnäckig für einen Italiener hielt. Nach Barichellos Zieldurchgang auf Platz eins servierte uns der überglückliche Chef zwei riesenhafte Eisbecher ohne Berechnung! Dennoch mussten wir leider Abschied nehmen.

Wir legten umso fröhlicher ab, als es ein Segeltag wie aus dem Bilderbuch wurde. In Badehose und Bikini räkelten wir uns an Deck, während SCANDIA unter Autopilot und vollen Segeln die weißen Kreideklippen von Stubbenkammer umrundete.

Wir kannten den Strandhafen von Glowe noch nicht und liefen am späten Nachmittag – sonnendurchglüht und hungrig – ein.

Eben dieser Hunger trieb uns bald an Land. Aber an eine Mahlzeit war offenbar nicht zu denken. Beim nächstgelegenen Imbiss belehrte uns um 19.00 Uhr ein barscher Inhaber, dass es ihm jetzt reiche: »Neun Stunden sind ja wohl genug! Ich schufte mir wegen euch Touris doch nicht die Haut von den Pfoten!«

An anderen Stätten vermeintlicher Gastlichkeit prangten mitten in der Hochsaison Schilder wie »Montags geschlossen«. Enttäuscht suchten wir weiter nach Speis und Trank und fanden bald doch noch ein hübsches Hotelrestaurant.

Dort erschien alsbald eine schmucke Serviererin mit einer Speisekarte. Und kehrte nie mehr zurück. Auf unsere Intervention holte eine neue Serviererin die Speisekarte wieder ab in der Annahme, dass wir inzwischen bestellt hätten. Da das nicht der Fall war, saßen wir nun ohne Speisekarte, aber auch ohne Mahlzeit da.

So konnte es nicht weitergehen: Mutig stellte ich mich einer dritten Kellnerin in den Weg, die uns bisher konsequent gemieden hatte, und bestellte – ebenso auswendig wie energisch – zwei ganz bestimmte Gerichte. Die kamen überraschend schnell. Aber wir hatten uns zu früh gefreut, denn Silkes »Chefsalat« entbehrte jeglichen Dressings. Nach dem Scheitern mehrerer Annäherungsversuche beim Personal brannte mir eine meiner Sicherungen durch und ich eilte stracks in Richtung Küche, um zum »Prinzip Selbstbedienung« zu greifen.

Da rauschte eine hübsche junge Dame heran, stellte sich mir kurz vor Erreichen der Schwingtür zum Heiligtum der Köche als Geschäftsführerin vor und in den Weg und fragte nach meinem Begehr. Entrüstet ob meines Vortrags wegen des fehlenden Dressings stürmte sie nun ihrerseits das Revier der Helden des Kochlöffels – und kam sogleich im Zorngebrüll des Maître, der sie unter Beschimpfungen der Küche verwies und mit seiner sofortigen Kündigung drohte, rückwärts wieder heraus. Später kehrte die Hübsche etwas kleinlaut, aber mit dem Dressing an unseren Tisch zurück. Unser Hinweis auf ebenso wünschenswerten wie üblichen Kundendienst konterte sie mit ihrer Abhängigkeit vom kochenden Gewerbe. Von Marktwirtschaft und Kundenfreundlichkeit schienen sie jedenfalls alle beide – auch zwölf Jahre nach der Wende – noch immer nichts gehört zu haben.

Wir stellten den Wecker auf 06.00 Uhr, denn ein riesiges Hoch schickte sich an, die meteorologische Herrschaft über die westliche Ostsee zu übernehmen. Wie an einer Schnur gezogen und ohne eine Schot anzufassen segelten wir in nur acht Stunden rauf nach Gislövsläge in Schweden.

Weiter nach Norden durchfuhren wir zuerst den viele Seemeilen sparenden Falsterbo-Kanal und unterquerten danach die imposante neue Øresundbrücke zwischen Malmö und Kopenhagen.

In Malmös Yachthafen »Lagunen« – den wir auch zum ersten Mal anliefen – suchte uns nachts ein äußerst schweres Gewitter mit schweren Sturmböen heim. Ich erwachte gegen Mitternacht von grellen Blitzen und gewaltigem Donnerkrachen. Da SCANDIA erheblich Lage schob und heftig in den Leinen ruckte, eilte ich an Deck. Rasende Luft nahm mir den Atem. Sie schien aus einem Hochofen zu stammen – heiß und stickig.

Das Boot lag mit dem Heck im Sturm und der Steuerbordfestmacher stand zum Brechen steif. Um ihn zu entlasten, startete ich den Diesel und legte den Rückwärtsgang ein, wodurch unser Schiff sich erleichtert aufrichtete.

Morgens ging gleißend hell die Sonne auf und läutete einen weiteren herrlichen Sommertag ein, als sei nichts gewesen. Wir genossen den Tag in der schönen Altstadt von Malmö beim Bummeln, Eisessen und extrem günstigen Sommerschluss-Shopping.

Die schwedische Øresundküste barg immer noch Neuigkeiten für uns. Was lag also näher, als sie in diesem Sommer wieder einmal zu erkunden?

Landskronas Stadthafen hielt einen guten Liegeplatz mit Live-Musik für uns bereit.

In Hälsingborg erwartete uns die nagelneue Stadtmarina mit ihren Megayachten und internationalem Leben. Die ultramoderne Skyline-Architektur der Uferbebauung gefiel uns allerdings weniger gut; sie passt nicht recht zu der alten Ziegelromantik Hälsingborgs.

Der logische Weg auf »die andere Seite« des Sund führt natürlich hinüber nach Helsingør. Immer wieder können uns der riesige Yachthafen, das Hamlet-Schloss Kronborg und die in leuchtende Farben getauchte, autofreie Altstadt begeistern.

Mir kamen Erinnerungen zurück an die wohl berühmteste dänische Segelregatta. Mitte der 1980er-Jahre nahm ich als Crewmitglied auf einer Elvstrøm 38 an der »Sjælland rundt« teil. Die Anmeldeprozedur für die teilnehmenden Yachten hatte im Regattabüro des »Helsingør Amatør Sejlklub« stattzufinden. Deshalb versuchten 750 (!) Boote, dort einzulaufen. Unser Skipper zog mich mit dem Bootsmannsstuhl in den Mast, damit ich in dem Gewühl der auf ihren Fendern aneinander rollenden Yachten einen Pfad zum Regattabüro fand. Ich kam mir dabei vor wie ein Südseesegler im Krähennest auf der Suche nach einer Passage durch die Korallenriffe, fand sie auch und machte bei der Gelegenheit gleich ein paar tolle Fotos. Man konnte wirklich »zu Fuß über den Hafen gehen«!

Unsere »Sjælland rundt« endete für viele Yachten – und auch für uns – in einer endlosen Flaute: Am zweiten Tag sahen wir uns bei Sonnenaufgang mit sechshundert anderen Booten immer noch bei Sjællands Rev auf spiegelglatter See umhertreiben. Von allen Masten hingen die bunten Spinnaker nutzlos herunter. Gegen 08.00 Uhr sprangen die ersten Motoren an. Das war für viele Teilnehmer die Initialzündung, um nach Hause zu fahren …

Heute Abend spielte sich in Helsingør die allabendlich übliche Szene ab, denn einige -zig schwedische Motorboote drängten sich an der Pier vor dem Supermarkt, um wegen der unterschiedlichen Auffassungen ihrer Regierungen über alkoholische Getränkepreise palettenweise Bier und Schnaps über den Sund zu schleppen.

Weiter ging es bei nach wie vor schönstem Wetter, jedoch nahezu ohne Wind, unter Motor über die kleine zu Schweden gehörende Sundinsel Ven – wo man unbedingt das Museum des berühmten Astrologen Johannes Keppler besuchen muss – nach Rungsted.

In der modernen Riesenmarina lagen neben tausend Allerweltsyachten auch einige bemerkenswerte Schiffe, die zu den Abonnementssiegern großer Regatten wie »Sjælland rundt« oder »Gotland rundt« zählten: Da lag z. B. die ANDELSBANKEN, eine 16-Meter-Hochseejolle mit ihrem 25 Meter hohen Fünfsalingmast und einer Bordtechnik aus Winschen, Grindern, Stoppern, Klemmen und Schienen, die schon beinahe einer Fabrik aus dem 19. Jahrhundert ähnelte.

Hier brachte ich meinen defekten Autopiloten zum Yachtshop mit Werkstatt, wo man mir versichert hatte, ihn schnell wieder klarzukriegen. Tatsächlich konnte ich ihn nach drei Stunden wieder abholen: Für sage und schreibe happige 250 D-Mark hatte man einen neuen Zahnriemen und den Spannhebel montiert!

Am Abend trafen wir einen EADS-Mitarbeiter aus Bremen, der auch an der Organisation des Ariane Cups mitwirkte. Ich erfuhr interessante Einzelheiten über die Ariane-Cup-Regatta, die ich bald moderieren würde. Auf seiner Segelyacht BENJAMIN verbrachten wir einen lustigen Abend.

In den alten dänischen Häfen am Øresund scheint die Zeit stehen geblieben zu sein. So im kleinen, gemütlichen Fischerhafen Tårbæk, der heute überwiegend Yachten als Heimathafen dient. Wir fanden den letzten Liegeplatz und genossen das »Hafenkino«, als bis in den späten Abend immer neue Gastboote einliefen und – irgendwie – alle einen Platz fanden. Am nächsten Vormittag stiegen wir in der Badeanstalt nebenan genüsslich in die sauberen Fluten des Øresund.

Und dann – wieder einmal – Kopenhagen! Wir legen am liebsten in Langelinje an, dem Rundhafen bei der »Lille Havfru« – dem wohl bekanntesten Wahrzeichen der dänischen Hauptstadt. Man muss früh da sein, um eine der Bojen zu erwischen, an denen man mit Bug oder Heck festmacht und mit dem anderen Bootsende am Kai. Aber dann genießt man Hafenflair vom Feinsten. Wir buchten eine Boje direkt neben der Hafeneinfahrt gleich für drei Nächte, wobei wir – selten in der Yachtszene – hier für die Bootsbreite anstatt für die Länge zahlten.

Yachten aus aller Herren Länder geben sich ein Stelldichein. Draußen auf dem Kongedyb ziehen die Superfähren und die Luxusliner vorbei. Zu Fuß braucht es keine halbe Stunde bis zum idyllischen Museumshafen Nyhavn mit seinen Jazzkneipen und Szenelokalen. Nebenan überquert man schon Kongens Nytorf mit dem Staatstheater und gelangt in die kilometerlange Fußgängerzone Strøget zum Rådhuspladsen, an dem der weltberühmte Vergnügungspark »Tivoli« liegt und der imposante Hauptbahnhof. Historische Gebäude säumen die Straßen und Plätze, und das sommerliche Leben nimmt einen garantiert gefangen.

Am Sonntag wurde »Schumi« Weltmeister; wir verfolgten das Rennen in der Bar des »Esplanaden Comfort Hotel« bei einigen teuren Bieren.

Zum Sonntagabend erwarteten wir Gäste zum Essen an Bord: Lutz und Tina kamen aus Højsted angefahren, und wir begrüßten sie standesgemäß mit einem Glas Sekt an Deck. Silke hatte ein schönes Menü zusammengestellt, und so setzten wir uns bald zum Essen an den festlich gedeckten Tisch im Salon.

Wir freuten uns auf das Mahl, als uns ein äußerst ärgerliches Ereignis den Spaß gründlich verdarb. Nach »Parmaschinken an Melone« deckte Silke gerade den Hauptgang – einen leckeren Schnitzelauflauf mit Lauchgemüse – auf, als eine neben uns liegende Ketsch aus England urplötzlich derb gegen unsere Fender knallte. SCANDIA krängte abrupt um zwanzig Grad und begann wild zu schaukeln. Das gesamte Essen und die Rotweinkaraffe landeten auf Salonteppich und Polstern. Ich stürzte an Deck. Im Hafen tanzten sämtliche Boote Samba. Masten schlugen gegeneinander.

Was war geschehen?

Die riesige DFDS-Fähre CROWN OF SCANDINAVIA war mit viel zu hoher Fahrt aus dem Kongedyb ausgelaufen. Ihr Sog hatte zuerst den Hafen Langelinje leer gesaugt und ihn dann mit einer ansehnlichen Flutwelle wieder gefüllt!

Wütend über eine derartige Rücksichtslosigkeit rief ich die CROWN sofort auf UKW-Kanal 16 an und wünschte – nach Umschalten auf den vereinbarten Kanal 6 –, den Kapitän zu sprechen. Der sei nicht auf der Brücke, sagte der Wachoffizier. Und was ich denn wolle. Ich schilderte den Vorfall und bat um seine Stellungnahme. Aber der Mann lachte mich einfach nur aus: Er sei niemals zu schnell gefahren. Einen schönen Abend noch in Kopenhagen. Und – klick!

In solchen Fällen greife ich schon mal zur Feder und schreibe einen Brief. Den brachte ich – adressiert an die Kopenhagener Hafenpolizei und die Reederei DFDS – vor dem Auslaufen am Montagmorgen zum Hafenmeister.

Das Antwortschreiben der Reederei, das uns Wochen später zu Hause erwartete, schloss mit der lapidaren Behauptung, der Schwell in Langelinje könne nur durch die ständig im Hafen hin und her rasenden Motorboote entstanden sein. Die habe der Wachoffizier selbst gesehen. Wir nicht. Denn es waren schlicht keine da.

Sturm vertrieb uns aus Langelinje. Bei finsteren Wolken und »Schauerböen – sonst aber guter Sicht« erreichten wir das alte Dragør mit seiner Festung und den beiden Häfen. Wir legten dieses Mal im alten Fischerhafen an und »wetterten« West acht gemütlich unter Deck ab. Abends klarte es etwas auf und wir machten einen Rundgang durch das idyllische Dorf.

Tags darauf raste SCANDIA – halb gerefft – raumschots mit 7,2 Knoten über Grund durch die Køgebucht. Wahrscheinlich hatte kräftiger Südstrom diese Speed ermöglicht, denn ihre Rumpfgeschwindigkeit von 6,8 Knoten hatten wir bisher nur einmal überschreiten können: Unter Blister bei Starkwind im glatten Wasser einer Luvküste – da lief sie laut GPS für kurze Zeit acht Knoten!

Kalvehave im Ulvsund und Vordingborg im Bøgestrøm hießen die nächsten Häfen: nett, aber keine besonderen Vorkommnisse. Auch der Svendborgsund bot nichts Neues mehr außer einer netten Begegnung mit einer Flotte von 15 Yachten meiner Heiligenhafener Charterfirma, die alle wie die Heuschrecken im Stadthafen von Svendborg einfielen. Mit dem allseits beliebten und immer fröhlichen Flottenchef Wilhelm verbrachten wir einen witzigen Abend.

Auf der kleinen Sommer-Familien-Strandinsel Avernakø schien alles noch so wie früher zu sein: Die altertümliche knuffige Fähre, sonnenüberflutete Wiesen und Felder, ein paar stattliche, uralte Gehöfte, der Allround-Købmand – der gleichzeitig Postmann, Banker, Apotheker, Tankwart und lebende Inselzeitung ist –, und die weiße Kirche mit dem charakteristischen Treppengiebel – das ist Dänemark pur!

Dennoch waren wir damals enttäuscht. Überhöhte Hafengebühren, unbezahlbare Restaurantpreise und überfüllte Häfen ließen uns Abschied nehmen von unserem langjährigen Seglergastland, und wir richteten unseren Kurs nach Westen zur Flensburger und Kieler Förde. Die hatten wir eigentlich immer vernachlässigt und wollten jetzt endlich mal dort anlegen.

In Flensburg wurden wir nett begrüßt und erhielten einen Logenplatz direkt in der Stadt. Drei Tage lang genossen wir den Sommer in der nördlichsten Großstadt Deutschlands, sahen uns die Physikausstellung für jedermann – die »Phänomenta« – und das Marinemuseum in Mürwik an und lauschten begeistert dem »Petuh«, das man nur noch dort spricht.

Es ist ein Mischdialekt aus Süddänisch und Flensborgsch, dessen Name auf das verballhornte französische »par tout« zurückgeht: »Partout« hieß die Dauerkarte für die Butterdampfer der Förde-Schifffahrt, die besonders gern von älteren Damen, die sich auf diesen Fahrten die Zeit mit Kaffeetrinken, »Schnacken« und billigem Zollwareneinkauf vertrieben, genutzt wurde – und noch wird! Und der Lieblingsausspruch dieser »Petuh-Tanten« lautet: »Ohaueha – was'n Aggewaas!«, was so viel heißt wie: »Oh je, was für ein Aufwand!« Bedankt man sich bei einer Petuh-Tante für einen Gefallen oder entschuldigt sich für zugefügte Unbill, dann wird man wahrscheinlich ein »Ooch – do nich füä« ernten. Die Traueranzeigen in der Zeitung nennen Petuh-Tanten »die Ssseite mit den frisssen Toten«. Und wenn eine Petuh-Tante des Abends müde wird, dann kündigt sie ihren Abschied an mit den Worten: »Nu sssoll ich sssehn un komm' sssu Bett!«

Nach sonnigen Tagen kreuzten wir bei leichtem Wind aus der Förde und legten alsbald in Strande an der Kieler Förde an. Noch nie hatten wir eine Fahrt mit dem Fördedampfer unternommen. Er brachte uns gemütlich und mit zahlreichen Anlegern bis in die Innenstadt, wo wir natürlich zum Shopping in der Sophienhof-Passage landeten.

Auf der Schlei drangen wir dieses Mal bis nach Kappeln-Grauhöft vor, denn dort erwartete uns Werftchef Rolf Steckmest persönlich zu einer Besichtigung der bekannten »Scalar«-Werft.

In Arnis legten wir bei der »Jan-Willem-Paulsen-Marina und -Produktion« an, der viele alte Mahagoniyachten von Burmester Bremen und andere Oldtimer pflegt.

Laboe zu besuchen heißt das Marinemuseum im Ehrenmal nicht zu vergessen. Der dominante Turmbau an der Außenförde beherbergt eine sehenswerte Sammlung vor allem Kaiserlich-Wilhelmscher Marine-Exponate vom Kriegsschiffmodell bis zum Kolossalgemälde der Schlacht im Skagerrak.

In Lemkenhafen auf Fehmarn gab es ein Wiedersehen mit der JOKER-Crew und ein leckeres Räucherfisch-Abendessen in der weithin bekannten »Aalkate«.

Dienst am Charterkunden verpflichtete uns, nach Heiligenhafen zu segeln: Qualitätsinterviews mit Chartercrews, ein Personaltraining neu eingestellter Bootsleute und zum Abschied Essengehen im vorzüglichen »Weberhaus« mit meinem Chef und unseren Frauen.

Auf der Klemenswerft in Großenbrode galt es, einige Garantiearbeiten an der Motorinstallation zu erledigen; wir verbrachten heiße Sommertage faul am Strand.

In Grömitz beschlossen wir – wie nach beinahe jeder Segelsaison – die Reise mit einem Abendessen bei Künzels im Restaurant des Hotels »Strandidyll«, dem Feriendomizil schon meiner Großeltern und Eltern, zu krönen.

Am letzten Tag kamen die Kinder. Tochter Tina und Ehemann Dirk waren fix beim »Kinderkriegen«! SCANDIA wurde festlich über die Toppen geflaggt, Klein-Fritz (vier Monate alt) bekam seine ersten Jeans. Alle waren hell begeistert – außer ihm.

Wir hatten noch vier Tage Zeit, die wir brav in der inneren Lübecker Bucht verbrachten.

Neustadts NSV-Rundhafen empfing uns mit dem gewohnten Spruch von Hafenmeister Thebelt über Lautsprecher: »Willkommen SCANDIA, wie lange wollen Sie bleiben?«

Wir badeten am vereinseigenen Strand und spazierten in die

Stadt. Auf dem Markt wetteiferten einige Jaguar E, Austin Healy und MG um die Trophäen der Oldtimershow. Abendessen im Klubhaus, dessen Bratkartoffelgerichte alles in den Schatten stellen.

Am Mittwoch, 28. August 2002, legten wir im Heimathafen an. Kein Empfangskomitee erwartete uns. Hatte man uns nicht mehr auf der Rechnung? Waren wir nach drei Monaten Sommertörn schon die Exoten des Vereins?

Es ist schon merkwürdig: Von den sechzig Yachten an unserem Steg gehört wenigstens die Hälfte Rentnern und Pensionären. Aber kaum jemand nutzt seine endlich erworbene Freiheit vom Berufsleben dazu, um auf lange Reisen zu gehen. Wenn ich aber im Winter in der Seglermesse meine Dias an die Wand werfe, kommen sie in hellen Scharen. Komisch!

Wie auch immer – jetzt ging es ins Winterlager. Unser »neuer Rudolf« hatte sich bewährt. Mit einem frischen Unterwasseranstrich war SCANDIA klar zu neuen Reisen. Das Baltikum lockte. Und wir wollten es anpacken!

2003

Nach langer, akribischer Planung ist es nun so weit: Unser ultimativer Ostseetörn – der längste und weiteste – beginnt.

Er soll uns über etwa 1700 Seemeilen entlang der Küsten von Mecklenburg-Vorpommern, Polen, der russischen Enklave Kaliningrad (ehemals Königsberg), Litauen, Lettland und Estland bis nach Finnland führen. Die Rückreise vom nördlichsten Punkt des Törns soll uns über die Åland-Inseln nach Stockholm, den Kalmarsund südwärts in die Hanöbucht und weiter nach Bornholm bringen. Dann wollen wir über Rügen und Mecklenburg-Vorpommern nach Hause schippern.

Wir wollen etwa drei Monate unterwegs sein und dabei rund sechzig Häfen anlaufen.

Oft fragen Bekannte und Freunde nach unseren Beweggründen für diese Reise. Die sind ganz einfach: Die baltischen Staaten stehen – kurz nach ihrer Selbstbefreiung vom Joch der Zwangsmitgliedschaft in der Sowjetunion – unmittelbar vor der Aufnahme in die Europäische Union. Wann, wenn nicht jetzt, kann man sie vielleicht noch in einer ursprünglichen Form vorfinden, die unverfälschte Einblicke gewährt in ihre Geschichte, Landschaft, Kultur und das Alltagsleben?

Gewiss könnten wir vieles davon auch den zahlreichen Fernsehberichten entnehmen, die nahezu ständig über die Schirme flimmern. Jetzt aber kommt der Schuss Abenteurerblut dazu, der uns schon immer dazu anstiftete, selbst und mit eigenen Augen »um die nächste Ecke zu gucken« …

Über die Spezialagentur »Passport« bei Hamburg haben wir uns die erforderlichen Visa für Russland beschafft. Die waren nicht eben billig: 220 Euro kostete der Eintritt für Baltijsk (ehemals Pillau) und Pionerskij (ehemals Neukuhren).

Zur Vorlage bei den Grenzbehörden haben wir fünfzig Crewlisten mit unseren Namen, den Nummern der Pässe, unserer Heimatadresse und den Schiffsdaten erstellt.

Den aktuellen Bootsschein als Eigentumsnachweis, unsere nautischen Führerscheine, die Waffenbesitzkarte und den Munitionserwerbsschein sowie die Genehmigungen der Funkanlage führen wir mit.

An Bord sind die jeweils neuesten amtlichen Seekarten der südlichen, südöstlichen, mittleren und nördlichen Ostsee, Teile des Bottnischen und des Finnischen Meerbusens, Spezialkarten der Ålands sowie zahlreiche Detailkarten mit den Ansteuerungen und Hafenplänen der größeren Häfen wie Kołobrzeg (Kolberg), Gdansk (Danzig), Baltijsk (Pillau), Klaipeda (Memel), Liepaja (Libau).

Außerdem neue Ausgaben des *Hafenhandbuch Ostsee II*, der *Revierführer Ostsee* der Kreuzerabteilung des Deutschen Seglerverbands und die Gastlandflaggen aller von uns voraussichtlich besuchten zehn Ostseeanrainerstaaten im Format 30 x 20 cm.

Zusätzliche technische Ausrüstung soll uns das Segeln erleichtern und uns vor Überraschungen schützen:

Unter der Sprayhood habe ich einen zweiten Adapter für unseren GPS-Empfänger montiert, den wir bei Bedarf vom Kartentisch nach oben holen und dort einstecken können. Jetzt hat der Rudergänger alle wichtigen Daten wie Kurs, Fahrt und Abdrift stets im Blick.

Ferner gibt es neuerdings einen NASA-Wetterempfänger für die Langwelle mit Displaytext in Deutsch, lange Landanschlusskabel und Doppelstecker/Adapter für 230 Volt, je einen gefüllten Diesel- und leeren Trinkwasserkanister sowie einige zusätzliche Medikamente und keimfrei verpackte Injektionsspritzen.

Unser Mobiltelefon können wir außer zum Telefonieren und »Simsen« auch als Modem und Internetzugang benutzen; damit kann ich auf meinem Laptop überall aktuelle Wetterkarten ansehen oder herunterladen.

Zu guter Letzt haben wir reichlich »Boonekamp«-Fläschchen in 4 x 20-ml-Schachteln als »Bakschisch« gebunkert – man kann ja nie wissen!

***

Das Logbuch der SCANDIA beschreibt unsere Reise so anschaulich, dass wir es als Grundlage der Törnbeschreibung verwenden können:

Der erste Hafen ist am 19. Mai Grömitz, und das hat einen guten Grund: Heute vor elf Jahren haben Silke und ich beschlossen, dass wir nicht mehr voneinander lassen wollen. Das feiern wir bei einem kleinen Essen im »Strandidyll«.

Den Abend beschließen wir gemütlich bei Rotwein und Boonekamp in der Plicht. Morgen soll es weitergehen nach Kühlungsborn. Oder gleich nach Warnemünde. Allerdings verspricht der Wetterbericht mal wieder »Schauerböen – sonst gute Sicht«. Mal sehen.

Tatsächlich bleiben wir in Grömitz liegen und erreichen Warnemünde erst am übernächsten Tag.

In Barhöft hat sich außer der Hafengebühr nichts verändert: Die ist jetzt – auch wegen unserer Intervention? – deutlich geringer.

Der Regen ohne Ende in Stralsund kann uns nicht aufhalten. Wir gehen einkaufen, finden im Yachtshop eine Notblitzleuchte für unseren Rettungsring und kehren nass, aber fröhlich an Bord zurück.

Obwohl wir auch zu Beginn dieser Saison nicht vergessen haben, Meeresgott Neptun das übliche Trankopfer zu spenden, verweigert er uns schönen Segelwind: Es weht permanent – um nicht zu sagen impertinent – von vorn.

Wir verlassen Stralsund unter Motor bei nassen 10 Grad im Rotmann und laufen bei trockenen 25 Grad im T-Shirt in Greifswald ein. Verrücktes Ostseewetter!

Nach einem langen Arbeitstag im Charterzentrum essen wir vorzüglich im »Braugasthaus zum Alten Fritz« am Markt. Morgen geht's weiter, Richtung Swinoujście.

Bei leichter Brise von vorn wird der Törn aber zu lang, sodass wir – erstmals – auf der kleinen Insel Ruden anlegen. Kein anderes Schiff im Hafen, kein Liegegeld, kein Service. Aber ein netter Hafenmeister, der gleichzeitig die Schafe hütet und uns Geschichten von der Volksmarine erzählt, die hier einen Stützpunkt hatte, um das »Meer des Friedens« zu bewachen.

Früh raus nach Polen! Abends sind wir mit Reinhard verabredet, der uns an der Grenze bei Ahlbeck abholen will. Nachmittags steht er schon mal auf der Seebrücke von Heringsdorf und winkt der vorbeirauschenden SCANDIA begeistert zu. Wir winken zurück und tuten drei Mal lang.

In Swinoujście legen wir wegen des hohen Schwells nicht bei der Grenzkontrolle an, sondern bedeuten den Beamten, dass wir gleich ins »Basen Jachtowa« laufen wollen. Sie schießen zwei grüne Leuchtkugeln, die wir als Erlaubnis deuten. Aber der Grenzer, der uns außer Atem an der Pier im »Basen« erwartet, weil er außen herum laufen musste, ist wenig erfreut und schimpft: Wir hätten drüben anlegen müssen!

Das erste Päckchen Boonekamp wechselt den Besitzer. Er blickt kurz nach rechts und links und lässt es schnell in seiner Manteltasche verschwinden. Grinsend stempelt er unsere Pässe. Na also – geht doch!

Abendessen mit Reinhard und Manuela im neu renovierten Bahnhof zu Heringsdorf. Dort kommen die Biere mit der Modelleisenbahn an den Tisch – nett! Das Essen ist vorzüglich und unser Plausch wie immer ausgiebig. Nur unsere Reisepläne erscheinen den beiden suspekt und sie zeigen keinerlei Verständnis dafür, dass wir ausgerechnet in den »Ostblock« wollen. Das können wir von ihnen wohl auch nicht erwarten.

Wir bleiben noch einen Tag liegen und genießen die Sonne, sehen uns die Speisekarten der Lokale »Orkan« und »Albakora« an – wo wir zu Abend essen – und trinken als Absacker einen »Wodka Zubrowka« (der mit dem Büffelgrashalm in der Flasche!) in der »Bar Zeglarski«.

Jetzt segeln wir ins »richtige« Polen. Wir verlassen Swinoujście durch die Zange der beiden riesigen Hafenmolen und gehen sofort auf Ostkurs über zwanzig Seemeilen Richtung Dziwnow (Dievenow) auf der Insel Wollin.

Aber wir haben den Kurs ohne Beachtung der Tücken der polnischen Fischernetze abgesetzt, in denen wir gleich darauf beinahe hängen bleiben. Die Netze sind nicht durch Stangen und Fähnchen bezeichnet, wie wir es von der Ostsee gewohnt sind. Als Silke in den ziemlich hohen Wellen die roten Plastikkugeln entdeckt und einen Warnruf ausstößt, segeln wir schon mitten hindurch.

»Dreh um!«, schreit sie. Aber das tue ich nicht, solange SCANDIA noch Fahrt voraus macht und die Netze mit ihrem langen Kiel unter Wasser drückt. Sie wird zwar immer langsamer, aber zuletzt bleibt sie der Sieger. Uns ist nichts passiert. Und den Netzen wohl auch nicht.

In Dziwnow führt ein kurzer Seekanal zum Hafen. Die grauen Molen der Einfahrt sind von See aus in der herrlichen Strandlandschaft kaum auszumachen. Wir kommen an einem schmucken Häuschen vorbei, in dem offenbar die Grenzkontrollstelle ist, aber da wir ja schon in Polen sind, laufen wir unter Motor weiter in den Fischerhafen, wo wir als einzige Yacht am Kai festmachen. Nach langem Warten kommt ein junger »Bosman« mit dem Schlüssel für das superschöne nagelneue Luxuswaschhaus (!), legt unser Landanschlusskabel umständlich durch einen Kabelkanal unter der Kaifahrbahn aus und schickt uns zum Einklarieren.

Na gut – ich greife mir unsere Papiere und laufe die paar Hundert Meter zu dem weißen Haus am Seekanal. Und staune: Im Vorzimmer sitzt eine hübsche junge Dame an der Schreibmaschine. Sie meldet mich telefonisch irgendwo an. Sofort öffnet sich daraufhin hinter ihr die Tür zum Nebenzimmer und der Hafenkapitän – in schnieke-dunkelblauer Uniform mit Goldknöpfen und »Kolbenringen« – erscheint. Er bittet mich in gebrochenem Deutsch in sein Büro.

Ich komme mir vor wie der Kapitän eines Kreuzfahrers; weiß er nicht, dass er nur den Skipper eines kleinen Seekreuzers vor sich hat? Doch. Dennoch behandelt er mich mit ausgesuchter Höflichkeit, fragt nach dem »Woher« und »Wohin« und übergibt mich dann erneut seiner Vorzimmerdame.

Die hat inzwischen einen kleinen Papierstapel vor sich aufgeschichtet, bietet mir einen Sessel an und beginnt mich mit Fragen zu löchern. Mein Einwand, wir kämen doch nur aus Swinoujście gleich um die Ecke und wollen erst mal in Polen bleiben, entlockt ihr nur ein kokettes Lächeln. Nach einer halben Stunde Schreibkram und zahlreichen Unterschriften entlässt sie mich – wieder zum Hafenkapitän!

Der bietet mir nun Kaffee an und will offenbar ausgiebig mit mir klönen, fragt mich über mein Heimatland aus und philosophiert über den bevorstehenden Beitritt seines Landes zur Europäischen Union. Ich antworte höflich, blicke auf die Uhr und frage mich, wann Silke mich auf die Vermisstenliste setzen wird. Endlich darf ich gehen, muss aber versichern, vor dem Ablegen das Ausklarieren nicht zu vergessen. Na – das kann ja heiter werden!

Langer Spaziergang durch das ebenso lange Straßendorf Dziwnow. Alle Gaststätten sind zu. Es sind nur wenige Menschen zu sehen, aber dafür ertönen von überall her Arbeitsgeräusche; es hämmert und sägt, bohrt und schleift, flext und schweißt. Das Dorf macht sich offenbar schön für seine Sommergäste, die wohl zum 1. Juni erwartet werden. An vielen Häusern lesen wir »Wolne pokoje« (Zimmer frei). Wir kaufen einige Kleinigkeiten ein und wandern zurück an Bord. SCANDIA liegt immer noch allein im Hafen.

Das Ausklarieren am nächsten Morgen verläuft genau so, wie wir es uns vorgestellt haben. Nach ausgiebigem Duschen in dem perfekten neuen Waschhaus wandere ich wieder hinaus zur Grenzkontrolle, wo mich die hübsche Vorzimmerdame des »Kapitan« schon zu erwarten scheint. Wieder harrt ein kleiner Stapel Papiere meiner. Ich nehme Platz und atme tief durch. Erneut werden meine Bootsdaten abgefragt: Länge, Breite, Tiefgang (?), Gewicht (??), Motorleistung (???). Dann errechnet die junge Dame auf ihrem Taschenrechner – Marke »Casio« (!) – meine Hafengebühr zu 4,40 Euro. Erleichtert zücke ich mein Portmonee. Doch halt!

»Haben Sie getanken Trinkerwasser vielleicht? Und elektrischer Strom?«

Wir haben.

Nun will sie auch noch wissen, wie viel! Ich habe keine Ahnung.

»Es machen nix, schicken jetzt Mann zu Ihre Boot, Sie chier warten Moment – gutt?«

Ich warten.

Leider hat Silke – wie sie es öfter tut – schon den Stecker unseres Landanschlusskabels aus der Steckdose des Schaltkastens gezogen. Als der Mann zum Ablesen kommt, weiß er natürlich nicht, welchen Zähler wir angezapft hatten. Große Debatte, bis Silke ihm eine Steckdose zeigt. Der Mann schreibt den Zählerstand auf. Bevor er geht, zieht er unseren vermeintlichen Stecker – und legt dadurch das Bordnetz des hinter uns liegenden Fischkutters lahm. Dessen Bootsmann protestiert natürlich direkt bei meiner Bordfrau, die ihn sachkundig tröstet und seinen Stecker einfach in irgendeine andere Steckdose steckt. Alles ist »gutt«.

Im Büro hat mich inzwischen der Hafenkapitän entdeckt und beginnt, seinen endlosen Plausch von gestern fortzusetzen. Zum Glück kommt der Mann mit dem Zählerstand.

Nun fehlt nur noch unser exakter »Trinkerwasserverbrauch«. Mit dem Brustton der Überzeugung sage ich wie aus der Pistole geschossen: »42 Liter«. Es wirkt. Ich erhalte zwei weitere mit zierlicher Handschrift akkurat verfasste Quittungen über 1,22 Euro

Mit der Eisenbahn nach Soppot: der historische Ort der Danziger Werft – Łech Wałęsa, »Solidarnosz«.

Auf der Seebrücke von Soppot: Blick auf das alte Kurhotel.

Ein Abenteuer beginnt: Silke setzt die russische Gastlandflagge!

30

31

32

30 Raue See vor Baltijsk – Windstärke sieben in der Einfahrt nach Pillau.

31 Kaliningrad – Mütterchen Russland: »Kommt her zu mir – bei mir seid ihr zu Hause!«

32 Der einzige Reichtum? Heringsfang in Pionerskij (ehemals Neukuren).

33 Signal der Rückbesinnung: der Dom zu Kaliningra eine Renaissance der deutschen Ostkultur.

34 Russisches Prisenkommando: Zwei Stunden hart verhandelt auf der beigedrehten SCANDIA.

35 Aufgebracht wegen eines fehlenden Stempels: Die Russen kommen!

36 Ostseebad Nida (ehemals Nidden) auf der kurischen Nehrung. Der moderne Yachthafen mit einem alten Haffkahn.

34

35

36

37

37 *Juodkrante auf der kurischen Nehrung: die große Düne.*

38 *Bis zu fünf Meter pro Jahr nach Osten: Wanderdüne bei Nida, Naturschutzgebiet.*

39 *Ventspils. Ehemals berüchtigt wegen rostiger Tanker, jetzt gut für Yachten.*

38

39

40

41

42

40 *Liepaja (ehemals Libau) in Lettland. Schöne Bausubstanz, liebevoll restauriert.*

41 *Schön restaurierte klassizistische Kirche St. Nikolaus in Ventspils.*

42 *Haapsalu/Estland. Historische Kurhausbauten warten auf deutsche Badegäste.*

43 *Flaschenmuseum auf der kleinen Ålandinsel Jurmö. Leider alle leer!*

44 *Schärenidyll bei Stockholm: die Sommerhäu der reichen Schweden.*

43

44

45

46

45 *Bordfrau Silke bei der Kartenarbeit: in jeder Beziehung unersetzlich!*

46 *Die Segler von morgen? Schwedenkids im Hafen von Hanö.*

Strom und 42 Cent Wasser. Und darf endlich gehen. Uff! Wenn das in jedem Hafen so weiter geht, dann kommen wir in drei Monaten niemals um die ganze Ostsee!

Das Wetter ist herrlich, aber wir haben keinen Wind. Bis zehn Seemeilen vor Kołobrzeg (Kolberg) motoren wir gegen die Flaute von vorn. Dann kommt Wind auf, natürlich genau von vorn. Wie kreuzen und reffen. Nach einer Stunde reffen wir weiter und kreuzen mühsam gegen die rasch aufkommende Kabbelsee an. Die letzten fünf Meilen muss wieder Rudolf ran, und endlich laufen wir in die Molenmündung des Flusses Persante ein. Im Hafen reger Betrieb von Ausflugsschiffen, die mit vielen Sommergästen Fahrten in See machen. Besonders eindrucksvoll sieht ein nachgebautes Wikingerschiff aus, auf dessen Deck viele Jugendliche umhertollen.

Brav und beflissen suchen wir die Ufer nach einem amtlich aussehenden Gebäude ab, um unserer Pflicht zum Einklarieren nachzukommen. Doch außer einem Seitenbassin des Hafens, in dem zahlreiche Kriegsschiffe im Päckchen liegen, entdecken wir nichts dergleichen. Deshalb fahren wir gleich in den »Port Jachtowa« bei der kleinen Burgruine. Dort erwartet uns schon der Hafenmeister, der freundlich unsere Leinen annimmt und uns herzlich willkommen heißt. In seinem geräumigen, modern eingerichteten Büro erhalten wir die Schlüssel zum komfortablen Waschraum. Dann telefoniert der Hafenmeister mit der Grenzbehörde, meldet uns telefonisch an und versichert uns, dass nun alles bestens geregelt sei und er uns auch beim Auslaufen wieder abmelden wird. Es will noch nicht einmal unsere Crewlisten, geschweige denn eine Zollerklärung. Wir atmen erleichtert auf. Na bitte!

Im Hafen liegen auch mehrere polnische Segelyachten. Es gibt eine Werft mit Bootslagerhalle und eine Art Segelschule, deren Mitglieder unter Anleitung eines »Bosman« eifrig bei der Restauration eines alten Schiffes sind. Gern stellen sie sich alle mit ihrem Ausbilder zu einem Gruppenfoto vor uns auf.

Wir machen uns landfein und gehen los zu einem kleinen Rundgang. Im beeindruckenden Dom, der zu den wichtigen gotischen Backsteinkirchen des Ostseeraumes zählt, zelebriert ein junger Geistlicher voller Inbrunst eine Messe mit Orgelbegleitung. Wir essen im vornehmen »Artuskeller« zu Abend – ein einfaches und zu teures Touristengericht. Müde von dem langen

Seetag kehren wir zum Hafen zurück, um uns bald aufs Ohr zu legen.

Aber daraus wird nichts, denn vor dem Boot steht Georg. Seine Neun-Meter-Alpa mit Heimathafen Neustadt/Holstein liegt einige Plätze weiter, und er scheint nicht nur Langeweile zu haben, sondern auch ein erhebliches Mitteilungsbedürfnis, denn obwohl wir nach einer längeren Begrüßung an Bord gehen, bleibt er vor der SCANDIA stehen und redet immer weiter. Auch unsere immer einsilbrigeren Antworten können ihn nicht bremsen, und so sehen wir kein Entkommen außer unter Deck zu gehen. Um zehn hängt des Skippers Hose »kalt am Nagel«.

Ein sonniger Sommertag erwartet uns. Wir wollen Kołobrzeg noch gründlicher erkunden und schleichen uns von Bord, obwohl Georg noch nirgends zu sehen ist. Die Promenade und der Strand sind belebt von Urlaubern und Tagesgästen. Überall Verkaufsstände und Imbissbuden – genau wie bei uns im Westen.

Das alte Kurhaus ist ein wenig heruntergekommen, aber mit dem Schild »Wolne pokoje« dran. In der zweiten Reihe hinter der Promenade viele alte Hotels in noch schlechterem Zustand und einige modernere Plattenbauten, die sich als Kurhotels verstehen und Pauschalangebote für Wellness anbieten. Private Wohnhäuser sind schon recht gut in Schuss, Wohnblocks in der Stadt indes nicht. Die Marinefahrzeuge im Hafen sehen nicht danach aus, häufig bewegt zu werden, und man sieht auch weder übermäßig viel Militär noch Polizei auf den Straßen.

In den wenigen Supermärkten überwiegen einheimische Lebensmittel und einige wenige »Westwaren«, bei denen Coca-Cola an erster Stelle steht.

Eine Gesprächsanknüpfung mit polnischen Bürgern scheint nicht eben leicht; man wird schnell als Deutscher erkannt und dann eher gemieden, sei es auch aus Gründen der Sprache oder aus Ressentiments wegen unserer unrühmlichen Vergangenheit; schließlich überfiel die deutsche Wehrmacht am 1. September 1939 die völlig ahnungslosen Polen um 05.45 Uhr quasi im Schlaf, was mancher offenbar nicht vergessen kann.

Nachmittags chartern wir uns am Bahnhof ein Taxi und bitten den Fahrer, uns zu den kleinen Häfen »Kolberger Deep« und »Ost Deep« zu fahren. Wir finden die Angaben im Hafenhandbuch bestätigt: Diese Häfen eignen sich wegen der bei nördlichen Winden weitgehend ungeschützten Einfahrten nicht für Fahrtensegler. Es gibt dort aber hübsche Strände und viele Campingplätze sowie einige kleinere Fischerboote. Unser Taxifahrer zeigt sich gesprächig und schimpft kräftig auf die Politiker seines Landes. Nach seiner Meinung sollte Polen auf keinen Fall der EU beitreten, denn das werde den kleinen Leuten und besonders der Landwirtschaft schlecht bekommen. Er selbst habe aber keine Angst vor der Zukunft, denn sein Gott werde ihn immer beschützen – er überreicht uns feierlich eine in Polnisch geschriebene Denk-schrift seiner Sekte, auf die er schwört.

Abends steht Georg wieder vor dem Boot. Dieses Mal nehme ich mir mehr Zeit, denn vielleicht hat er ja Wichtiges zu berichten. Doch! Er segelt mit seiner Frau – die wir bis jetzt überhaupt noch nicht zu Gesicht bekamen – zum fünften Mal nach Polen. Und nicht nur das: Die beiden werden – wie wir – ins Baltikum, aber sogar bis nach St. Petersburg segeln, auch zum fünften Mal! Donnerwetter – nun erscheint uns Georg in einem anderen Licht. Vielleicht wäre es besser, ihm künftig zuzuhören?

Erst einmal aber wollen wir sehen, dass wir weiterkommen. Wegen der relativ weiten Entfernungen zwischen den polnischen Häfen laufen wir sie alle an – fast alle. Der nächste Ort wird Darłowo sein, das ehemalige Rügenwalde. Es wird wieder ein langer Tag. Obwohl unser Navtex-Empfänger uns mit Nord bis Nordwest zwei bis drei aus dem Hafen gelockt hat, herrscht Flaute, die sich nachmittags zu einem schwachen Ost bequemt – genau von vorn. Wir fahren im Übrigen ganz allein. Kein einziges Fahrzeug sichten wir an diesem Tag. An Steuerbord zieht eine endlose Strandküste vorbei, deren Einförmigkeit nur von einzelnen Dünen, niedrigen Steilufern und Buchenwäldchen unterbrochen ist. Auch Georg ist nicht zu sehen!

Ich beschäftige mich mit kleinen Reparaturen an Bord, während Silke aus Gardinenstoff Mückennetze näht.

In Darłowo müssen wir vor der futuristisch anmutenden Schiebebrücke warten, die den Außenhafen von den Fischerkais trennt. Wir legen an und versuchen, bei der »Kommandantura« einzuklarieren. Aber bei welcher? Wir finden drei ziemlich pompöse Gebäude mit drei verschiedenen Hafenmeistereien: eine für die Fischerei, eine weitere für Passagier- und Frachtschiffe und eine für das Militär. Aber selbst ein endlich gefundener »Bosman« interessiert sich nicht besonders für uns: Darłowo scheint für Yachten und ihre Crews nichts übrig zu haben. Nachdem wir bei dem verlassenen Gebäude einer ehemaligen privaten Bornholm-Fährlinie angelegt haben, spazieren wir in die Stadt nach Rügenwalde.

Dort finden wir außer dem Dom, in dem gerade eine große Messe mit vielen Menschen stattfindet, und dem ansehnlichen Rathaus am Marktplatz nichts Sehenswertes und marschieren die fünf Kilometer zum Hafen zurück. Wir brauchen Eier, können aber in einem kleinen Laden unterwegs keine entdecken. Deshalb frage ich die zierliche Verkäuferin, aber die versteht kein Wort Deutsch oder Englisch.

Schließlich nehme ich mir vom Ladentisch einen Zettel und einen Kugelschreiber und male ein Huhn, das gerade ein Ei legt. Ein Freudenschrei ist ihre Antwort: »Jája!«. Jetzt hat sie uns verstanden! »Jája«, entgegnen wir, »bitte zehn Stück!«. Seitdem wissen wir, was »Ei« auf Polnisch heißt: nämlich »Jája«.

Zurück an Bord, verscheucht uns die Besatzung eines Fischkutters barsch von unserem Liegeplatz. Wir verholen missmutig auf die andere Seite des Flusses. Ein älterer, ärmlich gekleideter Angler nimmt hilfsbereit unsere Vorleine an. Er zeigt uns sogar einen verrosteten Blechkasten mit klemmender Tür, aber mit einer funktionierenden Steckdose. Wir bedanken uns mit einem Boonekamp, den er dankbar trinkt. Wir kommen ins Gespräch, denn der alte Mann spricht überraschend gut Deutsch, weil er ein Polendeutscher ist.

Er schimpft ebenfalls auf seine Regierung, wie schon der Taxifahrer. Alles ist schlecht. Der Staat, die Wirtschaft, das Militär, die Politiker. Und die EU. Es wird 25 Jahre dauern, bis Polen ein europäisches Land ist. Und alles wird noch viel schlechter als bisher. Die Armen werden verhungern und die Reichen werden platzen vor Reichtum. Nach dem zweiten Boonekamp packt er seine Angel ein. Er hat nichts gefangen.

In dieser Nacht bekommen wir kein Auge zu. Ab Mitternacht läuft mit Getöse und Schwell eine endlose Flotte großer Fischkutter ein. Das Ende der Fangsaison ist gekommen. SCANDIA steht Kopf an der Pier. Wir laufen um 07.00 Uhr aus und motoren – heute nur zwanzig Seemeilen – gegen eine bleierne Flaute nach Ustka (Stolpmünde).

Dort erleben wir Ähnliches wie in Darłowo: Keiner hat uns richtig lieb! Immerhin bekommen wir nach einigem Hin und Her Strom und Trinkwasser. An Land sieht es trostlos aus. Es scheint, als nehme mit der Entfernung zur Westgrenze Polens auch die Armut der Bevölkerung zu: Verfall, wohin man blickt! Da der Wetterbericht für den nächsten Törntag frische Nordostwinde ankündigt, bleiben wir noch in Ustka liegen. Georg ist auch da. Er hat einen Satellitenspiegel mit langem Kabel an Bord, den er in jedem Hafen mit einer Schraubzwinge an einem Zaunpfahl, Lichtmast oder ähnlichem Fixpunkt befestigt. Während seine Frau – die wir immer noch nicht gesehen haben – angeblich unter Deck fernsieht und liest, klönt er mit jedem, der stehen bleibt. Was er erzählt, ist indes recht banal. Er erklärt vor allem Seemannschaft und das in einfachen, anschaulichen Worten. Wie man am besten anlegt, ankert, segelt, navigiert und so weiter. Nichts Neues also.

Neues erfahren wir gegen Abend. Da legt nämlich überraschend die Zehn-Meter-Segelyacht KRYSTINA aus Kaliningrad an! Nach einer Weile beschließe ich, Kontakt aufzunehmen, denn wir wollen ja nach Russland zur Enklave Kaliningrad segeln, und da können wir jede zusätzliche Information gut gebrauchen. Ich lade den Skipper Alexander zum Bier auf die SCANDIA ein, und er erzählt uns interessante Geschichten.

Alexander mag eben über dreißig Jahre alt sein, spricht recht gut Englisch und ist (erste Version) schon Chefredakteur der wichtigsten russischen Tageszeitung von Kaliningrad. Seine Yacht liegt in einem Hafen am Fahrwasser des Frischen Haffs, das von Baltijsk (Pillau) in die Häfen Kaliningrads führt. Dort anzulegen sei nicht empfehlenswert, aber wir können in Baltijsk übernachten und die Stadt angucken. Auch können wir von dort nach Kaliningrad zur Besichtigung hineinfahren. Wir erhalten sogar eine Telefonnummer seines Freundes, der uns fahren wird. Toll!

Nun wollen wir natürlich mehr über Alexander wissen, der offenbar mit seinem Boot auf dem Weg nach Westen ist. Er berichtet uns von seinen weit reichenden Verbindungen: Als Herausgeber (zweite Version) mehrerer russischer Zeitungen ist er zu einer Regatta nach Kiel eingeladen. Am Abend sehen wir erstaunt einen schwarzen Audi A 4 neben der KRYSTINA halten. Alexander und seine junge Frau steigen zu dem Fahrer ein und brausen hupend davon.

Später erzählt uns seine an Bord zurückgebliebene Crew eine etwas andere, aber ebenso dubiose Geschichte über Alexander. Vor allem seien seine Erläuterungen über Baltijsk nicht richtig.

Denn dort könne man zwar einklarieren, aber schlecht liegen, der beste Yachthafen der Enklave sei nämlich Pionerskij (Neukuhren) und liege im Norden der Samlandküste. Man zeichnet uns mit Bleistift eine Skizze des Innenhafens und seine Ansteuerung in unsere englische Seekarte ein.

Etwas verwirrt sitzen wir später nachdenklich in der Abendsonne und wissen nicht recht, was wir von den Russen und ihrer Glaubwürdigkeit halten sollen. Auch Georg weiß keinen Rat. Was uns nicht wundert, denn er war noch nie in Kaliningrad. Wie fast alle deutschen Segler meidet er die Enklave und segelt immer gleich die hundert Seemeilen von Gdansk (Polen) bis Klaipeda (Memel, Litauen).

Beim Einkaufen am Morgen erleben wir ein Paradebeispiel für – oder gegen – die Zuverlässigkeit von Vorurteilen. Entgegen aller angeblich polnischen Wahrscheinlichkeit liegt mein an Bord vergessenes Portmonnee für jedermann weit sichtbar und verlockend auf der Sprayhood – vom Kai aus bewacht von einigen Polen, die leicht mit ihm hätten verschwinden können!

Was ist bloß mit den Wetterfröschen los? Seit Tagen erzählen sie uns etwas von Südost bis Süd, aber jeder neue Tag beginnt mit zähem Nordost, der nachmittags auf vier bis fünf Beaufort auffrischt. So geht es auch heute wieder auf eine zunehmend harte Kreuz über knapp dreißig Meilen nach Łeba.

Nach wie vor sehen wir keine Boote vor den herrlichen, aber eintönigen Strandküsten. Westlich von Łeba erheben sich aber Polens größte Wanderdünen dreißig Meter hoch über dem Strand. Der durch ein neues Molenbauwerk gut geschützte Hafen stellt indes eine wohltuende Bereicherung unseres bisherigen Polentörns dar, denn er beherbergt Polens modernste Marina am offenen Meer! In einem geräumigen Becken, das von dem Seekanal abzweigt, finden wir ein modernes Bauwerk mit Sanitäranlagen, einem Restaurant und vielen Zimmern vor, in denen zahlreiche Segelschüler übernachten. An mehreren modernen Schwimmstegen mit Strom- und Wasseranschlüssen liegen einige wenige Segelyachten. Die Schuljollen lagern in Gestellen an Land.

Georg ist auch schon da und nimmt unsere Leinen an. Wir sind zwar noch keine Meile miteinander gesegelt, aber er ist entweder vor uns oder nach uns im gleichen Hafen …

Das Dorf Łeba unterscheidet sich wieder vollkommen von seiner Marina. Außer seinem schönen Strand bietet es nichts. Auffallend viele kleine Geschäfte gibt es hier, die alles haben, wie unsere früheren Tante-Emma-Läden. Supermärkte gibt es indes nicht. Am Abend bestellen wir uns anhand der Speisekarte mit »deutschen Untertiteln« im Marina-Restaurant ein Festmenü, denn wir feiern unseren Hochzeitstag. Leider entpuppt sich das Essen als wenig festlich. Anstelle frischer Gemüse und Salate serviert man uns Konservenware, und das Fleisch ist flachgeklopft und durchgebraten – schade!

Endlich und mit tagelanger Verspätung hört der himmlische Wettergott auf die Propheten der Erde: Der Wind hat auf Südost gedreht. Nach Tagen mit eiskaltem Nordost segeln wir nun in Badehose und Bikini in lauem Landwind mit guter Fahrt weiter nach Osten. In gut sieben Stunden schaffen wir 33 Seemeilen und erreichen den großen Fischereihafen Władysławowo (Großendorf), der uns hinter einer gewaltigen Mole aus tausend Tetrapoden mit einer riesigen Flotte aufliegender Fischereifahrzeuge aller Art empfängt. Überall sehen wir mit schwarzen Reifen bestückte Piers – wo sollen wir hier nur anlegen?

Da entdecken wir in der hinteren Hafenecke einen schönen neuen Anleger »for yachts only«. An Schwimmstegen sind schmale Ausleger befestigt, sodass eine Art Boxen entsteht, in denen wir anlegen. Es gibt sogar eine Dieseltanksäule. Irgendwo in den umfangreichen, aber verwaisten Fischereifabriken soll sich auch ein Wasch- und Duschraum befinden, den wir aber nicht entdecken können.

Den Rundgang ins Dorf hätten wir uns sparen können. Deshalb macht Silke uns später an Bord eine Dose Gulasch auf und wir gehen früh zur Koje.

Um 04.00 Uhr erwachen wir unsanft durch wilde Motormanöver, lautes Propellerzwitschern und Rufen. Drei polnische Segelyachten legen lärmend neben uns an. Ärgerlich drehen wir uns auf die andere Seite und versuchen, noch eine Mütze voll Schlaf zu bekommen. Zwei Stunden später übt das Schicksal ausgleichende Gerechtigkeit: Es schickt einen Trupp von fünf Bauarbeitern, die mit Kompressor, Presslufthämmern und Donnergetöse die Pier aufmeißeln. Nun sind wenigstens auch die übermüdeten Polen wieder wach!

Vor der lang gestreckten Halbinsel Hel liegt leider ein weit in See hinausreichendes Sperrgebiet, das uns nicht geheuer erscheint. Hatten wir bisher – vertrauend auf die nirgends ausgehängten Sperrzeiten – alle Sperrgebiete durchfahren, so wagen wir dies hier nicht, denn das Gebiet ist in unserer Seekarte als eines »für ausländische Fahrzeuge gesperrt« bezeichnet. Auch scheint dort ein Patrouillenboot zu wachen. Wir verlieren viel Zeit, und zu allem Überfluss frischt der mäßige Nordost urplötzlich stürmisch auf. Da startet das Wachboot seine Maschinen und läuft mit hoher Fahrt auf dem direkten Kurs nach Hel ein. Wir natürlich nichts wie hinterher!

Das einstmals von den Bürgern Danzigs und anderen Großstädtern sehr geschätzte Ostseebad an der Ostspitze der gleichnamigen 25 Kilometer langen Landzunge bietet einen freien Strand an der See und einen zweiten an der Danziger Bucht.

Urige reetgedeckte Fachwerkhäuschen – einige aus dem 14. Jahrhundert – säumen die Straßen der kleinen Dörfer. Sehenswert ist die ehemalige Kirche von Hel, die heute ein Schifffahrtsmuseum beherbergt. Im Hafen mit den beiden Becken liegen nur noch wenige Fischer.

Das Südbecken »Port Basen Jachtowa« hat einen Kai für Yachten mit Stromanschluss und Wasserschlauch, aber keine Toiletten. Im Dorf finden wir hübsche Boutiquen und Snackbars. Im kleinen Restaurant »Captain Morgan« mit deutscher Speisekarte essen wir recht gut und preiswert. Und hier entdecken wir den wundervollen Wodka »Zubrowka« mit dem Halm aus Büffelgras in der Flasche. Mann – schmeckt der gut!

Für den folgenden Tag hat der Wetterbericht viel Wind vorhergesagt. Vor dem Wind aber wollen wir in Gdansk (Danzig) sein. Also laufen wir – trotz Wodka Zubrowka – zeitig aus.

Die zwölf Seemeilen über die Danziger Bucht sitzen wir »auf einer Backe« ab. SCANDIA saust mit über sechs Knoten zur Danziger Ostmole, wo wir die Segel bergen. An der Westerplatte drehen wir kurz bei, um einer Zeremonie zu huldigen, die ein grausames geschichtliches Ereignis in Erinnerung bringt: Hier beschoss das deutsche Linienschiff SCHLESWIG-HOLSTEIN auf Befehl Adolf Hitlers am 1. September 1939 die polnische Militärfestung. Dieser hinterlistige Überfall leitete den Zweiten Weltkrieg ein.

Wir dippen unsere Flagge, melden uns bei »Gdansk Traffic« an und laufen in die Häfen der Weichsel ein. Nach einer einstündigen Revierfahrt durch die Industrie- und Werftenlandschaft Danzigs öffnet sich endlich der Blick auf das wunderschöne Wahrzeichen – das Krantor –, und wenig später legen wir gegenüber in der »Marina Gdansk« an. Welch ein Erlebnis!

Danzig gilt als Kleinod Polens. Kulturhistoriker, Architekten und Handwerker haben jahrzehntelang alles getan, um ihre fast völlig zerstörte Kulturstadt in einen Zustand zu versetzen, der ihrer Bedeutung als Hansestadt, Bernsteinmetropole und Touristenmagnet wieder zur Weltgeltung verhilft. Es ist Pfingsten. Gdansk ist voller begeisterter Besucher.

Freitagabend bunkern wir neue Vorräte, die wir in einem »Edeka«-Markt (!) in der Nähe der Marina finden.

Sonnabend bummeln wir fünf lange Stunden zu Fuß durch die fabelhafte Stadt. Vergeblich versuche ich, die gewaltige gotische Marienkirche mit dem Fotoapparat zu erfassen – ich brauchte eine Weitwinkeloptik, die ich nicht habe. Abendessen in der berühmten Museumsatmosphäre des Restaurant »Gdanska«.

Sonntag mit dem Vorortzug an der Danziger Werft vorbei – wo der Elektriker und spätere Staatspräsident Lech Wałęsa die Gewerkschaft »Solidarność« zum Streik gegen das Regime führte – nach Sopot (Zoppot). Das berühmte Seebad – auf dessen Seebrücke man nur nach Zahlung eines Eintrittsgeldes gelangt – gibt sich schon wieder mondän. Gutes Abendessen im »Sphinx« neben dem Neptunbrunnen in Danzigs Prachtstraße Dluga Targ.

Auf einer Großleinwand erleben wir den Fernsehauftritt des polnischen Staatspräsidenten mit, der aus Anlass des Parlamentsbeschlusses zum EU-Beitritt Polens eine flammende Rede hält. Dabei kommen wir mit einem polnischen Pärchen ins Gespräch über die aktuelle Politik Polens. Die beiden sind Studenten, also Intellektuelle und natürlich für den EU-Beitritt.

Montag: Ausflug mit dem Taxi zum östlichen Weichseldelta nach Gorki, wo neben anderen der Traditionssegelklub »Joseph Conrad« residiert, der freilich eher einer Betriebssportgemeinschaft kommunistischer Prägung als einem elitären Yachtklub ähnelt.

Dienstag: Ausflug mit dem Zug nach Gdingen. An der Seemole liegt das polnische Segelschulschiff DAR POMORSZA und nebenan laden Museumskriegsschiffe zur Besichtigung ein. An der Seebrücke schaukelt eine gepflegte, offenbar private polnische Rennziege von wenigstens 16 Metern Länge.

Am Dienstagabend bereiten wir uns endlich auf die Reise nach Russland vor, die am nächsten Tag stattfinden soll. Diesel und

Wasser bunkern, Wetterbericht einholen, Wegpunkte ermitteln und zusammen mit den Kursen in die Seekarte eintragen. Zuletzt bezahlen wir unsere Hafengebühren, machen noch einmal Reinschiff an Deck, gehen selbst zum Duschen in die sauberen Container und dann früh zur Koje.

Leider wecken uns betrunkene und randalierende Jugendliche um Mitternacht. Einer von ihnen scheint seinen Kameraden auf der Pier seinen Mut beweisen zu müssen, indem er grölend in unser Cockpit klettert. Sofort bin ich an Deck und blende ihn mit unserem Handscheinwerfer. Dann mache ich Lärm, um den Marina-Wachmann auf uns aufmerksam zu machen. Der schlurft schließlich schlaftrunken aus seinem Container herbei und die Jugendlichen verschwinden. Ärgerlich ob dieses unschönen Abschieds vom schönem Gdansk schlafen wir bald wieder ein.

***

Am nächsten Tag beginnt ein besonderes Kapitel unserer Reise. Wir hatten vielerlei Warnungen erhalten. Und sie alle in den Wind geschlagen. Was konnte denn schon dran sein an den landauf, landab erzählten Seglergeschichten über pingelige Kontrollen und schroffe Übergriffe russischer Behörden auf unschuldige Yachten? Hatten die Russen etwa nichts anderes zu tun, als harmlose Sportschiffer auf der Ostsee zu ärgern?

Alles Quatsch! Die Russen haben doch bestimmt andere Sorgen. Tschetschenien, Georgien und Aserbaidschan zum Beispiel. Aber doch nicht Silke und Helge, die braven Ostseesegler …

Frohgemut werfen wir am Mittwoch, 11. Juni 2003, um 05.30 Uhr in Gdansk die Leinen los. Das Wetter ist bedeckt und schwachwindig. An der polnischen Grenzkontrolle bei der Westerplatte verlieren wir eine Stunde durch Warten auf einen Beamten, der uns aus Polen ausklarieren soll. Dann aber setzen wir um 07.30 Uhr die Segel. Vor uns liegen fünfzig Seemeilen quer über die Danziger Bucht. Mit nennenswertem Schiffsverkehr rechnen wir nicht, wohl aber mit mehr Wind: Gegen Abend soll es laut Navtex-Wetterbericht auffrischen.

Zunächst tritt aber das Gegenteil ein, denn um 12.45 Uhr bergen wir wegen Flaute die Segel und laufen unter Motor weiter Kurs 072. Der Himmel schmiert zu. Das sieht nicht so gut aus, zumal das Barometer rasch zu fallen beginnt.

Silke nutzt die Stille, um die polnische Gastlandflagge gegen die russische auszutauschen.

Und dann – um 14.30 Uhr – kommt der Wind. Er dreht innerhalb weniger Minuten von West auf Nordwest und nimmt auf fünf bis sechs Beaufort zu. Wir nehmen das Groß weg. SCANDIA prescht durch schmutziggrüne Seen, die schnell höher auflaufen. Wir müssen jetzt ungefähr acht Seemeilen vor Baltijsk stehen. Ob hier Schiffsverkehr ist?

Da – plötzlich sehen wir sie.

Aus dem unsichtigen Dunst tauchen Schiffe auf. Dunkelgrau und schemenhaft pflügen sie die Ostsee, grauschwarze Rauchschleier aus ihren Schornsteinen hinter sich lassend und viel schneller fahrend, als es Frachter könnten. Bald wird uns klar, was hier los ist: Die Russen »spielen Krieg«! Anders ist diese Ansammlung ziemlich großer Einheiten von etwa Fregattenformat nicht zu erklären.

Nach einer halben Stunde bessert sich mit dem Durchzug der Kaltfront plötzlich die Sicht. Jetzt erkennen wir das Ausmaß der militärischen Übungen besser: Wir zählen überschlägig zwanzig Einheiten, die da unter Rauchschleiern umherjagen!

Jetzt sind wir nur noch wenige Meilen von der Ansteuerung von Baltijsk entfernt und es wird Zeit, uns anzumelden. Silke übernimmt bei immer noch zunehmendem Wind das Ruder und ich greife zum Telefonhörer. Der Arbeitskanal von »Baltijsk Traffic Control« ist 74.

»Baltijsk traffic control, Baltijsk traffic control, this is German sailing yacht SCANDIA, call sign Delta Bravo 8383, I request sailing permission for Baltijsk harbour, please come in.«

Drei Mal muss ich meinen Spruch wiederholen, bis sich endlich ein Operator unserer annimmt. Der Wind heult inzwischen mit sieben Stärken und Silke kämpft mit dem Steuerrad, um SCANDIA auf Kurs zu halten. Eigentlich müssten wir die Genua reffen, aber jetzt habe ich keine Zeit dazu, weil ich auf die Antwort des Operators warte.

Endlich: »SCANDIA, Baltijsk traffic, what do you want? Over.«

Jetzt bin ich aber platt. Wir haben ein Visum für Baltijsk für die Zeit vom 1.6. bis 1.7.2003 und die Immigration sollte eigentlich Bescheid wissen, zumal wohl nicht allzu viele Yachten diesen Hafen anlaufen – oder? Aber – bitte die Nerven behalten. Also:

»Baltijsk traffic, SCANDIA again, this is a private pleasure craft and we would like to clear for Baltijsk in order to visit Kaliningrad as tourists. May we come in? Over.«

In Erwartung einer neuen Pause lege ich den Hörer auf und springe an Deck, um schnell die Genua einzuholen. Silke startet schon die Maschine. Wir sind fast zwischen den Molenköpfen von Pillau, über die wütende Gischt peitscht. Baltijsk Traffic kommt mit neuen Fragen:

»SCANDIA, Baltijsk traffic, how many persons are on board your boat? Over.«

»Baltijsk, we are just two persons, over.«

»SCANDIA, how long is the boat, over?«

»Baltijsk, we are nine-point-thirty-six meters long – thirty-one feet!«

Lange Pause.

Dann kommt die erlösende Anweisung: »Okay SCANDIA, keep your passports ready, you are cleared to enter!«

Gerettet! Zwischen den Molen lässt der ruppige Seegang der letzten Meilen rasch nach.

Der wunderhübsch restaurierte weiße Leuchtturm aus alter Zeit weist uns im Sonnenlicht den Weg. Ich greife mir die englische Seekarte mit dem Hafenplan von Baltijsk und repetiere unseren Weg in den Innenhafen. Wir müssen eine halbe Meile weiter an Backbord in ein Hafenbecken steuern, wo sich nach unseren Informationen von der Kreuzerabteilung die Grenzkontrolle befindet. Aaah – dort wird uns ein geschützter Kai erwarten und ein friedlicher Anleger. Wir werden von den russischen Beamten freundlich begrüßt werden und – »na sdarovje« – mit ihnen einen Boonekamp trinken. Wir werden in der Innenstadt von Pillau Borschtsch essen. Oder Piroggen in Sahnesoße. Vielleicht auch Bliny mit Kaviar? Und einen roten Krimskoje-Sekt schlürfen? Wer segelt schon nach Russland? Das muss doch zünftig gefeiert werden …

Doch die grausame Wirklichkeit in Baltijsk sieht an diesem Abend anders aus.

An Backbord ertönt nämlich der unüberhörbar grelle Pfiff einer Trillerpfeife. Sie hängt um den Hals eines grün Uniformierten, der breitbeinig auf dem Kai steht und uns unmissverständlich bedeutet, direkt vor seinen schwarzen Stiefeln anzulegen. Misstrauisch motoren wir näher. Waaas – an deeem Kai sollen wir anlegen? Mit der schönen SCANDIA?

Vor uns liegt eine verfallene Mauer aus groben Feldsteinen, die sich schräg abfallend in die klatschenden Wellen des Hafens neigt. An ihr hängen an dicken verrosteten Stahlseilen fette, tiefschwarze, riesige Gummiwülste. Poller zum Festmachen sind nirgends zu entdecken. Wir stoppen vor der Gummiwand und schütteln die Köpfe. Die nächste, einigermaßen zivile Anlegestelle befindet sich zweihundert Meter weiter in Luv in einem deutlich ruhigeren Hafenbecken. Wenn überhaupt, dann wollen wir dort anlegen. Aber die Trillerpfeife lässt sich nicht beirren. Hier, oder – und er zeigt hinaus auf die offene See …

Wir legen an. Ich springe mit der Vorleine auf einen der schwarzen Fenderwülste und knote ihn schnell um den verrosteten Draht. Dann schnell die Achterleine. Schon stehe ich auf dem Kai und versuche den Soldaten davon zu überzeugen, dass dies kein Liegeplatz für eine zarte GFK-Yacht ist. Natürlich versteht er kein Wort, sondern bedeutet mir mit energischen Gesten, sofort wieder an Bord zu gehen.

»Njet – no permission!«

Dann sitzen wir beide auf dem Seitendeck, stemmen unsere Füße gegen die schwarzen Gummiwülste und versuchen unsere in den kurzen Hafenwellen schwer arbeitende Yacht zu retten.

»Was ist das hier bloß für eine Scheiße!«, schreie ich. Der Russe versteht auch das offenbar nicht. Denn er grinst nicht einmal!

Aber da naht Hilfe. Aus einem olivgrünen Militär-PKW steigen zwei Männer in Uniform und kommen auf uns zu. Sie stellen sich als »Immigration Officers« vor und wollen an Bord kommen. Bitteschön. Umständlich kraxeln sie über die fürchterlichen Gummiwalzen, balancieren – sich mühsam an Reling und Handläufen festhaltend – über das Seitendeck, fallen plump in unser Cockpit. Man merkt, dass sie keine Erfahrung mit Yachten dieser Größe haben, denn sie sehen sich linkisch um und wissen nicht weiter. Wir auch nicht. Sollen wir nun unsere Mappe mit den Bootspapieren und unsere Pässe herausholen oder wollen sie das Boot durchsuchen?

Ich will die beiden gerade nach unten in den Salon bitten, als mit hoher Fahrt ein kleines Militärfahrzeug – scheinbar ein Lotsenboot – an uns vorbeibraust und einen irren Schwell gegen unsere Backbordseite wirft. SCANDIA knallt gegen die Gummiwülste, dass die Offiziere beinahe den Halt verlieren. Ich nutze die gute Gelegenheit, sie auf diesen unmöglichen Platz hinzuweisen, und bitte dringend, uns das Boot verholen zu lassen, indem ich auf die gegenüberliegende Kaiseite hinweise, wo es bedeutend ruhiger ist. Aber wir haben wir kein Glück: Für Liegeplätze sind sie offenbar nicht zuständig.

Nun gehen wir doch hinunter in die schwankende Kajüte und es geht plötzlich sehr schnell mit der Einklarierung. Pässe mit eingeklebtem Visum – gutt! Crew list – very gutt! Dann das Ausfüllen der Immigration Card – auch gutt! Fertig.

Nun bitten wir erneut um die Zuweisung eines geschützten Liegeplatzes, denn wir fühlen uns als rechtmäßig gelandete und damit willkommene Touristen. Doch obwohl die beiden sehr zufrieden mit unseren Papieren sind und uns loben, zeigen sie sich völlig unbeeindruckt von unseren Wünschen. Sie erklären uns, dass der gesamte Hafen militärisches Sperrgebiet sei und wir am besten gleich wieder auslaufen sollen. Leider verfehlt auch unser Boonekamp seine Wirkung; er wird strikt abgelehnt!

Ich glaube, wir starrten die Grenzbeamten derart irritiert an, dass sie eine Information nachlegen, die wir schon von Andrej in Ustka erhalten hatten. Das Zauberwort scheint »Pionerskij« zu heißen.

Andererseits eröffnen sie uns, dass wir auch nach Kaliningrad hineinfahren können. Den Yachthafen der Kaliningrader Segler im Haff neben der Fahrrinne der Pregel erwähnen sie nicht. Und auch über die Anlegemöglichkeiten der Stadt schweigen sie. Uns wird immer deutlicher: Wir werden erneut unter Segel gehen, auslaufen und nach Norden segeln müssen. Aber – bei dem Wind? Die Bäume vor den Kasernen biegen sich unter dem Sturm, der uns vor einer Stunde hier hereingeweht hat. Er scheint nicht nachlassen zu wollen. Was nun?

Wir haben noch eine Galgenfrist. Denn nach der Immigration sollen wir nun auf den Zoll warten. Das könne aber etwas dauern, da diese Beamten noch auf Frachtschiffen zu tun hätten. Auf Frachtschiffen? Bisher haben wir nur qualmende Krieger gesehen!

Silke – praktisch, wie Frauen nun einmal sind –, nutzt die Wartezeit sogleich zur Vorbereitung auf einen Nachttörn, der uns wohl bevorsteht: Sie fertigt »Maurerstullen« an, legt unser Ölzeug, die Rettungswesten und die Lifebelts bereit und serviert die belegten Brote mit Cola an Deck. Dann sagt sie plötzlich: »Guck mal – die Bäume biegen sich schon viel weniger als vorhin – findest du nicht auch?«

Anstelle einer Antwort greife ich zum Telefonhörer unseres UKW und rufe den Operator an, um den aktuellen Wetterbericht abzufragen, über den jeder Operator auf der ganzen Welt verfügt. Und richtig – er antwortet sofort, als habe er unseren Anruf schon erwartet.

»SCANDIA, weather report of tonight 6 p.m. is westerly wind 14 to 19 meters per second, sea three to four meters«. Ich schlucke seine Botschaft trocken runter. 14 bis 19 Meter pro Sekunde, Mensch – das sind ja sieben bis neun Beaufort! Mein Gott!

In solchen Augenblicken kommt mir meine Bordfrau mit der ganzen Fatalität, derer ein Mensch nur fähig sein kann. Sie meint nämlich mit der selbstverständlichsten Ruhe: »Na gut – dann nehmen wir die sieben.« Und damit ist unser Auslaufen für sie beschlossene Sache.

Da kommen die Zöllner schon. Eine junge Frau und ein baumlanger Mann entern – geschickter als ihre Vorgänger – an Deck und klettern zielstrebig in den Salon hinunter. Der Grund ist klar: Sie haben jede Menge Papier vorbereitet und mir schwant Böses. Hoffentlich geht es schnell, denn der jungen Frau scheint die Schaukelei nicht gut zu bekommen. Die nimmt inzwischen wieder zu, denn jetzt – zum Abend – laufen immer mehr Kriegsschiffe in langer Kiellinie in den Hafen ein, ersticken uns mit stinkendem Qualm und werfen hohen Schwell auf. Ich wage nicht, mir den Zustand unserer Bordwand vorzustellen, die die Stöße der schwarzen Gummiwalzen verarbeiten soll.

Unser Salontisch verschwindet indes unter Stapeln von Listen. Deklarationen für alles Mögliche. Auf Russisch und Englisch. Die Verständigung in holperigem Englisch ist schlecht. Schließlich greife ich mir all die Listen und beginne damit, sie einfach selber auszufüllen, was den Beamten sehr recht zu sein scheint. Gleichzeitig probiert Silke erneut den Boonekamp-Trick. Vergeblich!

Indes stockt die Feder in meiner Hand, denn die mir vorliegenden Papiere sind allesamt auf Berufsschiffe zugeschnitten. Was sollten wir auf Fragen nach der Menge Ballastwasser in den Tieftanks, Inhalt der Kühl- und Gefrierräume oder zollpflichtigen Schmieröl- und Treibstoffen in Kanistern angeben? Es bleiben drei Fragen übrig, die alle mit »nein« beantwortet werden sollten und unsere Antwort lautet natürlich unisono »no weapons«, »no drugs«, »no people« (keine Waffen, keine Drogen, keine versteckten Menschen).

Uff – das wäre geschafft? Nein – nicht ganz. Denn der Baumlange will doch tatsächlich unsere kleine Yacht nach »weapons, drugs and people« durchsuchen. Zuerst versucht er unter akrobatischen Verrenkungen die Lokustür zu öffnen. Die ist aber auf der SCANDIA von besonderer Art, denn Voreigner Volker hatte sie Jahre zuvor von oben nach unten durchgesägt und mit einem Klavierbandscharnier wieder zusammengefügt, damit man leichter ins Vorschiff gelangen kann.

Nach einiger Turnerei hockt der Zöllner – verklemmt, unglücklich guckend und von der Kollegin schadenfroh belächelt – zwischen Tür und Angel auf unserem Klo und kann nicht vor noch zurück. Nachdem ich ihn befreit habe, ist die Inspektion beendet und die beiden haben es plötzlich eilig, von Bord zu kommen. Ein letztes Mal versuchen wir, die Liegeplatzfrage anzuschneiden. Und tatsächlich hat der Baumlange einen Rat für uns: »Wenn Sie nicht auslaufen wollen, dann bleiben Sie einfach hier an dieser Stelle liegen. Wir tun dann so, als seien Sie gar nicht da!«

Hier ist wirklich nichts zu machen. Einer schiebt das Problem auf den anderen, niemand ist zuständig oder will es überhaupt nicht sein. Wir geben auf!

Baltijsk Traffic Control fragt zögernd: »Wollen Sie wirklich raus, SCANDIA? Warten Sie bitte noch etwas, es kommen gleich mehrere Kriegsschiffe herein. Ich sage Ihnen, wann sie auslaufen können!«

Soll das ein Wink des Schicksals sein? Eine letzte Frist? Eine Denkpause? Quatsch! Schicksal gibt's bei uns nicht. Und Zaudern schon gar nicht. Entweder es geht – oder es geht nicht. Umkehren können wir notfalls immer noch.

Noch einmal – wie oft schon bei der Vorbereitung der Reise? – sehen wir uns unsere Seekarte an, aber die guckt mit der gleichen Bedrohlichkeit zurück, wie schon immer:

Diese Leeküste, vor der wir auf Legerwall gut zwanzig Seemeilen nach Norden segeln müssen, ist gespickt mit Flachs, Untiefen- und Wracktonnen, die deutlich auf die Gefahren des Reviers hinweisen. Unsere Chance besteht darin, bei dem angekündigten Westwind und trotz der hohen Wellen genügend Höhe laufen zu können, um rasch tiefes Wasser und Abstand von der Küste zu gewinnen. Bei Erreichen der Zehnmeterlinie sollten wir die Schoten etwas schricken und mit viel Fahrt auf Nordkurs gehen können. Gelingt dies nicht, dann werden wir sofort wenden und wieder in Baltijsk anlegen. An ein Aufkreuzen vor dieser Küste und bei diesem Wind denke ich lieber nicht.

Schon laufen die Krieger ein – rauchend und in den Hafenwellen schlingernd. Wir legen die Westen und die Lifebelts an und starten den Motor. Da meldet sich auch schon unser Operator. »SCANDIA, you are cleared for leaving – if you want, okay?«

Jetzt gibt es kein Überlegen mehr. Mit möglichst fester Stimme antworte ich, dass wir fertig sind und jetzt ablegen. In Wirklichkeit habe ich Schiss wie selten. Aber ich weiß auch, dass der nachlässt, sobald ich aktiv werde und etwas tun kann.

»Okay, SCANDIA, good luck and good bye. Over and out!« Es ist 18.40 Uhr. Wir sind allein.

Silke setzt den Vorsteven von den schrecklichen Fendern ab, der Westwind hilft uns beim Freikommen, und schon brummen wir in den Vorhafen hinaus. Gut ein Meter Welle erwartet uns schon hier. Ich rolle das Großsegel zu ungefähr der Hälfte seiner Fläche aus dem Mast, hole den Traveller auf seiner Schiene weit nach Backbord und die Schot dicht. So laufen wir zunächst mit Westkurs nach Backbord an die südliche Mole heran. Jetzt folgt die auf etwa die Hälfte gereffte Genua. Als die Schoten für den Amwindkurs geholt sind, passieren wir gerade den südlichen Molenkopf dicht an Backbord, fallen um zwanzig Grad ab und stoppen die Maschine.

Sofort packt uns die See. Wohl zweieinhalb bis drei Meter hoch rollen die Wellenberge in endloser Formation von Westen auf uns zu. SCANDIA schüttelt sich unwillig unter dem Anprall des ersten Schaumkammes, der ihren Bug nach Steuerbord herumwirft. Dann aber besinnt sie sich ihrer Kraft, legt sich ein wenig auf ihre vornehme Steuerbordseite und nimmt entschlossen und zügig Fahrt auf. Es stimmt: Der Wind kommt genau aus West, und für unseren Nordkurs ist das gut so.

Das GPS-Gerät unter der Sprayhood habe ich so eingestellt, dass es uns fortlaufend und abwechselnd Kurs und Fahrt über Grund sowie die Abweichung von unserer imaginären Kurslinie anzeigt, die uns mit Kurs 360 Grad über 13,8 Seemeilen zur ersten West-Untiefentonne vor der Banka Jantornaja führt.

Schon jetzt, nur wenige Minuten nach dem Passieren der Molen von Baltijsk, könnte ich den kleinen Empfänger mit dem hellgrün beleuchteten Display küssen, so eindeutig zeigt er uns an, wie gut wir Luv machen und uns vom Strand der Halbinsel

Samland freisegeln. Schon jetzt, nach einer halben Seemeile, steht fest, dass wir es schaffen werden, wenn – ja wenn der Wind nicht weiter rechtdreht, wenn die Wellen nicht höher werden und uns nach Lee versetzen, wenn die bretthart stehenden Segel halten und auch die Schoten, auf denen man Cello spielen könnte, und wenn …

Ach was! Wir lehnen uns schon mal ein bisschen entspannter zurück. Die tief stehende Sonne scheint noch hell und klar vom wolkenlosen Westhimmel. Und Silke schaut mich mit ihren blauen Augen fröhlich an: »Na – ist das hier nicht zehnmal besser als die Sch…fender an der blöden Kriegerpier?«

Sobald wir laut Echolot die Zwanzig-Meter-Tiefenlinie überqueren, sind wir auf der sicheren Seite. Wir fallen weiter ab, fieren beide Schoten und lassen SCANDIA die Zügel los. Brav quittiert sie dies mit konstanten sechs Knoten Fahrt und galoppiert förmlich über die sehr hohen, aber angenehm langen Wellen, von denen nur wenige gefährlich brechen.

Um 21.05 Uhr passieren wir die erste Tonne dicht an Steuerbord und kurz darauf die zweite, die eineinhalb Seemeilen nördlicher liegt. Kursänderung auf 018 Grad. Als um 22.45 Uhr der Feuerball der Sonne in die Ostsee taucht, runden wir das Nordwestkap Samlands bei der Nordleuchttonne »Taran«, bergen die Genua und rauschen mit 100 Grad platt vor dem Wind die Wellenberge hinunter nach Osten. Vor uns leuchtet das helle Blitzfeuer »Mys Gvardejskij« in der beginnenden Dunkelheit, das uns sicher bis vor den Hafen von Pionerskij führen soll. An Steuerbord geht ein romantischer 7/8-Mond auf, der uns freundlich zuzuzwinkern scheint.

Meine einzige Sorge sind jetzt nur noch unbeleuchtete Fischernetze oder Tonnen, die in der Karte nicht unbedingt verzeichnet sein müssen, obwohl dies auf immer noch 12 bis 15 Metern Wasser eher unwahrscheinlich ist. Wir führen jetzt unsere Positionslampen, die die Schaumkämme der vor uns davonlaufenden Seen gespenstisch beleuchten – die rote an Backbord und die grüne an Steuerbord. Aber so herrlich dieses Schauspiel anzusehen ist, so trügerisch ist auch die Sicherheit, die uns das bisschen Licht gibt. Sollte in ihrem schwachen Schein ein Hindernis auftauchen, dann sitzen wir auch schon drauf!

Doch alles geht gut!

Das Log zeigt 29,3 Seemeilen, als an Steuerbord programmgemäß die beiden Lichter der Einlaufpeilung von Pionerskij auftauchen. Schnell ist das Groß eingerollt und Rudolf angelassen. Die plötzlich dwars kommende See schaukelt uns zum Abschied noch einmal gewaltig durch, aber dann passieren wir den Kopf der seewärtigen Mole und fahren sofort auf glattem Wasser.

Die rote Einlaufpeilung hilft uns allerdings nur bis hierher weiter, denn sie weist genau nach Norden und führt uns lediglich auf den im Mondschein weiß leuchtenden Strand. Wir brauchen zwei weitere Lichter auf den inneren Molen, die uns die Russen in Ustka mit ihrem Bleistift auf dieser Seekarte eingezeichnet haben. Um nicht auf den Strand zu fahren, lege ich schon mal Ruder in Richtung dieser imaginären Molen, aber sehen kann man nichts.

»Hol mal schnell den Handscheinwerfer!«, rufe ich Silke zu. Sie stolpert mit dem schwarzen Ding den Niedergang herauf – da fällt er ihr aus der Hand und zerlegt sich in mindestens fünf Einzelteile. »Mist!« Aber sie fummelt die Leuchte in Sekundenschnelle wieder zusammen, und schon wird es vor uns hell. Immer noch keine Molen. Immer noch kein Molenfeuer. Verflixt – ich möchte nicht noch hier drinnen irgendwo festkommen oder etwas rammen! Aber Silkes gute Augen helfen uns aus der Patsche.

»Da! Da vorn, da leuchtet was!«

Und tatsächlich schwenkt jemand weit vor uns an Land ein weißes Licht. Gilt das überhaupt uns? Wer sollte uns jetzt – um halb eins in der Nacht – hier erwarten?

Ich steuere langsam und vorsichtig auf das Licht zu, und jetzt werden die Umrisse einer niedrigen Betonpier deutlich, an der eine große Segelyacht und einige kleinere Sportboote liegen. Bald erkennen wir auch drei Menschen, die uns ganz offensichtlich erwarten. Hilfsbereit nehmen sie unsere Leinen an, lachen freundlich und rufen uns russische Wörter zu, die vielleicht »herzlich willkommen« heißen. Schon ist SCANDIA fest und wir sind in Sicherheit. Ich springe auf den nagelneuen Schwimmsteg, staune über die modernen Strom- und Wasserversorgungssäulen und die hellen Lampen. Das sieht ja genau so aus wie bei uns zu Hause!

Doch jetzt wird es erst mal amtlich am Steg. Zwei der drei Männer sind offenbar Grenz- und Zollbeamte, denn sie bitten höflich um unsere Pässe und Crewlisten. Als sie erkennen, dass wir schon aus Baltijsk kommen und bestens einklariert sind, zeigen sie sich sehr erleichtert. Nun tritt der zivil gekleidete junge Mann vor, der zuerst die Leinen annahm. Er kann drei Worte Englisch und die lauten »welcome«, »manager« und »marina«. Zu unserem Erstaunen holt er ein riesiges Handy aus der Tasche, wie es einst Zar Peter benutzt haben muss, zieht die ellenlange Antenne heraus, tippt mit wichtiger Miene eine Nummer ein und reicht mir das Gerät.

Am anderen Ende ist ein Andrej, seines Zeichens »Marina Manager«, der uns nun nochmals herzlich willkommen heißt. Wir sollen Strom nehmen und Wasser und uns wohlfühlen. Und morgen will er kommen, um uns persönlich zu begrüßen. Na – wenn das nichts ist! Wir sind beinahe bereit, Baltijsk zu vergessen und alle Unbill des vergangenen Tages und der wilden Nacht auf See. Doch soll man bekanntlich den Tag nicht vor dem Abend loben. Und abgerechnet wird zum Schluss.

Die drei Männer lassen uns bald allein. Nass, durchgefroren und todmüde ziehen wir uns in den Salon zurück, schalten unseren Heizlüfter ein, genießen bei einem Glas Wein und einem ordentlichen Schluck Rum die sichere Ankunft und fallen alsbald in den »Schlaf der Gerechten«, aus dem uns am nächsten Morgen das vertraute Geschrei der Möwen weckt. Sie klingen haargenau so wie die Möwen von Travemünde. Und das, obwohl es sicher russische Möwen sind …

Kaum bin ich in der warmen Morgensonne an Deck, um unsere deutsche Nationale und die russische Gastlandflagge zu setzen, als auch schon der junge Hafenmeister Valentin von heute früh vor mir steht. Er entpuppt sich als ein »Kerl wie ein Baum« mit dem gutmütigen Gesicht eines Buben. Über seinem sehenswerten Bizeps spannt sich ein enges T-Shirt – mal sehen, was Silke dazu sagt.

Valentin kümmert sich rührend um uns. Er zeigt uns sein Büro mit einem Telefonanschluss und sogar einem Faxgerät! Leider zeigt er uns keine Waschräume, denn der neue Betonsteg täuscht: Marina Pionerskij besitzt nur diesen Steg. Das Hafenbüro residiert in einem winzigen Wohnwagen. Das Wasser aus dem Hahn am Steg ist zum Trinken nicht geeignet. Es gibt noch nicht einmal ein Klo! Aber die Lage des Steges entschädigt schon ein bisschen. Wir liegen vollkommen sicher hinter der hohen Seemole aus Hunderten von Tetrapoden, die die Gewalt der Ostsee brechen sollen.

Nach einem gemütlichen Frühstück bereiten wir uns auf unseren ersten Landgang in der Enklave vor. Wir versuchen, von Valentin ein paar Informationen über Pionerskij zu bekommen, einen Stadtplan vielleicht oder ein Reklameblättchen der örtlichen Wirtschaft. Valentin scheint zu verstehen, was wir ihm mit Händen und Füssen erklären, aber er zuckt nur bedauernd die Schultern. Na gut – dann müssen wir das Dorf eben selbst erkunden.

Trostlos schon das Ambiente des ziemlich großen Hafens: Verrostete, aufliegende Fischdampfer, ein paar Schweißer, die containerähnliche Kästen zusammenfügen, von tiefen Rissen und Löchern durchzogene Betonflächen und einige Ziegelgebäude mit einer Schranke, durch die man den Hafen verlassen und betreten kann. Nach einem kurzen, scheuen Blick nimmt niemand weiter Notiz von uns.

Unbehelligt gelangen wir auf die Zufahrtsstraße und gehen in Richtung der meisten Häuser. Auch die Straßen halten keinem gesunden Vergleich mit irgendeiner uns geläufigen Straße stand: tiefe Löcher in den Sandpisten, gefährliche Schlaglöcher in den wenigen gepflasterten Straßen. Ein paar Autos kurven langsam und vorsichtig in weiten Bögen um die Löcher herum, um sich ihre Achsen nicht abzureißen. Viele Häuser an den kaum andeutungsweise vorhandenen Gehwegen sehen unbewohnt aus. Aber der erste Eindruck täuscht. An einer alten Kate, deren ehemaliges Strohdach nur noch in Fragmenten vorhanden und teilweise eingestürzt ist, bewegt sich eine graubraune Gardine und das Gesicht eines uralten Mütterchens erscheint für eine Sekunde. Das besterhaltene Bauwerk ist eine blankgeputzte Leninstatue auf einem gepflegten Rasenflecken!

Dürftig gekleidete Menschen bewegen sich langsam vorwärts, jede Art von geschäftiger Hektik scheint ihnen fremd zu sein. Erschüttert sehen wir Frauen vierrädrige Karren mit einer Art Matratze schieben, auf der halbwüchsige Kinder mit unnatürlich gespreizten Beinen auf dem Bauch liegen. Sind es Opfer der Kinderlähmung?

Wir kommen zum Bahnhof von Pionerskij, der allerdings nur aus einem unter abblätternder Farbe vor sich hin faulenden Holzgebäude mit Fahrkartenschalter und einem verfallenen Bahnsteig besteht. Ein langer grüner Zug mit einer röhrenden und qualmenden Diesellok steht auf dem Gleis. Mit ihm werden wir morgen nach Kaliningrad fahren.

In der Hauptstraße von Pionerskij hoffen wir ein bisschen einzukaufen, etwas Brot und Gemüse, ein Stück Fleisch und Kartoffeln. Da wir noch nicht im Besitz russischer Rubelwährung sind, wollen wir in Dollar zahlen, von denen wir im Ausland meistens ein Bündel kleiner Scheine mitführen. Aber daraus wird nichts, denn gleich die erste Bäckerei will uns gegen Dollar nichts verkaufen. Rubel einkaufen können wir auch nicht, weil die Banken geschlossen sind – man feiert den Unabhängigkeitstag.

In einer Halle, die einer ehemaligen Großgarage ähnelt, finden wir eine Art Markt. Ein paar von der hohen Decke herabhängende Glühbirnen erleuchten spärlich die wenigen Stände.

Alte Frauen in schwarzen Kopftüchern und dunklen Kitteln warten missmutig und verhärmt hinter den aus rohen Brettern gezimmerten Verkaufstischen auf Kunden. Darauf liegen vereinzelte Möhren und dicke Bohnen, Tomaten, Zwiebeln, Eier und Kartoffeln.

Gewürze, Küchenkräuter oder gar Salat gibt es nicht und das Gemüse sieht aus, als läge es schon tagelang dort auf den Tischen – schlaff, welk und farblos.

Nebenan in der Fleischabteilung erschrecken wir erst recht: Das Angebot an tierischem Eiweiß beschränkt sich auf fettes Bauchfleisch mit Schwarte und Flomen!

Die ganze Atmosphäre wirkt derart armselig, dass ich es nicht wage, auf den Auslöser meiner Kamera zu drücken. Wir können kaum glauben, wie Menschen im Europa des 21. Jahrhunderts leben müssen.

Inzwischen ist es hoher Mittag und wir haben Durst auf ein schönes Bier. Wir bekommen auch eins: Im staubigen »Garten« eines Kiosks verkauft man uns für einen Dollar zwei Flaschen kühles Bier und wir erhalten sogar vier Rubel zurück!

Als wir nachmittags in den Hafen zurückkehren, steht ein älterer schwarzer Audi vor dem Wohnwagenbüro der Marina. Er gehört Marina-Manager Andrej, der uns schon erwartet. »Ihr seid die erste deutsche Yacht in unserem Hafen!«

Wir laden ihn an Bord ein. Er spricht gut Englisch und wir bekommen viele nützliche Informationen.

Unsere Story aus Baltijsk berührt ihn nicht besonders. Er kennt offenbar Dutzende solcher Geschichten. Es scheint üblich zu sein, westliche Yachtcrews zu schikanieren. Auch wir werden später nach unserer Rückkehr von dieser Reise noch mehrere solcher Seglererlebnisse zu hören bekommen.

Klagen führt Andrej aber auch über die eigene Politik. Das leer stehende, aber ziemlich neue Fischereigebäude hinter dem Wohnwagenbüro, das er gerne mieten oder kaufen will, enthalten ihm die Behörden vor. Seine Pläne, die Marina um einen weiteren Steg und moderne Sanitäreinrichtungen auszubauen, werden systematisch abgewürgt. Die am Ruder sitzenden Apparatschiks kommunistischer Prägung führen nach wie vor das Regiment. Moskau ist weit, Michail Gorbatschows »Glasnost« und »Perestrojka« waren Hirngespinste eines kapitalistischen Verräters der Sowjetunion. Und dass das Denken auch in Russland inzwischen erlaubt wurde, interessiert sie nicht. Natürlich geht es ihnen – wie allen selbstherrlichen Politikern weltweit – nur um eines: um ihre persönlichen Pfründe!

Wir fragen Andrej nach der 16-Meter-Yacht, die am Steg liegt und auf der ein einsamer Mann werkelt, putzt und schraubt. Das Schiff, so erklärt er, gehöre einem reichen Freund. Der Mann an Bord sei sein Bootsmann. Aber die beiden hätten auch keinen Einfluss auf die Obrigkeit. Im Gegenteil würden sie hier mit ihrem kapitalistischen Luxusspielzeug nur gerade eben so geduldet.

Nach zwei Stunden angeregter Unterhaltung bezahlen wir das Hafengeld von 18 Euro für vier Nächte. Wir geben ihm 25 Euro und erhalten 250 Rubel (=7,50 Euro) zurück. Das soll morgen für die Fahrkarten reichen. Andrej schenkt uns einen Stadtplan und schärft uns noch ein, bei welcher Station wir in Kaliningrad aussteigen müssen. In Ermangelung irgendwelcher lateinischen Schriften an den Bahnstationen sollen wir einfach die Haltestellen mitzählen. Wenn das mal gut geht!

Der Zug kommt pünktlich. Mühsam klettern wir von dem niedrigen Perron hinauf in den Großraumwagen und staunen: Der wegen der russischen Spurweite der Gleise enorm breite Waggon ist komplett in hellem Holz ausgebaut. Inklusive der Sitzbänke. Wir kommen uns vor wie in der 3. Holzklasse der frühen Nachkriegs-Bundesbahn. Es sind kaum Mitreisende im Wagen. An einer Wand hängt der Streckenplan – in kyrillischer Schrift. Draußen zieht eine wilde, interessante Landschaft vorbei. Hellgrün versteppte Felder wechseln sich mit Birkenwäldchen und Lavendel ab. Es gibt nur ganz vereinzelt menschliche Ansiedlungen, und auch eine landwirtschaftliche Struktur ist nicht zu erkennen: keine bestellten Äcker, kein Vieh, kein Traktor –

nichts! Auch Industrien sind nicht da. Wovon leben die Menschen hier?

In Kaliningrad, das wir nach einer knappen Stunde erreichen, steigen wir aus und finden uns sofort im Trubel einer Großstadt. Hektischer Verkehr vieler Lkw, Busse und Straßenbahnen, aber nur weniger Personenautos prägt das Bild. Wir suchen zuerst nach der Touristeninformation und finden – nichts. Es gibt noch nicht einmal irgendein Straßenschild oder einen Wegweiser in lateinischer Schrift, und selbst westeuropäisch anmutende Gebäude wie Banken oder Restaurants sind kaum zu erkennen. Was nun?

Unschlüssig bummeln wir rund um den großen zentralen Platz. In einer Bank fragen wir einen Angestellten auf Englisch nach dem Weg. Pech – er versteht uns nicht. In einer Fußgängerzone entdecken wir einen Biergarten und setzen uns an die langen Tische. Eine Kellnerin reagiert auf unser »Piwo« und bringt zwei Gläser Bier. Da hört Silke mit einem Mal deutsche Stimmen. Sie gehören einer Mini-Reisegruppe aus drei Personen, die uns hilfsbereit an ihrem Tisch aufnehmen und uns »retten«.

Sie weisen uns den Weg zu einem internationalen Hotel, dessen Empfangssekretärin uns innerhalb von zwanzig Minuten einen ein bisschen Deutsch sprechenden Fremdenführer mit Pkw besorgt. Er kommt mit einem alten, ungepflegten und klapperigen Golf Diesel, heißt Vladimir, ist ein 50-jähriger Elektroingenieur ohne Job und fährt auf Abruf englische und deutsche Touristen durch seine Stadt. Für 18 Euro zeigt er uns zwei Stunden lang das alte Königsberg – von dem nach den Bombardements des Zweiten Weltkriegs fast nichts mehr übrig ist – und das neue Kaliningrad.

Der herrliche Königsberger Dom ist von außen fertig restauriert und innen noch eingerüstet. Dort findet gerade eine Hochzeit statt. Im ehemaligen Pfarrhaus besuchen wir das Immanuel-Kant-Museum mit Büchern, Gemälden und Reliquien des berühmten deutschen Philosophen.

Weiter geht es zum Bernsteinmuseum, das wieder in seinem ursprünglichen Backsteinrundbau residiert.

Dem Denkmal von »Mütterchen Russland«, einer Art Schutzpatronin des zwangsweise nicht religiösen Volkes, sagt man den weisen Spruch nach: »Kommt alle her zu mir – hier bei mir seid ihr zu Hause!«

Gleich nebenan rast ein sowjetisches Torpedoboot auf seinem steinernen Sockel gen Himmel – eine Hommage an die siegreiche Rote Armee zur See.

Und auch die aus Kaliningrad stammenden russischen Kosmonauten Leonow, Romanenko und Viktorenko hat man nicht vergessen: Sie haben ein eigenes Denkmal.

Vladimir fährt uns auf unseren Wunsch auch zum Stadthafen und wir finden unseren Entschluss bestätigt, dort in der »Nacht von Baltijsk« nicht angelegt zu haben. Er ist voller Hulks und Wracks, und eine auch nur annähernd für Yachten geeignete stadtnahe Anlegestelle ist nirgends zu entdecken.

Zum Schluss unserer Rundfahrt fährt Vladimir uns zu einem Schnapsladen für Ausländer, wo wir unsere restlichen Rubel in Wodka, Sekt und Champagner anlegen, denn in den baltischen Staaten werden wir wohl mit russischem Geld keinerlei frohe Gefühle erregen.

Alles in allem müssen wir dem heutigen Kaliningrad aber Respekt erweisen. Der moderne Wiederaufbau ist weit vorangeschritten, alte Bauwerke und sogar deutsche Kultur aus Vorkriegszeiten erfahren neue Zuwendung. Es war gut, hierher zu kommen. Und es wird wohl sehr spannend, die weitere Entwicklung zu erleben. Was wird aus der inzwischen von lauter EU-Mitgliedern umgebenen, ja eigentlich isolierten Enklave, deren Einwohner inzwischen ein Visum benötigen, um von hier in ihr »Mutterland Russland« zu reisen?

Wie lange will die Kriegsmarine noch auf dem »Mare Balticum« – dem »Meer des Friedens« – vor Baltijsk herumtoben? Schon laufen die ersten Fähren von Travemünde, Rostock und Kiel dort ein, um friedlich Handel und Tourismus zu treiben und Europa zu importieren. Mal sehen …

In Pionerskij erholen wir uns einen Tag lang an Bord, liegen in der Sonne und bereiten uns mental auf Litauen vor. Morgen in aller Frühe wollen wir nach Klaipeda auslaufen, das immerhin knapp fünfzig Seemeilen nördlich liegt. Wir bitten Valentin, die Immigration für heute Abend oder morgen früh zum Ausklarieren zu bestellen. Doch es scheint ein Problem zu geben. Unter Mitwirkung eines englisch sprechenden Studenten erklärt er uns, dass niemand zum Hafen kommen kann. Man feiert nämlich den »Unabhängigkeitstag«, und das vier Tage lang!

Das können wir nicht verstehen. Wenn die Immigration

Officers nachts um 01.00 Uhr freiwillig am Steg sein können, dann sollte dies doch auch morgens um 06.00 Uhr möglich sein?

Valentin telefoniert und telefoniert, stößt aber offenbar überall auf Ablehnung. Schließlich erfährt er, dass die Grenzbeamten uns eine Ausklarierung für 11.00 Uhr anbieten. Aber das ist mir eindeutig zu spät – schließlich wollen wir morgen noch bei Tageslicht in Klaipeda anlegen.

In mir regt sich das von Silke so genannte »Maultier-Syndrom«. Das bedeutet für sie, dass ich durch nichts und niemanden dazu zu bewegen bin, von einem Vorhaben abzulassen. Und so ist es auch dieses Mal. Wir verabreden, dass Valentin es morgen früh noch einmal versucht. Klappt es dann nicht, dann werden wir eben ohne gestempelte Pässe in der Frühe auslaufen. Was soll schon passieren, nicht? »Oder schicken die uns dann ein Kriegsschiff hinterher?«, witzele ich. Alle lachen. Dieses Lachen deute ich als Verneinung. Wir gehen früh in die Kojen.

Sonntag, 16. Juni 2003, 04.00 Uhr. Es weht ein leichter Nordwest aus bedecktem Himmel. Valentin kommt aus seinem Wohnwagen und schüttelt den Kopf. Kein Ausklarieren. Zwei Stunden später springt unser Diesel an und wir verlassen unter vielem Winken den gastlichen Hafen von Pionerskij, gehen auf Kurs 033 Grad und sind bald allein auf See. Es ist dunstig, und SCANDIA marschiert unter Vollzeug und Selbststeueranlage mit vier bis fünf Knoten.

Um 10.00 Uhr hören wir plötzlich von irgendwoher ein leises Tuten. Nanu? Wer tutet denn hier mitten in der Gegend? Wir sind doch nicht auf einem Dampferweg. Gleich darauf erkennen wir des Rätsels Lösung: Aus einer Nebelbank achteraus bricht mit voller Fahrt ein dunkelgraues Kriegsschiff hervor! Seine typische schwarze Rauchfahne identifiziert das Schiff zweifelsfrei als von russischer Herkunft. Schnell werfe ich einen Blick auf die Seekarte und erkenne, dass wir noch ungefähr vier Seemeilen südlich der Seegrenze zu Litauen stehen. »Scheiße«, entfährt es mir, »jetzt haben sie uns beim Wickel!«

Nervös wie ein überzüchtetes Rennpferd umkreist uns der Russe in gebührendem Abstand. In der Brückennock des ziemlich großen Wachbootes erkenne ich einen Offizier, der ein Megaphon in der Hand hält. Jetzt setzt er es an den Mund und schreit: »SCANDIA– stop! Stop!«

Guck an – die wissen schon genau, wer wir sind, und ihr Auftrag ist auch klar: Es geht ohne Frage um unser versäumtes Ausklarieren. Gut – dann müssen wir wohl gehorchen und beidrehen. Das Kriegsschiff bleibt in einiger Entfernung ebenfalls liegen, und nun nehmen die Russen UKW-Kontakt zu uns auf.

»SCANDIA – go to channel ten! Channel one zero!«

Wir gehen auf Kanal 10 und warten.

Wieder die Aufforderung, auf Kanal 10 zu schalten. Mir platzt ein bisschen der Kragen:

»Russian warship, this is SCANDIA. We are on channel ten!«

Nun teilt man uns mit, dass man ein Kommando zu uns schicken werde. Wir sollen auf ihr Schlauchboot warten. Wir warten und warten. Drüben tut sich nichts. Wir warten weiter. Endlich lassen sie ein Schlauchboot zu Wasser und ein Mann beginnt an der Startleine des Außenborders zu ziehen. Aber der scheint nicht anzuspringen.

»Russian warship, SCANDIA, we don't have any more time to wait. We will continue sailing now.«

»SCANDIA, stop! Stop! We are coming!«

Tatsächlich löst sich leider das Schlauchboot vom Mutterschiff und kommt mit vier Männern auf uns zu. Ich knipse schnell ein paar heimliche Aufnahmen aus dem Kajütfenster. Dann sind sie da. Während zwei finster dreinblickende Matrosen im Boot bleiben und sich an unserer Reling festhalten, steigen zwei weitere Soldaten zu uns über. Es scheinen Offiziere zu sein. Einer begrüßt uns auf Englisch, der andere – der eine riesige Aktentasche mit sich führt – schweigt.

»Aha«, denke ich mir, »in der Tasche sind bestimmt die Stempel für unsere Pässe drin!«

Aber das war falsch gedacht. Die beiden schreiten nämlich umgehend zur Tat. Als erstes wollen sie mit triumphierender Miene unsere Pässe sehen. Und dann geht die Fragerei auch schon los.

»Sie haben keine Ausreisestempel in ihren Pässen?«

»Nein.«

»Warum nicht?«

»Weil wir niemanden erreichen konnten, um die Pässe abstempeln zu lassen.«

»Das ist nicht wahr. Wir sind immer erreichbar. Wir hatten Ihnen sogar einen Termin angeboten: Heute 11.00 Uhr.«

»Das war uns zu spät. Aber Sie können ja unsere Pässe jetzt abstempeln.«

»Das können wir nicht. Wir sind weder die Grenzpolizei noch der Zoll.«

»Und was wollen Sie nun mit uns machen?«

»Das muss die Behörde entscheiden, die uns hierher geschickt hat.«

Der Offizier nimmt über unser UKW-Gerät Kontakt mit dem Kriegsschiff auf. Das Gespräch dauert ziemlich lange. Dann ändert sich plötzlich die Situation, denn der Mann mit der Aktentasche kommt ins Spiel. Er fördert ein Stück Pergamentpapier zutage, auf das ein Seekartenausschnitt kopiert ist. Darauf trägt er nun einfach die von unserem GPS abgelesene Position ein, die ich per Unterschrift bestätigen soll. Mooooment! Ich hole meine eigene Seekarte und lege sie auf seine. Leider stimmt alles und ich unterschreibe zähneknirschend.

Wieder Kontakt mit dem Kriegsschiff. Wieder ein langes Gespräch. Dann warten. Silke kommt mit Boonekamp – mal sehen, ob der hilft. Er hilft nicht, wird aber trotzdem gern genommen und verschwindet ungetrunken in der Aktentasche. Inzwischen versuche ich, den beiden klarzumachen, was sie da für einen Aufwand treiben, und frage, was für einen Sinn das Ganze haben soll. Wir haben doch kein Verbrechen begangen. Sie mögen unser Schiff durchsuchen. Wir führen weder Waffen noch Drogen oder gar Menschen aus der Enklave aus – oder?

Es nützt alles nichts, wenngleich sich bei unseren Besuchern doch allmählich eine Art Mitleid mit uns einzustellen scheint.

Da – nach insgesamt achtzig Minuten des Verhandelns und Wartens – meldet sich das Kriegsschiff. Und gleich darauf verschlägt es uns die Sprache:

»Sie müssen zurücksegeln nach Pionerskij. Dort werden Sie ordnungsgemäß ausklariert und können weiterreisen«.

Jetzt werden wir böse.

»Wir segeln nicht zurück. Nehmen Sie doch meine Frau oder mich mit nach Pionerskij und bringen Sie sie oder mich mit den gestempelten Pässen zurück. Das kostet Sie doch höchstens zwei Stunden.«

Aber da hatte ich die Rechnung ohne meine Silke gemacht, die sogleich heftig protestiert. Also versuchte ich es andersherum.

»Zurücksegeln – das sind 25 Seemeilen! Was wollen Sie jetzt mit uns machen, wenn wir uns weigern?«

»Dann müssen wir ihr Boot ... äh ... kapern ... und es zurückbringen.«

Traue ich meinen Ohren? Ja – er hat tatsächlich »capture« gesagt. Kapern! Das wird ja immer toller!

Ich verständige mich rasch mit Silke. Sie reicht mir unser Handy herauf. Die Russen gucken irritiert. Dann sage ich entschlossen:

»Ich werde jetzt mit der Deutschen Botschaft in Moskau telefonieren!«

»Nein, warten Sie. Einen Augenblick, bitte.«

»Ha«, denke ich, »jetzt kriegen sie kalte Füße!«

Ein neues, langes Gespräch mit dem Krieger. Dann die überraschende Antwort:

»So, jetzt können Sie mit Ihrer Botschaft telefonieren. Und wir sind hier fertig – auf Wiedersehen.«

Und damit steigen die beiden Offiziere in ihr Schlauchboot und rattern davon.

Sofort aktivieren wir unser GSM-Handy und wählen die vorsorglich abgespeicherte Nummer der Deutschen Botschaft an. Ein Ruf geht raus. Dann eine barsche russische Frauenstimme. Und klick – weg ist die Verbindung. Gleich noch mal. Mit demselben Misserfolg. Na – vielleicht hat sich die Nummer geändert. Wir versuchen es bei der Botschaft in St. Petersburg. Doch wieder hören wir nur die Stimme und wieder bricht die Verbindung nach dem ersten Ruf ab.

Silke kriegt es mit der Angst. Sie glaubt, man werde uns einfach verschwinden lassen. Uns einsperren. Bei Wasser und Brot. Tagelang. Sie lässt sich kaum trösten, sondern will ihre Schwester in Lübeck verständigen, damit überhaupt jemand auf der westlichen Hemisphäre weiß, wo wir zuletzt gesehen wurden. Doch auch die Verbindung nach Deutschland wird gnadenlos unterbrochen. Nun greift meine kluge Bordfrau zu einem Trick: Sie schickt einen kurzen Hilfeschrei per SMS-Message an unsere Segelfreunde Ruth und Jürgen in Travemünde:

»Bitte Rückruf SCANDIA!«

Das funktioniert und wirkt. Der ankommende Ruf aus Deutschland erreicht uns. Silke schildert unsere Lage und bittet um Hilfe, falls wir uns kurzfristig nicht wieder melden. Nun fühlen wir uns besser!

Aber was war geschehen? Wie konnten die Russen unsere Telekommunikation so einfach unterbrechen? Nun – ganz einfach. Da Handygespräche über kleine Funkzellen abgewickelt werden, ist der Standort eines jeden Teilnehmers leicht festzustellen. Jetzt braucht man dem Vermittlungsrechner in der Funkzentrale nur noch die Identifikationsnummer des Handys mitzuteilen, und schon wirft er einen beim ersten Anruf ab, ganz so, als hätte sein Eigentümer die Rechnung nicht bezahlt. Warum allerdings der SMS-Ruf hinausgehen konnte, entzieht sich unserer Kenntnis.

Wir gehen auf Gegenkurs und segeln zurück. Das Kriegsschiff begleitet uns auf dem ganzen Weg, wobei es immer wieder aufstoppen und auf uns warten muss, denn seine geringste Geschwindigkeit übersteigt selbst unsere höchste noch weit. Silke schimpft noch etwas mit mir, aber allmählich beruhigen sich unsere Nerven, und als wir um 15.50 Uhr erneut in den Hafen von Pionerskij einlaufen, können wir das Schauspiel, das sich uns dort bietet, kaum glauben.

Vor Valentins Wohnwagenbüro stehen ein militärischer Mannschaftswagen, mehrere Riesenlimousinen und ein paar Motorräder. Ganz vorn auf dem Steg wartet ein goldbetresster Tellermützenträger auf uns. Der übrige Steg ist voller uniformierter Männer in allen Farben: grün, tarnfarben, dunkelblau, alle mit den riesigen Tellermützen oder mit den Schiffchen der Marine auf den Köpfen. Unser Prisenkommando vom draußen ankernden Kriegsschiff ist mit dem Schlauchboot hereingekommen. Wir sehen auch Hafenmeister Valentin. Nicht aber Andrej, den Marinamanager, den Valentin garantiert alarmiert hat. Merkwürdig!

Nun veranstaltet man einen »großen Bahnhof« für uns, der der Staatsyacht einer fremden Nation Ehre gemacht hätte. Es fehlt nur die Militärkapelle mit Blasmusik.

SCANDIA erreicht den Steg und Silke will mit der Vorleine übersteigen, aber das wird ihr barsch verwehrt. Auch ich darf einstweilen nicht an Land.

Da naht plötzlich zwischen all den Mützenträgern eine kleine, zierliche Frauensperson in einem sehr kurzen Faltenröckchen, der alle artig Platz machen. Sie stellt sich uns auf Englisch als unsere Dolmetscherin vor und bittet mich endlich an Land.

Wohin werde ich gebracht werden? Was wollen alle diese Uniformierten von uns? Gibt es irgendwo in der Nähe einen Versammlungsraum, der uns alle aufnehmen könnte?

Aber so weit ist es noch nicht. Zuerst bittet mich die Dolmetscherin in tadellosem Englisch, meine und Silkes persönliche Papiere sowie sämtliche Bootspapiere von Bord zu holen. Als die komplett sind, werde ich »abgeführt«, und zwar zu meiner Erleichterung nicht zum Mannschaftswagen, sondern – an Bord der 16-Meter-Yacht am gleichen Steg. Der Bootsmann des Eigners macht artig Platz, als wir an Bord kommen. Ich schaue ihn kurz an: Hat er mir nicht eben zugezwinkert?

Schon erreichen wir den geräumigen Salon der Yacht mit seiner kreisrunden Sitzgruppe aus rotplüschiger Polsterung. Auf der nehmen nun wohl sechs Uniformierte Platz, während meine Dolmetscherin und ich – der Delinquent – stehen bleiben müssen. Auf dem runden Salontisch breitet man unzählige Formulare aus. Das nun folgende, etwa einstündige Verhör soll offenbar meine alleinige Schuld dokumentieren. Ein dicker Offizier mit vielen Orden und roter Nase beginnt.

»Wissen Sie, dass Sie gegen die russischen Pass- und Zollgesetze verstoßen haben?«

»Nein.«

»Wieso nicht?«

»Ich war jederzeit bereit, die russischen Pass- und Zollgesetze zu befolgen.«

»Und warum haben Sie dies dann nicht getan, sondern sind ohne ordentliche Ausklarierung ausgelaufen?«

»Weil meiner mehrmaligen Bitte zum Ausklarieren nicht entsprochen wurde.«

»Sie hätten nur zu warten brauchen, bis unsere Beamten zu Ihnen an Bord gekommen wären.«

»Ich dachte, dass ihr Nichterscheinen mich von der Pflicht zum Ausklarieren befreit hätte und sie es nicht für wichtig hielten.«

Aufgeregtes Gemurmel im Salon.

»Wenn Sie gewusst hätten, dass Sie mit dem Auslaufen ohne ordentliches Ausklarieren gegen die russischen Pass- und Zollbestimmungen verstoßen haben würden, wären Sie dann dennoch ausgelaufen?«

»Nein – dann natürlich nicht.«

»Sie haben für Ihren schuldhaften Verstoß gegen die geltenden russischen Pass- und Zollgesetze eine Geldstrafe zu zahlen. Die Strafe beträgt 1000 Rubel und ist sofort in bar zu bezahlen.«

»Ich habe kein Geld bei mir, und auch an Bord unseres Bootes haben wir keine Rubel mehr. Kann ich in Euro bezahlen?«

»Nein, wir akzeptieren nur Rubel.«

»Dann muss ich versuchen, an Land Euro in Rubel einzutauschen.«

»Das können Sie versuchen, aber die Banken sind heute geschlossen.«

Ich verlasse den Salon in Begleitung der kleinen Dolmetscherin, die vor mir das Deck erreicht. Im Durchgang zur Treppe tritt mir der Bootsmann der Megayacht entgegen und wispert dicht neben meinem Ohr: »How much?«

»Onethousand Rubel«, wispere ich zurück. Als hätte er das Geld bereits abgezählt in der Tasche, überreicht er mir ein Bündel Geldscheine. Ich gehe zum Schein an Deck und nach vorn zum Bug, von wo aus ich Silke frage, ob wir Rubel hätten. Aber ich warte ihre Antwort nicht ab, sondern folge der Dolmetscherin – die den Vorgang bestimmt mitgekriegt hat – in den Salon zurück, wo ich die Scheine auf den großen Tisch lege. Man zählt sorgfältig nach und scheint befriedigt. Doch dann ergreift ein anderer Offizier das Wort und erklärt, man habe beschlossen, dass auch meine Frau die gleiche Strafe zahlen müsse, denn sie sei Mitbeteiligte an meinem Vergehen. Nun werde ich richtig böse.

»Wissen Sie nicht, dass der Kapitän eines jeden Schiffes allein die Verantwortung für alles trägt, was an Bord vorgeht?«

Mein Einwand interessiert aber niemanden, und so muss ich erneut auf Geldbeschaffungstour gehen. Dieses Mal versorgt mich Valentin, der bereits den Tresor seines Chefs geöffnet und die tausend Rubel herausgenommen hat. Ich zahle ihm und dem Bootsmann den Gegenwert von je dreißig Euro aus – was dem Monatsgehalt eines russischen Grundschullehrers entspricht – und kehre in den Salon der Yacht zurück.

Dort ist inzwischen ein Schreiber dabei, alle die Formulare von Hand auszufüllen, die auf dem Tisch liegen. Da dies in mehrfacher Ausfertigung zu geschehen hat und das Marinabüro nicht über einen Kopierer verfügt, muss er alles mit der Hand doppelt und dreifach abschreiben, was eine weitere Stunde in Anspruch nimmt.

Währenddessen unterhalte ich mich mit der Dolmetscherin leise unter vier Augen. Dieses Gespräch war vielleicht das interessanteste dieses ganzen verrückten Tages. Sie stellte die Fragen.

»Was ist Ihr Beruf in Deutschland?«

»Ich bin nicht mehr aktiv.«

»Was für einen Beruf hatten Sie früher?«
»Ich bin Ingenieur.«
»Wie viel haben Sie früher verdient?«
»XYZ Euro – ungefähr!«
»Dann ist unsere Geldstrafe für Sie ja ein Taschengeld.«
»Das würde ich nicht sagen.«
»Sie können froh sein, dass wir Ihnen nicht die Kosten der Verfolgung durch unser Kriegsschiff in Rechnung stellen. Es hat Sie sieben Stunden lang gesucht und hierher gebracht. Das wäre teuer geworden. Aber Russland ist ein reiches Land und so etwas haben wir gar nicht nötig«.
»Danke schön!«
Nun wechselte meine Gesprächspartnerin so plötzlich das Thema, dass ich zuerst glaubte, mich verhört zu haben:
»Könnte ich in Deutschland Arbeit finden?«
»Davon … äh … bin ich überzeugt. Es gibt … hm … sehr viele deutsche Unternehmen, die Kontakte nach Russland haben.«
»An wen müsste ich mich wenden?«
»Das weiß ich nicht. Zuerst müssten Sie wohl nach Deutschland kommen. Dürfen Sie das denn?«
»Ich weiß nicht, ich bin ja Angestellte beim Militär …«
»Warum möchten Sie denn nach Deutschland kommen?«
»Kann man in Deutschland alles kaufen, was man haben will?«
»Ja – alles. Wenn man genug Geld hat.«
»Das glaube ich nicht.«
»Was würden Sie denn kaufen wollen?«
»Vielleicht – ach, ich weiß nicht. Alles, was es hier nicht gibt.«
Dann wechselt sie plötzlich erneut das Thema.
»Kann man in Deutschland alles sagen, was man denkt?«
Es verschlägt mir die Sprache. Wohin würde dieses Gespräch führen? Wie weit würde die junge Frau gehen? Uns am Ende bitten, sie an Bord der SCANDIA mitzunehmen?
Da werden wir in die Wirklichkeit zurückgeholt und ich soll alle Formulare unterschreiben, die der Schreiber fein säuberlich angefertigt hat. Das lehne ich ab. Denn alles ist in kyrillischer Schrift verfasst. Was unterschrieb ich denn da? Vielleicht einen freiwilligen Verzicht auf Boot, Ehefrau, Leib und Leben?
Natürlich unterschreibe ich zuletzt doch, weil ich lauter Doppel erhalte – was blieb mir übrig? Silke und ich finden, dass wir noch einmal glimpflich davongekommen sind.

Nun wollen wir nur noch an Bord unserer SCANDIA gehen und einen ruhigen Abend unter Deck verbringen, denn morgen würden wir ja erneut früh aufstehen müssen.

Doch unser Wunsch wird uns verwehrt. Unser Aufenthalt in der Enklave Kaliningrad war durch das nun ordnungsgemäße Ausklarieren beendet worden und hätte einer Wiederholung der gesamten Prozedur des Ein- und abermaligen Ausklarierens bedurft.

Darauf verzichten wir weise und legen um 18.50 Uhr Ortszeit zum zweiten Mal an diesem Tag in Pionerskij ab. Draußen ist der Wind beinahe eingeschlafen, und so laufen wir unter Motor und Autopilot nach Norden.

»Schalte bloß die Navigationslichter ein!«, hatte mir meine Bordfrau eingeschärft. »Die kriegen es fertig und nehmen uns noch mal aus!« Wie recht sie hatte: Bald sichten wir ein Patrouillenboot, das sich geschickt tarnt: Es fährt ohne Lichter und wendet uns stets seine schmale Silhouette zu, indem es mit seinem Bug auf uns zielt.

Gegen 23.00 Uhr schicke ich meine Silke zur Koje, denn es wird lausig kalt und feucht an Deck.

Als wir um Mitternacht auf der Breite des historischen Badeortes Nida (Nidden) die Seegrenze zu Litauen überqueren, schießt an Land – wie eigens zu unserer Begrüßung – ein wunderschönes Höhenfeuerwerk in den Nachthimmel hinauf. Da habe ich gewusst, dass wir das »Abenteuer Kaliningrad« endgültig überstanden hatten.

***

Der Operator von »Klaipeda Port« war schlichtweg nicht zu verstehen. Er schrie ein lausiges Englisch in sein völlig übersteuertes Mikrofon, sodass ich den Versuch einer Anmeldung aufgab und einfach einlief. Gleich innerhalb der Molen jagte denn auch zu unserem Schrecken ein Schlauchboot mit zwei jungen Männern auf uns zu, die sich aber freundlich als Hafenlotsen zu erkennen gaben und uns zur Pier der Grenzbehörde wiesen. Angler nahmen auf der verfallenen Betonpier unsere Leinen an. Die Pass- und Zollkontrolle klappte erstaunlich schnell und reibungslos, und kurz darauf konnten wir im altehrwürdigen Klaipeda (früher Memeler) Yachtklub anlegen. Georg mit seiner Alpa war auch schon da und half fröhlich beim Festmachen.

»Wo kommt ihr denn her?«

»Aus Russland.«

Damit rückten wir umgehend in den Mittelpunkt des Interesses aller der Segler im Hafen, die Russland in weitem Bogen umfahren hatten. Als wir gegen Mittag erfrischt aus der Koje stiegen, wusste der ganze Hafen Bescheid, und wir mussten über unsere Erlebnisse berichten. Es genügte allerdings ein einziger Bericht, den auch Georg hörte. Denn »Das Gerücht« (eine berühmte Lithografie von A. Paul Weber) sorgte an den folgenden Tagen für eine schneeballartige Verbreitung unserer ins Groteske verzerrten Schilderungen. Das war mir gar nicht lieb, weil ich ja die ganze Schuld an unserer Misere trug und dabei nicht besonders gut aussah. So geschah es mir ganz recht, dass die überwiegende Reaktion unserer Zuhörer nicht nur schlecht geheuchelte Betroffenheit, sondern reine Schadenfreude war.

Die konterte ich aber mit der hochnäsigen Bemerkung, dass noch lange nicht jeder über ein eigenes Kriegsschiff als Geleitschutz verfügt …

So gelang es uns mit Leichtigkeit, die Nacht von Baltijsk und ihre Folgen zu vergessen, denn es zeigte sich sehr schnell: Wir sind wieder in Europa!

***

Klaipeda überrascht uns mit einer hübsch herausgeputzten Innenstadt, zahlreichen Boutiquen westlichen Stils, Supermärkten, Restaurants und Hotels. Auf dem im Sonnenlicht blinkenden Theaterplatz lächelt uns das »Ännchen von Tharau« liebevoll zu, deren Statue mitten im Simon-Dach-Brunnen steht. Es gibt sogar eine Touristeninformation und wir erkundigen uns nach den aktuellen Reisemöglichkeiten. Unsere Ziele sind die Kurische Nehrung mit dem historischen Badeort Nida (Nidden) und – natürlich – Litauens Hauptstadt Vilnius (Wilna). Wir erfahren, dass alles mit Linienbussen geht.

Im schicken Szenerestaurant »Boogie Woogie«, dessen Einrichtung dem Stil des Amerika der 1970er-Jahre huldigt, treffen wir die ebenso schicke litauische Jugend an wie ein sehr gutes Abendessen.

Am nächsten Tag fahren wir mit einem öffentlichen Kleinbus über die Memel auf die Nehrung und erreichen nach zwei Stunden Nida. Dort ist viel alte Baukultur erhalten, die durch moderne Hotelbauten leider erdrückt wird. Eine kleine Pension mit dem Charme der Vorkriegszeit bietet uns eine Übernachtung für 140 Litas (= 40 Euro). Das Haff zeigt sich mit grün schillernden Algen bedeckt und biologisch mausetot. Die wenigen eisernen Fischerboote liegen auf – Fische gibt es kaum noch. Dafür bietet ein pfiffiger Unternehmer Haffrundfahrten auf einem Original-Haffkahn an und scheint zurechtzukommen. In dem geräumigen Yachthafen liegen ein paar einheimische, jedoch moderne GFK-Boote neben einigen Gastyachten.

Natürlich besuchen wir die Wanderdüne und blicken von oben über die endlosen und menschenleeren Strände auf die Weite der Ostsee hinaus. Ein einzelner, riesengroßer und knallroter Coca-Cola-Sonnenschirm steht da, als wolle er endlich Touristen anlocken. Die kommen jetzt auch immer öfter: Es hat sich auch in Deutschland herumgesprochen, dass es Nida wieder gibt.

Unsere Rückfahrt hat sich am nächsten Tag der junge Aegils gesichert. Er lädt uns in seinen zwar alten, aber sehr gepflegten BMW 525 und fährt uns drei Stunden lang über die Nehrung zurück nach Klaipeda. Dabei sehen wir dann auch das Thomas-Mann-Haus, das urige Dorf Juodkrante und die Tote Düne.

Abends beginnt es heftig zu regnen. Wir essen erstklassig im Restaurant »Memelis«. Später bitten wir Rolf und Jochen von der neben uns liegenden Dehler 36 zu einem Drink an Bord. Klaipedas Yachthafen ist inzwischen gut besucht, denn die deutschen Boote aus Danzig und Hel treffen hier auf die Finnen aus Hanko.

Am nächsten Morgen heißt es, früh aufzustehen. Unser Bus nach Vilnius fährt um 08.00 Uhr. Nach dreistündiger Fahrt durch eine nahezu unberührte Natur – in der wir wohl hundert Störche (!) zählen – steigen wir in der Hauptstadt aus – und sind so begeistert, dass uns nicht einmal der Regen stört; die Stadt kann es mit jeder westeuropäischen Metropole aufnehmen! Besonders beeindrucken uns die fast vollständig restaurierten und das Stadtbild dominierenden Kirchen wie die Kathedrale St. Stanislaus mit ihrer Vorderfront aus mächtigen, weißen Säulen. Durch enge Gässchen und über breite Boulevards wandern wir stundenlang umher, bis uns der Appetit in ein hübsches Restaurant treibt. Es gibt Borschtsch, Kalbsteak, Beefsteak und Carpaccio vom Feinsten. Wir übernachten in einem einfachen Hotel. Die Litauer sind freundlich und aufgeschlossen, optimistisch und gut gelaunt!

Unser Bus verlässt Vilnius am Morgen um zehn bei strömendem Regen. Er hält noch in der zweitgrößten Stadt Kaunas (Kauen). Dann sind wir zurück im Hafen, wo uns Rolf und Jochen mit einer Einladung zum Abendessen auf ihrer Dehler erwarten. Es gibt leckere selbst gebackene Pizza.

Wir müssen nach vier Tagen Klaipeda weiter.

Um 05.45 Uhr legen wir von der Grenzpier ab und verlassen die Memel zusammen mit fünf anderen Yachten, die auch alle nach Liepaja (Libau) im Norden wollen. Diesmal ist Georg dabei und auch die Dehler.

Kaum erreichen wir bei leichtem Nordwestwind und Sonnenschein die offene See, da erleben wir eine neue, eigentlich nicht mehr erwartete behördliche Maßnahme: Die Küstenfunkstelle der litauischen Coastguard hat ihr Radargerät eingeschaltet und will nun von jedem einzelnen Fahrzeug wissen, wer wir sind. Und das geht – auf Englisch – so:

»Achtung, das Schiff auf Position 56 Grad 15,4 Minuten Nord und 20 Grad 11,8 Minuten Ost mit Kurs 358 Grad und Geschwindigkeit 4,2 Knoten, bitte antworten Sie der Litauischen Coastguard!«

Es stellt sich schnell heraus, dass derjenige, der antwortet, den »Schwarzen Peter« gezogen hat. Denn nun will die Coastguard es auch noch ganz genau wissen: Länge, Breite, Verdrängung, Höchstgeschwindigkeit, Anzahl der Personen, Bestimmungshafen. Alle diese Daten müssten sie eigentlich von der Grenzbehörde erhalten haben, von der wir soeben ausklariert worden sind. Aber nein – das Spiel geht den ganzen Vormittag weiter. Später setzt es die lettische Küstenwache fort, die uns gleich nach Überqueren ihrer Seegrenze anruft: »Achtung, das Schiff auf Position …«

Alle sind rührend um uns bemüht, damit wir ja nicht verloren gehen auf der wilden grausamen See. Aber inzwischen antwortet kaum noch jemand.

Man hatte uns erzählt, Lettland sei das am weitesten entwickelte der ehemals von Russland annektierten Länder. Nun sind wir gespannt auf Liepaja und natürlich auf die lettische Hauptstadt Riga.

Tief im Hafen von Liepaja erwartet uns eine passable Yachtpier, an der schon etliche andere Boote liegen. Der blutjunge Hafenmeister in feschen Lederjeans bittet uns in sein modernes

Büro, wo eine ebenso junge Beamtin – ruck-zuck – das Einklarieren erledigt. Dann zeigt man uns die Waschräume und Duschen sowie das Schwimmbad mit Sauna. Donnerwetter! Aber es kommt noch besser. Am Abend lädt der Hafenmeister die Yachties zu Freibier am Lagerfeuer ein – gemeinsam mit unseren lettischen Gastgebern feiern wir bis in die späte Nacht die Sommersonnenwende.

Es ist Feiertag, es regnet, und wir gehen in die Kirche, um auf einer der ältesten und schönsten Orgeln des Baltikum ein Konzert zu hören. Abendessen im Szeneschuppen »Hardrock Café« – fabelhaft und sehr preiswert. Morgen fahren wir nach Riga. Jochen hat die Tour organisiert und den Preis ausgehandelt.

Hafenmeister Maselis und ein angeblich Deutsch sprechender Jüngling fahren uns vier – Rolf, Jochen, Silke und mich – im VW-Bus bei höllischer Geschwindigkeit über Landstraßen in zwei Stunden hin. Das wohl aus Vorkriegszeiten stammende Prädikat Rigas als »Paris des Nordens« finden wir nicht bestätigt, aber es tut sich unverkennbar etwas. Unsere Besichtigung fällt buchstäblich fast ins Wasser, denn es regnet den halben Tag und der Jüngling spricht mitnichten Deutsch. Erst am frühen Nachmittag stellt uns das Touristbüro die Deutsch sprechende Studentin Maria als Fremdenführerin vor, die uns im Schnelldurchgang ihre Stadt zeigen soll. Ein wenig enttäuscht kehren wir nach Liepaja zurück und beschließen, den Rigabesuch später noch einmal – aber allein – zu unternehmen.

Sehenswert zeigt sich am letzten Tag der alte Kriegshafen Karaosta, der von Zar Alexander gegründet und bis in die 1990er-Jahre von der Roten Armee als Atom-U-Boot-Basis benutzt wurde. Wir »bestechen« einen jungen Soldaten, uns in dem weitläufigen Gelände herumzuführen, und sehen die verfallene Pracht eines Offizierkasinos und der Synagoge. Vor dem gruselig verfallenden Militärgefängnis stehen noch die Pfähle, an denen zuletzt vor zehn Jahren Deserteure und Verräter erschossen worden sein sollen.

Am letzten Tag in Liepaja kaufen wir in einem tollen Supermarkt westlicher Prägung Proviant ein, finden dabei eine Zeitung mit einem seitenlangen Bericht über die deutschen Yachten mit einem Foto von SCANDIA, tanken Diesel auf und reisen weiter. Rolf und Jochen verlassen uns – sie segeln nach Gotland hinüber und wollen nach Hause. Nur Georg bleibt uns treu. Abends erwartet er uns schon in Pavilosta (Paulshafen), wo es nur einen kleinen Anleger zum Übernachten gibt.

Nach einer ruhigen Nacht und einem Dreißig-Seemeilen-Schönwettertag erreichen wir den lettischen Hafen mit dem negativsten Image der ganzen Ostsee: Aus Ventspils (Windau) kamen nämlich die verrosteten Einhüllentanker mit russischem Erdöl, die die ganze Ostsee mit gigantischen Ölpesten bedrohten und damit für Schlagzeilen sorgten. Mit der Entwicklung und dem Bau moderner Doppelhüllentanker ist das Gerede um Ventspils und die Ostseekatastrophe in den Hintergrund getreten, und die Stadt strebt zum Ostseebad und zur Kulturstadt auf.

Direkt neben dem geschützt liegenden Yachthafen mit sehr gutem Service befindet sich ein herrlicher Badestrand. Eine neue Uferpromenade führt in die sehenswerte Altstadt mit der klassizistischen Säulenkirche St. Nikolaus, dem alten Marktplatz mit historischen Gebäuden und vor allem zur vollständig restaurierten Ordensburg.

Wir setzen unseren Beschluss zu einem erneuten Besuch Rigas um und fahren mit einem Linienbus hin. Dieses Mal klappt es besser. Wir sehen uns den Dom St. Marien an und die drei ältesten Wohnhäuser, die »drei Schwestern«, den gotischen Prachtbau »Schwarzhäupterhaus« und die alten Jugendstilhäuser. Aber wir sehen auch viel Verfall alter Bausubstanz, die noch ihrer Rettung harrt. Alles interessant, aber ein Funke der Begeisterung will nicht recht überspringen. Vielleicht liegt es an den Letten: Sie scheinen uns eher verschlossen, zugeknöpft und ernst. Darüber hinaus sind die Preise in den Shopping Malls und Restaurants unerhört hoch. Wir nehmen einen früheren Bus und freuen uns lieber noch einmal auf das feine Ventspils.

Eigentlich wollen wir weitersegeln, aber der Wetterbericht macht uns mit gleich zwei Sturmwarnungen einen Strich durch die Planung: Es soll mit acht Beaufort aus Nordost blasen, und das wäre nicht gut für die lange Strecke von sechzig Seemeilen quer über den Rigaischen Meerbusen zur estnischen Insel Saaremaa (Ösel). Deshalb bleiben wir noch liegen und genießen einen faulen Tag an Bord.

Von der schwedischen Ostküste erreicht uns eine SMS von JOKER: Besorgt bieten die Freunde einen Wetterbericht an. Wir können sie beruhigen, denn unser Navtex liefert immer noch – trotz der weiten Entfernung vom Sender in Pinneberg – lesbare

Wetterprognosen. Zusätzlich lade ich mir ab und zu aus dem Internet den fabelhaften Service des englischen Seewetterberichts von »weatheronline.uk« herunter.

Der vorhergesagte Sturm bleibt aus. Wir klarieren noch am Abend beim Hafenmeister aus und legen am frühen Morgen um 06.15 Uhr ab nach Saaremaa.

Es wird ein langer Tag mit ständigem Hin und Her zwischen Segeln und Motorfahrt, Sonne und Regen, aber nach elf Stunden laufen wir in den Yachthafen von Roomasaare auf der estnischen Insel Saaremaa ein. Georg ist auch schon wieder da, nimmt unsere Leinen an und will uns sogleich mit einem Schwall neuer Informationen eindecken. Zum Glück erlöst uns ein Zöllner.

Der will eine Erklärung über zu verzollende Waren von uns haben. Ich hebe zu einer wahrheitsgemäßen Aussage an und kriege gerade noch rechtzeitig Silkes Tritt gegen mein Schienbein. Dann lügt Silke ihm die korrekten Freimengen an Alkohol vor – woher Frauen sowas immer wissen? –, und er scheint zufrieden. Beim Bier verheddern wir uns aber beide mit den Zahlen. Da meint der Zöllner augenzwinkernd und auf Deutsch: »Sagen Sie einfach zwanzig Liter, dann passiert Ihnen nichts.«

Wir fühlen uns sofort wohl in dem großzügigen Yachthafen mit den herrlichen Duschen und dem vorzüglichen Restaurant, in dem man uns am folgenden Morgen ein erstklassiges Frühstück serviert: Spiegeleier auf Frühstücksspeck, Käseomelette garniert mit Tomate, Salatgurke, Toast und Butter und Kaffee satt – das Ganze für umgerechnet 5,80 Euro!

Hier in Roomasaare ist der finnische Einfluss deutlich zu spüren. Nicht nur die Schreibweise einzelner Ortsnamen deutet auf die Nähe des skandinavischen Nachbarn im Norden hin, sondern auch die Holzbauweise des gemütlichen Klubhauses und die vielen Segler aus Finnland. Sie kaufen hier gern den im Baltikum wesentlich billigeren Schnaps ein, um ihn in zollfreier Menge nach Hause mitzunehmen. Die beiden Staaten haben aber auch während der jahrzehntelangen Okkupation Estlands durch die Sowjetunion wirtschaftliche Kontakte unterhalten. Nach dem Zusammenbruch des Sowjetkommunismus waren es wiederum finnische Unternehmen, die sogleich in Estland investierten. Und die Esten schafften als erster baltischer Staat sämtliche militärischen Sperrgebiete vor ihren Küsten ab!

Der Bus bringt uns im Sonnenschein zur Inselhauptstadt

Kuressaare (die bis 1917 Arensburg hieß). Hier besichtigen wir die schöne Altstadt mit ihren vielen kleinen Geschäften, die beiden Kirchen und die Ordensburg. Es ist unsere dritte und gleichzeitig die am glaubwürdigsten erhaltene ihrer Art, denn drinnen existieren noch viele Einrichtungsgegenstände und Utensilien des täglichen Lebens im 14. Jahrhundert.

Eine Inselrundfahrt zu den zahlreichen Bockwindmühlen und zu einem Kratersee – die man in vertretbarer Zeitdauer nur mit dem Taxi oder Mietwagen unternehmen kann – schenken wir uns.

Das Abendessen nehmen wir selbstverständlich im Yachthafenrestaurant ein: Soljanka, Forellen-Krevettensuppe, Salat mit Schinken und Ananas, Schweineschnitzel, Gemüse, Pommes frites und eine Flasche Merlot kosten dort 260 EEk (= 16,85 Euro)!

Am nächsten Tag segeln wir nur ein kleines Stück. Wir laufen spät aus und früh ein, denn es sind nur 26 Seemeilen bis nach Koiguste. Unser *Hafenhandbuch Ostsee II* verspricht uns einen »Gästehafen mit guten Liegemöglichkeiten und Serviceangebot«. Aber Pustekuchen: Es handelt sich um den hinter Schilfwänden getarnten, verrosteten und scharfkantigen Schwimmsteg einer ehemaligen russischen Schnellbootflotte. Strom kommt aus einer wackeligen Kabeltrommel. Kein Wasser, WC/Dusche mäßig. Mini-Kiosk mit bescheidenem Angebot. Und alles für zwölf Euro Liegegebühr! Als der Hafenmeister kommt, erhellt sich die Situation; er ist ein Finne, der hier in seinem Wohnwagen den Sommer verbringt und mit dem »Hafen« seinen Lebensunterhalt bestreitet! Unser üblicher Landgang entfällt auch, denn rundherum ist »nichts als Gegend«. Und das ist nichts für meine Frau.

Für einen der nächsten Tage haben wir uns ein besonderes Erlebnis vorgenommen. Wir wollen – zum zweiten Mal nach 1994 – die estnische Hauptstadt Tallinn (Reval) besuchen. Hatten wir dies damals mit einer Fähre von Travemünde aus getan, so wollen wir dieses Mal mit dem Bus nach Tallinn fahren; von Virtsu oder Haapsalu sind es nur zwei Stunden. Wir sind gespannt, wie sich die Stadt in den letzten zehn Jahren entwickelt hat.

Allerdings scheint es nicht leicht zu sein, überhaupt nach Virtsu zu segeln. Der kleine Fährhafen liegt am Sund zwischen dem Festland und der Insel Muhu recht ungeschützt. Mal sehen, wie das bei der Windvorhersage »Nordnordwest« geht.

Es geht zunächst ganz gut, wird aber dann doch ein kritischer Anlieger, denn in dem engen Sund finden wir sieben Windstärken vor, die durch diese Düse pfeifen und einen Wahnsinnsseegang erzeugen – vermutlich läuft hier ein Nordstrom gegen den steifen Nordwind. Wir reffen in kurzen Abständen drei Mal die Segel, bis SCANDIA einfach keine Kraft mehr hat, um gegen die harten Seen aufzukreuzen. Also weg mit den Segeln! Rudolf dreht 2700 U/min und schafft drei Knoten über Grund. Unter Wolken von Gischt nähern wir uns dem Anleger, der auch noch voll im Schwell liegt. Oha. Wenn das mal gut geht!

Als wir mit Dwarssee schaukelnd um die Ecke kommen, entdecke ich an dem voll belegten Schwimmsteg eine einzige noch freie Box, in der wir von Süden prima gegen den Wind anlegen könnten. Aber laut Handbuch soll es dort vor einer Steinböschung recht flach sein. Ich fahre eine »Ehrenrunde«, um Silke Zeit zum Klarlegen der Vorleinen und Fender zu geben. Dann warte ich noch eine Runde ab, bis sich drei hilfsbereite Segler winkend vor besagter Box versammelt haben. Und gebe beherzt Gas. Wir müssen mit viel Fahrt hinter den Steg gelangen, dort in einer scharfen Drehung über Steuerbord aufschießen und das Boot erst in der Box mit »voll rückwärts« aufstoppen. Geht das Manöver schief, dann treiben wir auf die Steine. Sind wir zu schnell, dann fahren wir den Steg hinauf. Also los!

SCANDIA schäumt mit Bugwelle um den Steg und törnt brav vor der Box auf. Der erste der drei Segler kriegt es mit der Angst und gibt Fersengeld. Dann der zweite.

»Bettnässer!«, fluche ich.

Aber der dritte Kamerad bleibt mannhaft an seinem Platz und streckt uns mutig seine Hände entgegen, um unsere rasende Fahrt abzufangen. Doch da hab' ich auch schon den Rückwärtsgang drin und SCANDIA stoppt so vor dem Steg, dass der Gute nur noch den von Silke hinübergereichten Palstek entgegenzunehmen und über die Klampe zu legen braucht. Später bedanken wir uns bei allen dreien mit einem Boonekamp für diesen gekonnten Anleger.

Den nächsten Boonekamp in Form eines »Martini on Ice« (geschüttelt, nicht gerührt) überreicht uns ein finnischer Motorbootfahrer, dem wir in einer ähnlichen Aktion helfen, an der äußeren Schmalseite des Stegs anzulegen.

Der Wind aber frischt weiter auf, weht die ganze Nacht und

den ganzen folgenden Tag. Da ist es für uns klar. Wir fahren nach Tallinn!

Ein eleganter Mercedes Zwanzig-Sitzer-Expressbus bringt uns in die Hauptstadt Estlands, das UNESCO-Kulturerbe.

Bei leider bedecktem Himmel und kaltem Wind beginnen wir unseren Rundgang auf dem Domberg, von dem man den schönsten Blick auf die Stadtmauer mit den Wehrtürmen hat, die so kuriose Namen tragen wie »Kiek in de Kök«. Auch die Newski-Kathedrale mit ihren herrlichen Kronleuchtern betreten wir wieder. Dann wandern wir die lange Steige zur Unterstadt hinab, wo in engen Gassen die alten Kaufmannshäuser an das 13. Jahrhundert erinnern. In einem Straßencafé wärmen wir uns etwas auf, bevor wir uns wieder auf den Weg zum Busbahnhof machen. Nun durchqueren wir erstmals die Neustadt Tallinns und erschrecken. Hier sieht es beinahe so aus wie in der DDR kurz nach der Wende!

Man sieht daran, wie schwer es ist, einem vom Kommunismus ausgelaugten Land ein neues Gesicht zu geben. Man fängt am besten dort an, wo es die Besucher zuerst sehen: die Touristen, die Investoren, die Banker. So machen es alle. Es geht nicht anders. Unser Fazit: Tallinn scheint sich etwas schwerer zu tun beim Wiederaufbau. In der Reihenfolge der baltischen Hauptstädte liegt es nach unserem durchaus subjektiven Eindruck hinter Vilnius und Riga auf dem dritten Platz.

Es hat sich ausgeweht und wir gehen auf die Fahrt zu unserem letzten baltischen Hafen, nach Haapsalu. Da es immer noch – wenn auch moderater – von vorn weht, legen wir die meisten der dreißig Meilen mit Rudolfs Hilfe in sechseinhalb Stunden zurück. Die Einfahrt des versteckt hinter Inseln und Schilfwänden liegenden Hafens ist lang. Endlich finden wir drinnen den vorletzten freien Liegeplatz. Ein erster Rundgang bestätigt Georgs Erzählungen von neulich:

»Haapsalu? Da fahr' ich nicht wieder hin! Ich will doch nicht den Hafen kaufen …«

Er hat recht: Haapsalus Hafen ist dreckig, die Duschen ungepflegt und das Hafengeld mit 300 EEk = 19,50 Euro unmäßig teuer! Aber er liegt eben auch günstig zum finnischen Hanko, das von hier nur sechzig Seemeilen entfernt ist.

Das Dorf überzeugt uns auch erst auf den zweiten Blick, denn es ist ein finsterer und kalter Abend. Erst am nächsten Morgen, als die Sonne scheint, leuchtet alles ein wenig freundlicher, und wir gewinnen positive Eindrücke. Alte hölzerne Badehotels werden gerade aufpoliert und neu angestrichen; es sollen bereits viele europäische Kurgäste angemeldet sein, angelockt durch die günstigen Preise.

Wir besuchen die alte Burgruine. Und wir gehen sehr gut essen im Restaurant »Central«. Abends ziehen wir im gemütlichen Salon bei Kerzenschein und Rotwein Bilanz.

Der Hauptzweck unserer Reise ist erreicht. Schon jetzt sind wir weiter vom Heimathafen entfernt als je zuvor. Wieder zu Hause werden wir die längste unserer Ostseereisen gemacht und alle wichtigen Häfen angelaufen haben. Unser Besuch Russlands und der baltischen Staaten war mir ein langjähriges Anliegen, und sowohl der Erlebniswert als auch die Entwicklung dieser Länder haben uns sehr bereichert.

Irgendwann an diesem Abend finden wir uns in Überlegungen, wohin wir in den kommenden Sommern segeln werden.

»Vielleicht in den Bottnischen Meerbusen bis hinauf nach Haparanda und Luleå?« Silke rümpft das Näschen.

»Na gut – find' ich auch. Dann vielleicht – nach St. Petersburg?«

»Da waren wir doch auch schon, damals mit der Aeroflot Tupolew über Moskau, sechs Tage, weißt du noch?«

Stimmt.

Und da sind wir mit einem Mal bei einem Thema, das uns seit Jahren in immer kürzeren Abständen in den Sinn kommt. Ich erinnere mich dann jedes Mal prompt an Kapitän Cruse mit seinem »Kiosk«, der einmal sagte: »Immer dieses olle Kreuzen, werde mir ein Motorboot zulegen und damit gemütlich über die Ostsee tuckern!«

Wir schweigen. Jeder hängt seinen Gedanken nach.

Ich stelle mir vor, was Silke wohl denkt:

»Das tut er ja doch nicht. Der und nicht mehr segeln?«

Silke stellt sich vor, was ich wohl denke:

»Ich glaub' beinahe, ich könnte das auch. Endlich nicht mehr kreuzen …«

Dann sagt sie: »Warum eigentlich nicht?«

Und ich antworte: »Diese Reise können wir ohnehin nicht mehr toppen.«

Sie ergänzt: »Aber dann binnen – über die Flüsse und Kanäle.«

Das ist mein Stichwort: »Na klar! Das wäre doch wirklich mal etwas ganz Neues!«

In diesem Augenblick klopft der Grenzer-Zöllner auf das Deck und steigt zu uns in den gemütlichen Salon herab. Er klariert uns aus, damit er morgen nicht so früh aufzustehen braucht. Als Gegenleistung müssen wir ihm versprechen, nicht mehr von Bord zu gehen, denn eigentlich sind wir ja nun nicht mehr da!

So geht es also auch. Warum nur müssen sich manche Menschen immerzu gegenseitig ärgern?

Hanko ist weit: Wir werden wieder sechzig Seemeilen zurücklegen müssen und der englische Wetterbericht – unser Navtex schreibt inzwischen hier oben im Norden nur noch Hieroglyphen – stimmt mit dem der Hafenmeisterei überein: schwachwindig aus West bis Süd. Also wahrscheinlich mal wieder ein Motortag. Zudem scheint es ein eher bescheidener zu werden, denn beim Auslaufen um 05.40 Uhr gießt es in Strömen.

SCANDIA schlängelt sich aus der Bucht in den Tonnenweg, der uns hinausführt in den Finnischen Meerbusen. Ich hoffe auf gute Sicht. Von und zu den wichtigen Häfen St. Petersburg, Tallinn, Helsinki und Kotka erwartet uns sicher erheblicher Querverkehr schneller Ro-Ro-Schiffe und Fähren.

Um 07.15 Uhr steuern wir bei der roten Tonne Hallikivi in den offenen Meerbusen hinaus und die estnische Küste bleibt im Dunst zurück. Kein Wind, aber dafür langsam absinkender Hochnebel, der die Sicht auf unter drei Kabellängen drückt. Noch sind wir nicht im Schifffahrtsweg, der erst nördlich des Leuchtturms Omussar beginnt. Deshalb verzichten wir einstweilen auf Nebelsignale und haben auch keine Kontakte mit anderen Schiffen. Trotzdem gefällt mir die Situation nicht und dies umso weniger, als sich die Sicht gegen 07.45 Uhr auf hundert Meter verringert.

Von Steuerbord scheint ein leises Motortuckern zu hören zu sein. Ich stelle unseren Motor ab: Ja – ein Maschinenfahrzeug ist ganz in der Nähe. Sofort gebe ich Schallsignale, bekomme aber keine Antwort. Das ist kein Wunder, denn dichter Nebel kann Töne verschlucken, sie reflektieren oder auch verstärken. Man weiß im Grunde nie genau, wo der Kollisionsgegner eigentlich ist. Aber das Motorengeräusch wird allmählich immer lauter. Ich puste mir die Lunge aus dem Leib – keine Reaktion. Das lässt eigentlich nur den Schluss zu, dass das andere Fahrzeug über Radar verfügt und uns längst »sehen« kann. Hoffentlich!

Spontan fiel mir eine höchst unangenehme Erinnerung aus meiner kurzen Seefahrtszeit ein: Wir ankerten mit unserem Frachter auf Heimreise in der Deutschen Bucht nahe dem Feuerschiff Elbe 1, weil der pottendicke Nebel eine Weiterfahrt ohne Radar unmöglich machte.

Unser Käpten hatte die ganze Besatzung an Deck zitiert, denn eine Kollision mit einem anderen Schiff konnte in der stark befahrenen Schifffahrtsstraße nicht ausgeschlossen werden. Eine eisige Brise ließ uns alle frösteln und die Nebelnässe kroch durch jede Faser unserer Overalls. Unser Typhon dröhnte mit dem des Feuerschiffes um die Wette, und beide zusammen erzeugten eine grausige Kakofonie wie aus einer unterseeischen Hölle.

Plötzlich schien sich die dichte Suppe vor unserem Bug noch einmal zu verfinstern und wir erschraken zu Tode, weil sich das Dunkel als die haushohe Bordwand eines dicht an uns vorbeirauschenden Schiffes entpuppte. Sie gehörte dem Schwergutfrachter STOLZENFELS der »Deutschen Dampfschiffahrtsgesellschaft Hansa«, der mit kreisender Radarantenne und voller Fahrt mühelos und sicher seinen Weg durch den Nebel verfolgte. Unser Käpten machte seinem Entsetzen spontan Luft, indem er dem Frachter einen ebenso bösen wie ungerechtfertigten Fluch hinterherschrie: »Idioten – was bildet ihr euch eigentlich ein? Könnt ihr nicht langsam fahren mit eurem Scheißradar?«

Nun – hier im Finnenbusen lag der Fall anders: Die Sonne zog nämlich in Minutenschnelle die Nebelbank wie einen Theatervorhang in die Höhe, und über die spiegelblanke Seebühne bummelte langsam ein kleiner »Wolgobalt«-Frachter vorbei, der schwer an seiner Decksladung aus Holzstämmen zu schleppen hatte. Und über Radar verfügte der natürlich auch.

Der Tag wurde schön. Ab zwölf lagen wir halb nackt in der Sonne auf dem Vorschiff, die Fernbedienung der Selbststeueranlage griffbereit neben den Camparigläsern und bester Laune. Die schien vor allem auf eines zurückzuführen zu sein: Unser lang ersehntes, schönes, interessantes, aber bisweilen auch beschwerliches »Abenteuer Baltikum« lag nun endgültig hinter uns! Wir waren auf dem Weg zurück in eine andere, uns geläufige Zivilisation. Noch heute würden wir Skandinavien erreichen, Inbegriff von Sicherheit, Berechenbarkeit und Freundlichkeit.

In der Ferne sahen wir schon lange die finnische Küste und die Leuchtbake der Ansteuerung »Hanko 1«.

Silke streckte sich wohlig auf dem warmen Teakdeck aus, träumte in den gleißenden Himmel und schnurrte wie ein Katze.

Deshalb erhob ich auch meine Stimme nicht, als ich das Schnellboot mit den drei schwarz gekleideten Männern heranbrausen sah. Es war eine Targa 34 mit zwei Turbodieseln und Z-Antrieben, die mit zischendem Kielwasser pfeilschnell Kurs auf uns nahm.

»Zieh dir mal was über, Liebling«, sagte ich möglichst gleichmütig zu ihr, »da kommt ein Boot, wir werden gleich kontrolliert.«

»Jaja – willst mich wohl verkohlen, was? Wir sind nicht mehr in Russland, Käpten!«

Ihr Schnurren brach ebenso abrupt ab wie das Motorgeräusch der Targa, die jetzt hinter unserem Heck aufstoppte. Entsetzt stülpte sie sich das knappe Shirt über.

»Oh nein! Nicht schon wieder!«

Doch da rief es auch schon von der Targa:

»Hello SCANDIA, where do you come from?«

»We are coming from Estonia!«, antwortete ich.

»Okay, then you have to go to the immigration and customs office at first. Do you know where that is?«

Ja, ich wusste, wo das ist. Aber der schwarze Mann vom Schnellboot wollte wohl sichergehen, sprang kurzerhand zu uns herüber, grüßte freundlich, griff sich unsere Seekarte und zeigte uns die Stelle, an der wir anlegen sollten. Dann guckte er kurz auf unseren Kompass, sagte, wir sollten einfach 350 Grad steuern, wünschte uns einen schönen Nachmittag und war schon wieder verschwunden.

Silke zitterte noch ein wenig, als ich den Propeller einkuppelte und Gas gab. Ich glaube, die Arme war knapp einem kleinen Nervenzusammenbruch entgangen.

An der ringsum zum Land abgezäunten Zollpier erschien sofort ein netter Beamter, guckte unsere Pässe an, fragte der Form halber nach eingeführten alkoholischen Getränken aus dem Baltikum und hieß uns in Finnland herzlich willkommen. Auf unsere erstaunte Frage nach einer Abstempelung der Pässe erhielten wir die wohltuende Erklärung: »Why? You are in Schengen!«

Nun war es amtlich: Wir sind zurück in Europa. Es ist der 12. Juli, und wir sind genau im Zeitplan!

Die bunte Holzhausstadt Hanko ist ein Seglermekka, verfügt

über gleich zwei große Yachthäfen und erwartet uns mit internationalem Flair. Wir legen zuerst im privaten Yachthafen in den Schären an. Ringsum nur Luxusyachten aller Art, schicke Mädchen in knappen Bikinis, braun gebrannte Playboys in Muscleshirts, Drinks schlürfende Yachtsmen auf Klubhausterrassen. Donnerwetter, ist das eine tolle Atmosphäre! Dann melden wir uns im Hafenbüro (fabelhafte Waschräume, alles Edelstahl und weiß gefliest, Frotteehandtücher und Badematten) und erfahren die Preise. Die entlocken uns ein weiteres Donnerwetter. Wir legen schnell wieder ab und fahren die wenigen hundert Meter hinüber zum kommunalen Yachthafen auf dem Festland. Dort finden wir eine allerletzte Box, sehr guten Service und deutlich moderatere Gebühren.

Abends kehren unsere finnischen Nachbarn an Backbordseite an Bord zurück. Wir kommen ins Klönen und trinken einen Boonekamp. Es folgt ein Finlandia-Wodka. Dann noch ein Boonekamp. Und so weiter. Und so weiter. Und …

Gebärdete sich schon der Frühsommer 2003 nahezu ohne Fehl und Tadel, so zeigt sich die eigentliche hohe Jahreszeit absolut makellos!

Die Einwohner Hankos sitzen bis in die späte Nacht in ihren Hausgärten und feiern das Licht, das dort oben zum Wertvollsten gehört, was man – und noch dazu ganz kostenlos – bekommen kann. Die Wiesen blühen schöner als in Schleswig-Holstein, als gäben sie ihr Bestes während der kurzen Sommerzeit. Alle Segler sind unterwegs. Und da Hanko einen der beiden Pfeiler der Schärenbrücke darstellt, die Finnland mit Schweden verbindet, gibt sich die Yachtwelt hier ein Stelldichein. Der andere Pfeiler ist die Hauptstadt der Åland-Inseln, Mariehamn. Und da wollen wir nun hin.

Natürlich nicht »in eins durch«, sondern gemütlich, segeln wir doch zum ersten Mal so weit im Norden. Nach einem Ruhetag in Hanko führt uns unser Weg durch die Insel- und Schärenwelt über Rosala, Jurmo, Kökar und Degerby nach Mariehamn.

Die Schärennavigation ängstigt Silke anfangs, da sie sich noch an unser rumpelndes Aufsitzen am Vänersee erinnert, das uns 2001 ereilte. Aber in wenigen Tagen ist sie mit den perfekten finnischen Bootssportkarten so vertraut, dass die Schären und Seezeichen sich freiwillig abhaken lassen, sobald wir sie passieren.

Die Landschaft der »Hunderttausend Felsen« bezaubert uns

unglaublich. Im Gegensatz zu den kahlen Schären der Westküsten am Kattegat ist hier alles zumindestens bemoost, meist aber bewachsen. Bunter Klee wetteifert mit Farnen, Erika mit grün leuchtenden Flechten. Auf den etwas größeren Schären gibt es filigranes Birkengrün an weißen Stämmchen. Und die in schönen erdigen Farbtönen gehaltenen Holzhäuschen mit dem Bootssteg und dem Outboardflitzer künden von der Sonnenfreude ihrer Besitzer.

Gleich unser erster Åland-Hafen Rosala-Nötholm zeigt sich so idyllisch und gastfreundlich, dass wir gar nicht anders können als uns zu entspannen, zu genießen und die Seele baumeln zu lassen.

Viel Zeit bleibt uns dazu allerdings nicht, denn was sich an diesem Abend ereignet, lässt uns allmählich an Hexerei glauben. Ein paar Boxen weiter liegt ein kleines H-Boot unter finnischer Flagge mit einem jungen Paar an Bord. Dieses schnelle, flachbordige Kielboot ist mit seinen gut acht Metern Länge und einer recht kleinen Kajüte eigentlich ein Daysailer, kann aber unter Einschränkungen auch für Segelreisen benutzt werden.

Da kommen die beiden gerade von Bord, um – das Waschzeug unterm Arm – zum Duschen zu gehen. Sie müssen an der SCANDIA vorbei und bleiben stehen, um unser Schiff zu betrachten. Wir nicken den beiden freundlich zu, nehmen aber zunächst keine weitere Notiz von ihnen, denn SCANDIA wird wegen ihres fabelhaften Erhaltungs- und Pflegezustands des Öfteren regelrecht angehimmelt. Oft hören wir gerade von Skandinaviern ausdrückliches Lob, denn die Vindö gilt dort schon als Kultobjekt, mehr noch als in Deutschland.

Nach einiger Zeit sagt Silke: »Du – guck mal, die beiden sind immer noch da. Geh doch mal nach vorn, vielleicht wollen sie was fragen.«

Das tue ich immer gern; welcher Eigner freut sich nicht über das Interesse an seinem Boot? Silke liegt auch dieses Mal nicht falsch:

»Ouuh – what a nice boat you have!«, sagt der junge Finne. Und seine Frau legt verliebt den Kopf an seine Schulter.

Mich aber laust der Affe. Ich weiß nicht, wie es geschieht. Jedenfalls höre ich plötzlich meine eigene Stimme sagen:

»Oh thanks. And – you can buy it, if you want.«

Nun erwarte ich natürlich keinesfalls ein weiter gehendes Interesse. Denn erfahrungsgemäß spricht eine Vindö eher die reifere Jugend unter den Seglern an. Und unter denen auch nicht die Regattafreaks, sondern nur die Nostalgiker. Die aber sollten denn auch keine Angst vor dem vielen Holz haben und über ein paar handwerkliche Fähigkeiten verfügen. Und über etwas Geld, denn unsere Vindö würden wir nicht zum üblichen Marktpreis hergeben können und wollen.

Ich will mich schon abwenden, als mich der junge Mann ohne Umschweife und mit fester Stimme stoppt.

»Was soll sie kosten, die Vindö?«

Jetzt hat er mich! Blitzschnell überdenke ich die Situation. Unsere Gespräche im abendlichen Haapsalu. Silkes Zustimmung zu meinen Gedanken und ihr Vorschlag, etwas ganz Neues zu beginnen. Motorbootfahren auf Binnengewässern.

Ja!

Aber – unser geliebtes Schiff verkaufen? Jetzt schon – hier und gleich? Wie nach Hause kommen? Mit der Eisenbahn? Vom Seetörn?

Niemals!

Andererseits zahlen die Skandinavier bessere Preise als irgendwer sonst. Wir würden unser Schiff vermutlich auch nie wiedersehen. Das würde den Abschiedsschmerz dämpfen. Und wenn der Preis stimmte …

Doch!

Ich spiele mit dem Feuer und nenne dem jungen Paar meinen Preis, der um fünfzig Prozent über dem Neupreis liegt, den die Vindö vor 31 Jahren frei Deutschland und inkl. Zoll und Umsatzsteuer gekostet hat. Die beiden schauen sich nur kurz an. Dann mich. Und dann sagt der Finne:

»So viel haben wir im Augenblick nicht. Wir müssen auch erst das H-Boot verkaufen.«

Ich pokere weiter.

»Na klar, aber – rufen Sie Ihre Bank an. Sie haben doch eine?«

Nun lachen wir alle. Aber der Finne macht ernst.

»Gut. Wir gehen jetzt duschen. Und dann kommen wir an Bord, okay?«

»Okay.«

Silke guckt mich an wie einen Alien.

»Was hast du gemacht? Das Schiff verkauft? Unsere SCANDIA?«

Die beiden heißen Daria (sie) und Illka. Sind beide berufstätig, noch ohne Kinder. Er ist Ingenieur, sie Kinderbetreuerin. Sie segeln leidenschaftlich gern und sind schon auf der Suche nach ihrem nächsten Boot. Unsere Vindö hat sie gleich bezaubert. Und das tut sie natürlich erst recht, als die beiden in der Plicht sitzen und mit uns eine Flasche Rotwein trinken.

Zärtlich streichelt Daria das fein lackierte Mahagoni und die neue burgunderfarbene Sprayhood, während Illka gedankenverloren die selbstholenden Lewmar-Zweigangwinschen klicken lässt.

Unter Deck im Salon schweigen sie erst mal. Die makellosen blauen Polster, die weder durchgesessen noch gar fleckig sind. Das Original-Vindö-Geschirr für sechs Personen. Der neue, geendelte Teppichboden. Der neue Volvo MD 2030. Die Navigation mit UKW, GPS, Navtex und, und …

Jetzt will Illka die Bilgen sehen, worüber ich mich besonders freue, habe ich sie doch eigenhändig mit hellgrauer Bilgenfarbe gestrichen im vergangenen Winter. Es genügt ihm, unter das erste Bodenbrett zu schauen. Dann fragt er:

»Können wir morgen probesegeln?«

In dieser Nacht kriegen Silke und ich kaum ein Auge zu und wir sind ziemlich sicher, dass es Daria und Illka nicht anders ergeht. Stunde um Stunde diskutieren wir im Dunkel unserer Vorschiffskammer. Silke vergießt ein paar Tränchen, und auch ich spüre einen Kloß im Hals. Unsere SCANDIA!

Pünktlich um neun stehen die »neuen Eigner« – wie wir sie jetzt schon scherzhaft nennen – vor dem Boot. Ich zeige Illka, wo der Anlasserknopf ist, und übergebe ihm damit das Kommando. Er ziert sich ein bisschen, aber dann braucht er sich doch nicht allzu sehr zu überwinden.

Wir kreuzen bei leichtem Wind auf dem Sund zwischen den Inseln Nötholm und Rosala Kai. Illka kann gut segeln und Daria rollt die leicht laufenden Segel aus und ein. Nach zwei Stunden kehren wir zurück. Illka möchte aber nicht selbst anlegen:

»Nachher mache ich noch eine Schramme in mein neues Boot!«

Wir sind uns einig. Sie werden nach Helsinki zurücksegeln, ihr Boot verkaufen und das Geld besorgen. In spätestens 14 Tagen werden sie uns anrufen. So lange braucht Illka, um »to consider« (nachzudenken) – sein häufigstes Wort an diesem Tag. Dann sollen wir die SCANDIA nach Helsinki segeln und den Kaufpreis in bar kassieren.

Wir verabschieden uns herzlich, machen noch ein paar Fotos und laufen aus. Nach Jurmo. Nach Westen. Denn 14 Tage in den Ålands warten wollen wir nicht. Dann schon lieber in Stockholm. Den ganzen Tag über motoren wir bei flauen Winden durch die märchenhafte, sonnenüberflutete Schärenwelt – und sehen nichts. Denn unsere Gedanken und Gespräche drehen sich – natürlich – nur um eines: um die Abwicklung des Verkaufs und unsere Heimkehr mit einer Fähre.

Dabei ertappen wir uns ein ums andere Mal dabei, dass wir unsere Stimme senken und leise sprechen, so als solle die arme SCANDIA nichts von unseren Plänen merken. So ein Quatsch – denke ich. Aber was soll's, ich bin eben auch nur ein »Shiplover«.

Auf der recht kargen Insel Jurmo drängen sich fünfzig Segelyachten bei Anlegemanövern. Sie gehören sämtlich zu einer Flotte von Tourenyachten, die eine Geschwaderfahrt nach St. Petersburg hinter sich haben und nun auf Heimreise sind. Da alle Boxen und Kaiplätze belegt sind, gehen wir – ausgerechnet – bei einer Motoryacht längsseits, deren freundlicher Skipper uns hilft. Soll das jetzt alles extra so sein?

Silke kocht an diesen Tagen die tollsten Menüs an Bord, denn das Essengehen ist schon in Finnland und erst recht auf den Inseln sehr teuer. Heute Abend gibt es Boeuf Stroganoff. Während sie kocht, laufe ich eine Stunde allein über die Insel, um den Kopf frei zu bekommen. Unterwegs entdecke ich eine entzückende, winzige »Wohnzimmerkirche« und ein Schnapsflaschenmuseum.

In dieser Nacht finden wir wiederum kaum Schlaf. Inzwischen denken wir an unserem Gepäck herum: Wie kriegen wir bloß alle unsere Sachen von Bord? Wir werden spätestens in Stockholm eine Passage buchen und eine stabile Kiste zum Schiff beordern müssen. Außerdem diskutieren wir über die Preisgestaltung. Müssen wir das Boot von Stockholm über dreihundert Seemeilen nach Helsinki bringen, dann ist der volle Preis fällig. Übernimmt Illka es in Stockholm, dann wollen wir es ihm etwas günstiger überlassen. Erst gegen fünf Uhr morgens schlafen wir endlich für kurze Zeit ein.

Die Sommerhitze weckt uns früh wieder auf.

Während des nur 24 Seemeilen kurzen Törns stoppen wir mehrfach, um in der kalten Ålandsee ein erfrischendes Bad zu nehmen. Im gemütlichen Hafen zu Kökar-Hellsö erwischen wir mit Glück die letzte freie Heckboje und klicken elegant unseren schwedischen Bojenhaken ein. Im Hafen baden schon die Schweden und Finnen um die Wette – wir gesellen uns dazu. Zum Abendessen bereitet Silke – trotz gnadenloser Hitze unter Deck – gegrilltes Rinderfilet mit Pfeffersoße, Gemüse, Lauch und Backkartoffeln. Natürlich speisen wir unter dem Sonnensegel in der Plicht. Ein Glas Rotwein gehört dazu.

Der nächste Törntag nach Degerby auf der Insel Degerö ist mit 22 Seemeilen erneut so kurz, dass wir uns Zeit lassen können. Mangels Wind lassen wir Rudolf ganz langsam schieben und »daddeln« mit drei bis vier Knoten durch die idyllische Landschaft, wobei wir wie üblich auf dem Vordeck sitzen und per Fernbedienung steuern. Das wundert oft die anderen, die dann immer irritiert in die leere Plicht gaffen.

Es herrscht erstaunlich wenig Verkehr hier in dem Gåsskär-Fahrwasser nach Degerby: Außer kleinen Motorflitzern, die zwischen den Inseln hin und her brausen, segelt hinter uns nur eine alte schwedische Ketsch.

Naja – wir sind ja gleich da. Dort hinter der nächsten Krümmung des Fahrwassers nach Backbord liegt schon Degerby – maximal ein halbe Stunde entfernt. Doch plötzlich ruft Silke: »Was ist denn das da vorne? Kommen wir da denn überhaupt durch?«

Ich gucke hoch – und erstarre! Dreihundert Meter vor uns überspannt ein feste Brücke den Sund. Und in der Mitte ist ein Schild dran, auf dem steht »5,30 m«. Entsetzt gucken wir in die Karte und finden die Angabe bestätigt: Da ist die Brücke nach Föglö eingezeichnet, aber so winzig, dass wir bei der Törnplanung heute Morgen einfach nicht darüber gefallen sind. Schiet – wir müssen zurück! Und zwar fast die ganzen 19 Meilen. Oder nicht? Gibt's eine andere Möglichkeit?

Während Silke die SCANDIA zurück Richtung Kokär fährt, entwerfe ich am Kartentisch mit fünf fiktiven Wegpunkten eine neue Route durch ein unbezeichnetes, aber ausreichend tiefes Schärengewässer und gebe sie in unser GPS-Gerät ein. Sie führt zwar ziemlich dicht an manchen Felseninselchen vorbei, aber wenn wir langsam und sorgfältig navigieren, sollte es klappen. Und siehe da – es klappt. Und zwar so gut, dass uns auch die schwedische Ketsch folgt. Nun beträgt unser Umweg anstatt 36 nur 12 Seemeilen, und wir erreichen Degerby Südmarina um 18.30 Uhr mit dreistündiger Verspätung.

Dieser »Schlenker« bringt uns – einen Tag früher als erwartet – unsere eintausendste Törnmeile des Jahres ein. Wir feiern bei einem kleinen Abendessen im »Föglö-Wärtshus«. Für 28 Euro erhalten wir zwei Gläser Bier, einen winzigen Fetasalat und Bratkartoffeln mit Spiegelei. Mahlzeit!

An einem Freitagnachmittag ist unser Etappenziel erreicht. Schon um 13.55 Uhr laufen wir nach herrlicher Fahrt unter Motor den Westhafen der Hauptstadt der autonomen Provinz Åland an, die zu Finnland gehört und deren Amtssprache Schwedisch ist.

In Mariehamn ist der Teufel los. Nur der Hafenmeister mit seinem schnellen Schlauchboot kann helfen, und das tut er auch, indem er jede einzelne Yacht an einen passenden Liegeplatz geleitet! Ein toller Yachthafen mit guten Serviceeinrichtungen in dem chinesischen Tempelbau des Hafenbüros.

Wir gehen ins hübsche Städtchen hinauf, wo ein Trubel herrscht, als gäbe es etwas umsonst. Mariehamn hatten wir uns irgendwie anders vorgestellt: urwüchsiger, einfacher, nordischer. Stattdessen erleben wir eine moderne Einkaufsstadt mit viel Autoverkehr und Menschenmengen. Außer Textilien im Sommerschlussverkauf ist alles superteuer: ein Glas Bier fünf Euro! Trotzdem sind alle Biergärten mit jungen Leuten überfüllt. So sitzen wir bald wieder in der Plicht und genießen das tägliche »Hafenkino«.

Nun motoren wir laut Logbuch schon den vierten Tag hintereinander. Soll das etwa so weitergehen? Unser morgendlicher Spruch lautet seit Wochen des Öfteren: »Was machen wir heute – Motorboot fahr'n!«

Aber für die Überfahrt nach Schweden haben wir Glück: Als wir nach einer Stunde Motorfahrt aus den Ålandschären raus sind, springt ein leichter Südost auf, der sich auf konstant Beaufort drei plus einpendelt und uns mit vier bis fünf Knoten über den Bottnischen Meerbusen schiebt. Es gibt nur wenig Schiffsverkehr nach Norden oder Süden, aber im äußeren Fahrwasser nach Stockholm bei Tjärven laufen uns die schnellen »Silja«-Fähren der Verbindung Helsinki-Stockholm mit einem Mordsschwell auf, sodass wir bei Gran Hamn lieber die Segel bergen. Hinter der Kapellskär finden wir einen kleinen Hafen mit lauter Angelbooten an einem Campingplatz. Auf der Suche nach einem Markt zum Einkaufen laufen wir kilometerweit bis zum Fährhafen, kehren aber ohne Beute zurück. In solchen Fällen greift

Plan B: Die Notration – diesmal Ravioli aus der Dose mit Parmesankäse – tut's auch!

Silke hat die Schärennavigation satt. Und zwar gründlich. Das macht sie mir heute mal so richtig klar. Dabei kann ich gar nichts dafür: Wie soll man ohne Schären durch Finnland und Schweden kommen? Aber nun ist es ja bald geschafft. Heute geht's schon mal nur durch breite Fahrwasser. Im Furusund säumen herrschaftliche und stolze Holzhäuser die Ufer. Und das kleine Städtchen Vaxholm erwartet uns nach dreißig ereignisarmen Meilen schon um 15.00 Uhr.

Potzblitz! Was ist denn hier los? Vaxholm am Sonntagabend – das ist wie Grömitz zu Ferienbeginn. Der Hafen randvoll, überall kreisen Yachten und Boote auf der Suche nach einem Liegeplatz, dazu reichlich Schwell von den Ausflugsschiffen und Motorbooten, die zur Schlossinsel übersetzen oder einfach nur hin und her rasen. Silke passt scharf auf und sieht ein Boot ablegen. Ich drehe SCANDIA »auf der Hinterhand« herum, und schon liegen wir an der Heckboje mit Bug zum Steg. Da kommt auch schon ein junger Kassierer auf seinem Fahrrad angesaust. 130 SEK (= 13 Euro) für nur drei Klos und eine Dusche. Aber elektrischen Strom gibt's kostenlos. An Land finden wir einen guten Supermarkt und füllen unsere arg geschrumpften Bordvorräte auf. Nach zweistündiger Schlepperei fehlt es uns an nichts mehr. Die Restaurantpreise erinnern an Timmendorfer Strand, erste Reihe. Deshalb essen wir an Bord.

Dann wieder Hafenkino, in Vaxholm besonders hübsch. An Bord einer eleganten, offenen Holzyacht lehrt ein Schwede seinen kleinen Sohn das Zähneputzen. Als der Filius mein Teleobjektiv bemerkt, nimmt er seinem Vater energisch die Zahnbürste aus der Hand und legt einen gekonnten Putz hin, der jedem Zahnarzt imponiert hätte.

Jetzt ist die erste Woche vorbei und wir haben noch keine Nachricht von Illka. War das Ganze ein Windei? Naja, noch sind die vierzehn Tage nicht um! Also abwarten. Aber gerade das ist nicht unsere Stärke …

In Stockholm, wo wir am Montag nach nur elf Meilen schon um 13.30 Uhr anlegen, finden wir einen perfekten Platz zwischen zwei dicken Motoryachten im Wasahafen vor dem berühmten Schiffsmuseum. Er ist teuer, aber hier liegt man eben stadtnah und sehr exklusiv. Und wer weiß, ob wir jemals wieder hierher kommen?

Mit dem Motorboot nach Stockholm? Wohl eher nicht. Wie zu einer Antwort lädt uns abends das Eignerpaar aus dem Ruhrpott auf seine CYTRA ein. Auf dem »Kreidefelsen« (Gustav lässt grüßen!) gibt es eine richtige Küche und ein Badezimmer mit Dusche. Der Pott hat zweimal 400 PS und läuft dreißig Knoten. Damit sind sie in drei Stunden auf Gotland, warten dafür aber auch drei Tage auf ruhige See. »Sonss jäht dat nisch, nä?«, meint die Bordfrau. »Da fliescht allet durschäinander, dat janze Gedöönss …«

Nein – so ein Schiff wollen wir nicht. Und das könnten wir ja auch gar nicht bezahlen. Nä!

Landgang in Stockholm – einfach megagenial! In Gamla Stan stöbern wir in den hundert Stöberlädchen nach Kuriosa und finden allerlei Nutzlos-Nützliches.

In der Fußgängerzone Drottningsgatan kauft Silke schicke Fummel bei »Kapahl« und in der Lebensmittelabteilung bei »Hemköp« sehr preiswerten und guten Proviant. Abendessen im Restaurant am Wasahafen sehr gut und günstig. Na also – es geht doch!

Dann regnet es endlich mal wieder. Man wird ja auch »melanklüterich« bei dem ewigen Sonnenschein. Das ist der Tag für das Wasa-Museum. Für sieben Euro sieht man das Wahnsinnsschiff, das vor 375 Jahren bei seiner Jungfernfahrt im Stockholmer Hafen unter Segeln kenterte und versank. Das 1961 gehobene und restaurierte Wrack ist ein einmalig gut erhaltenes Zeugnis der handwerklichen Schiffbaukunst – seine Kenterung verantwortete der Bauherr König Gustav Wasa, der keinen Widerspruch duldete, als er seinen Konstrukteuren genau vorgab, wie das Flaggschiff seiner Kriegsflotte auszusehen habe. Imposant und furchterregend sah es schon aus. Nur aufrecht segeln konnte es wegen fehlender Stabilität nicht.

In Stockholm trifft man meistens wen. Zum Beispiel unseren Vereinskameraden Carsten, der oft mit einer Herrencrew hierher segelt. Dann kommt seine Familie von Hamburg mit dem Flugzeug nach. Und dann segelt er mit einer neuen Herrencrew wieder zurück.

Nach wie vor keine Nachricht von Illka. Vergessen wir's?

Nein. Wir gehen in ein Reisebüro, um eine Fähre zu buchen, die auch unsere große Kiste mitnimmt, die wir noch gar nicht haben. Wegen des Hochsommers erfahren wir: Es gibt nur noch freie Plätze auf der »superfast-ferry« von Hanko nach Rostock.

Wir lassen uns zwei Plätze für den 15. August reservieren und kehren zufrieden an Bord zurück. Abends bringt Carsten zwei interessante Freunde mit an Bord. Einer ist Drehbuchschreiber bei RTLs »Alarm für Cobra 11 – die Autobahnpolizei« und lässt die Autos fliegen. Wir trinken Rotwein mit Boonekamp und auf der SCANDIA geht es – auch deswegen – höchst ausgelassen zu.

Noch immer keine Nachricht von Illka. Wir verlassen dennoch Stockholm in Richtung Nynäshamn. Dort werden wir von uns aus Kontakt mit Illka aufnehmen und das Boot eventuell nach Finnland zurücksegeln, wenn er es noch will.

Wunderschöne Kanal- und Fjordfahrt durch Skurusundet, die enge Südostausfahrt der Stockholmer Häfen bei Kungsholm. An den Ufern künden prächtige Villen mit eigenen Bootsstegen und dicken Motoryachten vom Wohlstand der Besitzer. Zahlreiche Marinas und Bootswerften bezeugen, dass sich hier eines der Segelzentren der schwedischen Hauptstadt befindet.

Am frühen Nachmittag legen wir nach nur elf Meilen beim »Gästhamn Båtsklubben 1926« in Pålnäsviken vor Heckanker an. Keine Liegegebühr für die erste Nacht. Strom und Trinkwasser frei – toll! Nach einem vierstündigen Spaziergang – unsere übliche Strecke nach »langen« Segeltörns – kehren wir schwer beladen mit Proviant an Bord zurück.

Wenn wir schon in dieser schönen Ecke der Stockholmer Schären sind, dann wollen wir auch den Traditionsklub der schwedischen Segler – die KSSS (Kunglika Svenska Segel Sällskapet) besuchen.

Eines ihrer Zentren liegt gleich nebenan in Saltsjöbaden. Wir fahren deshalb am nächsten Morgen zuerst ein chaotisches Ablegemanöver, bei dem unser Bootshaken über Bord geht. Als wir ihn nach einer ähnlich sehenswerten Show wiederhaben, wagen wir uns auf den kürzesten Tagestörn unserer ganzen Reise – 1,2 Seemeilen – gleich um die Ecke und legen am Steg »Restaurantholmen« an.

Leider glänzt die königliche Segelgesellschaft hier nur noch mit verminderter Pracht: Weder das etwas heruntergekommene »Grandhotel« noch die dürftigen sanitären Einrichtungen rechtfertigen die hohen Liegekosten. Trotzdem bereuen wir es nicht, hier gewesen zu sein, und legen zum Wochenende befriedigt ab nach Dalarö.

Wieder wird es ein Tag zum »Motorboot faaahr'n«, aber wir

fahren langsam, denn nach nur 13 Meilen legen wir schon wieder an. Hinter dem Dörfchen Dalarö finden wir einen idyllischen Liegeplatz im kleinen Yachthafen.

Beim Verlassen des Bootes sehe ich mit Schrecken, wie sehr sich die braunen Stellen im Bugbereich unserer Außenhaut ausgedehnt haben. Lag es am Stockholmer Hafenwasser? Wie auch immer – Abhilfe durch Reinigung tut not –, so kann man die SCANDIA doch unmöglich einem Käufer übergeben!

Alle bisherigen Versuche, dieses braune Zeugs wegzukriegen, scheitern. Nicht einmal Scheuerpulver hilft. Aber der Bootsshop in Dalarö weiß Rat: Ich erstehe ein Fläschchen »Autosol Waterline«, liege bald bäuchlings an Deck, verteile das grün-glibberige Mittel auf den Flecken und – »juhuhuuu!« – wische den Dreck einfach weg. Am Ende dieses Tages erstrahlen unsere Bordwände in reinstem Weiß!

Helsinki antwortet nicht. Allmählich nervt uns Illka, und wir glauben immer weniger an einen Verkauf. Heute ist Sonnabend. Bis Mittwoch müssen wir ihm noch Zeit geben. Und das werden wir auch.

»Wenn ihr von Stockholm nach Süden fahrt, dann müsst ihr unbedingt auf Utö anlegen«, hatte Carsten gemeint, »denn das ist die ultimative Astrid-Lindgren-Schäre mit dem ›Pippi-Langstrumpf-Feeling‹ und der Atmosphäre aus *Die Kinder von Bullerbü.*«

Wir fahren – natürlich unter Motor – los und passieren zuerst die Insel Dalarö Skans, auf der eine niedliche Burg thront. Auf dem Söller weht lustig eine eigenartige weiße Fahne. Ob es die Fahne mit den jahrhundertealten Insignien des Burgherrn ist? Ein Blick durchs Fernglas lässt mich in Lachen ausbrechen. Auf der Fahne steht in großen Lettern »öppet«, womit klar ist, dass das Restaurant in der Burg geöffnet hat.

Wenig später legen wir auf Utö an. Und finden Carstens Schilderung bestätigt: Es fühlt sich an wie Bullerbü. Im Hafen herrscht ein reges Badeleben. Ein altertümlicher Bäderdampfer (mit Dieselantrieb) bringt und holt Fahrgäste. Aus den verlassenen mittelalterlichen Erzgruben und den Arbeiterhäusern wabert der Dunst ferner Geschichte(n). Es ist heiß und wir genießen das Hafenleben unterm Sonnenschirm.

Andererseits beschleicht uns bei dem Namen Utö auch die Erinnerung an das furchtbare Schiffsunglück, das sich gar nicht weit von hier südlich der gleichnamigen finnischen Schäre Utö am 28. September 1994 ereignete. Aus bis heute nicht genau geklärten Ursachen sank die estnische Fähre ESTONIA bei schwerem Sturm und riss 852 Passagiere in den Tod.

Ab morgen geht es bei uns um »alles oder nichts«: In Nynäshamn werden wir bis Mittwoch, 30.7., abwarten, ob unser Boot verkauft wird oder nicht.

Inzwischen sind wir nicht nur unsicher, ob es überhaupt klappt, sondern auch, ob wir es überhaupt noch wollen. Wir haben noch einmal die Kosten unserer Heimreise überschlagen, die für eine Innenkabine auf der Fähre von Hanko, Fracht für unsere Kiste und Mietwagen von Rostock nach Travemünde rund 1000 Euro ausmachen. Müssen wir von Helsinki zurück – was nur mit der FINNJET nach Rostock oder mit einer der Ro-Ro-Fähren der »Finnlines« direkt nach Lübeck geht -, dann wird es fast doppelt so teuer, und wir haben noch nicht mal eine Option auf Fahrkarten. Am billigsten wäre es noch mit der Eisenbahn von Stockholm aus. Das wäre uns auch am liebsten, und wir würden Illka sogar einen Nachlass von fünf Prozent einräumen.

Montag legen wir nach abermals nur 13 Seemeilen in dem perfekt geführten und sagenhaft ausgestatteten Yachthafen von Nynäshamn an.

Da setzt hässlicher Regen ein, und während Silke mit Bergen von Wäsche im Sanitärgebäude verschwindet, entwickele ich am Laptop drei verschiedene Kaufverträge auf Englisch. Silke kommt zurück. Sie hat alle verfügbaren Waschmaschinen requiriert und angeworfen, es wäscht! Na – wenigsten das klappt. Wir wollen gerade loslegen und über alle unzuverlässigen Bootskäufer dieser Welt herziehen – da klingelt mein Handy.

Es ist Illka. Er will die SCANDIA. Aber nicht zu unserem Preis, sondern mit sieben Prozent Nachlass. Ich sage »okay« und unterbreite ihm unsere drei Vorschläge: »Du kannst das Boot für minus 2,5 Prozent in Helsinki haben. Oder für minus fünf Prozent in Stockholm. Oder für minus sieben Prozent, wenn du es in Travemünde abholst.«

Er stimmt im Prinzip zu, will aber erneut »considern«. Bevor er auflegt, lasse ich mir seine Faxnummer geben. Eine halbe Stunde danach faxen wir ihm die drei Vertragsentwürfe aus dem Büro des Hafenmeisters nach Finnland. Gespannt wie Flitzbogen gehen wir zum Abendessen an Land. Dann klönen wir bei Regenwetter im Salon und warten auf den Rückruf aus Helsinki. Aber Illka antwortet nicht …

Dienstag: Illka antwortet nicht. Um 18.00 Uhr rufe ich ihn in Helsinki an. Er will schon noch, aber nur in Helsinki und nur für minus sieben Prozent. Ich pokere, nenne ihm unsere Kosten für die Heimreise. Er bittet erneut um Zeit zum »considern«. Ich sage ihm, dass die Entscheidung morgen fallen muss – sonst segeln wir nach Hause.

Mittwoch: Illka antwortet nicht. Nach kurzer Beratung mit Silke rufe ich erneut mittags in Helsinki an. Mein Vorschlag: Hanko für fünf Prozent. »Yes or No.«

»Perhaps (vielleicht).« Illka will prüfen, ob er vier Tage Urlaub kriegt, um die Scandia von Hanko nach Helsinki zu holen. Er will sich melden.

Illka meldet sich den ganzen Tag nicht. Mir reicht es. Um 19.00 Uhr starte ich den letzten Versuch. Illka sagt endlich zu. Er übernimmt Scandia in Hanko. Für minus fünf Prozent. Ich bitte um sein sofortiges Fax mit dem unterzeichneten Kaufvertrag. Und da beginnt Illka herumzudrucksen.

Er würde den Vertrag ja gern schicken, aber er müsse erst noch einen Zusatz eintragen.

Was für einen Zusatz, bitte?

Ja – das Boot solle in Hanko an Land gekrant werden, damit er den Zustand des Unterwasserschiffes prüfen könne.

Kein Problem unsererseits.

Ja – und dann … und dann käme erst noch ein von ihm beauftragter Sachverständiger an Bord. Denn man könne ja nicht wissen … und ich müsse doch verstehen …

Mir klappt die Kinnlade herunter. Sonnenklar – es geht um den Kaufpreis, den Illka durch einen von ihm beauftragten Sachverständigen drücken will. Da allerdings spielen wir nicht mehr mit. Einen unabhängigen Experten hätten wir noch in Stockholm akzeptiert, nicht aber einen uns unbekannten nach einer 150 Seemeilen weiten Reise in Hanko. Damit ist unser Deal geplatzt. Illka ist ebenso enttäuscht wie wir. Er möchte, dass wir trotzdem Freunde bleiben. Meinetwegen. Diesen ebenso oberflächlichen wie unverbindlichen Spruch haben wir schon oft gehört in unseren beiden Leben. Ich verabschiede mich so höflich, wie ich kann.

Und dann werfen wir die Leinen los. Zur Heimreise nach Travemünde. Mit unserer Scandia, wie es sich gehört!

Nach der ewigen Warterei und Zauderei nehmen wir uns gleich ein paar lange Schläge vor. Der erste führt uns über 47 Seemeilen Motorbootfahrt ohne Wind nach Arkösund Badholmen. Da wir es schon kennen, geht's am nächsten Morgen munter durch die inneren Schären weiter nach Fyrudden.

Hier scheint die einzige Tankstelle in weitem Umkreis zu sein, denn den ganzen Nachmittag rasen von überall her die durstigen Motorboote herbei.

Auf der Fahrt nach Västervik stoppen wir in der Mittagshitze und springen über Bord. Neben einer dreißig Meter entfernten Schäre zeigt unser Echolot zweihundert Meter Wassertiefe an!

Sonntag ist in Västervik nichts los. Aber wir haben die Bar »Harry's« mit Großbildleinwand entdeckt, auf der wir den Grand Prix in Hockenheim nahezu live miterleben.

Byxelkrog haken wir ebenso ab wie Kalmar: An den beiden Törntagen haben wir endlich mal wieder einen herrlichen Segelwind aus West bis Nord, der meiner Seglerseele ebenso gut tut wie Silkes Abneigung gegen Schärenfahrwasser.

Über Sandhamn am Südeingang zum Kalmarsund segeln wir in die Hanöbucht. Die Festungsstadt Karlskrona – deren Fahrwasser noch vor wenigen Jahren militärisches Sperrgebiet und nur umständlich anzulaufen waren – erfreut uns mit dem monumentalen Rundbau der Frederikskirche, den tollen Einkaufspassagen – und dem historischen Schnellboot einer schwedischen Marinekameradschaft, auf dem Familientag ist. Es rast mit Getöse und vielen Gästen an Bord immer um die Inseln herum.

Die Reise zu der Insel, die der Hanöbucht ihren Namen gab, findet – man glaubt es kaum – unter vollen Segeln statt! In sechs Stunden legt SCANDIA 31,7 Seemeilen zurück, was einen Schnitt von gut fünf Knoten bedeutet und unsere Segel-Motor-Bilanz auf immerhin 36 zu 64 Prozent verbessert.

In Åhus fragen wir uns, was wir hier eigentlich wollen. Aber das hat weniger mit dem niedlichen Städtchen zu tun als damit, dass bei uns irgendwie »die Luft raus« ist.

Unser ultimativer Ostseetörn, der bei dem herrlichen Wetter dieses Jahrhundertsommers 2003 nur wenige seglerische Herausforderungen, dafür aber reichlich Motorstunden bereithielt und uns mit Sonne satt verwöhnte, birgt kein neues Augenfutter mehr.

Unsere Weiterreise über Simrishamn, Rønne, Sassnitz, Vitte,

Darsser Ort, Rostock Stadthafen und Timmendorf/Poel gleicht einer »Dienstfahrt« zwecks Rückführung unserer tapferen Segelyacht zu ihrem Heimathafen, wo sie am Freitag, 29. August nach 101 Tagen und 1700 Seemeilen bei heulendem Ostwind und peitschendem Regen einläuft.

Unter der Steuerbordsaling flattern imposant die zehn Gastlandflaggen der von uns besuchten Ostsee-Anrainerstaaten. Aber kein Schwein steht am Steg, um unsere Leinen anzunehmen, geschweige denn uns Exoten gebührend zu bewundern.

Erst zwei Stunden später, als wir uns im warmen Salon von roten Monstern zurück zu adretten Menschen verwandelt haben, klopft es am Bugkorb. Es sind unsere treuen Freunde Ruth und Jürgen, die uns vor dem Verschwinden im Nirwana eines russischen KGB-Verlieses hätten retten sollen. Jetzt erst sind wir zu Hause …

Epilog

Sechs Wochen später:
Unsere Seglermesse am Passathafen zu Travemünde kann den Ansturm der Schaulustigen kaum bewältigen. Nachdem alle Stühle besetzt sind und immer noch welche draußen stehen, ergreift man Notmaßnahmen. Stühle von der Empore werden hinuntergeschafft, Sitzkissen für die Treppe verteilt und Heizkörper zu Sitzbänken erklärt.

»Vereinsbesitzer« Michael heißt 120 Gäste willkommen zum Lichtbildervortrag »Abenteuer Baltikum«. Während Silke den Videobeamer bedient, erhebe ich das Mikrofon und meine Stimme. Meine Einschätzung, alle Anwesenden seien bestimmt nur deshalb herbeigeströmt, um unsere Reise im Sommer 2004 nachzuahmen, geht in einem langgezogenen Stöhnen unter. Jemand ruft: »Dafür haben wir euch doch hingeschickt, damit wir das nicht machen müssen!«, und erntet zustimmendes Gelächter. Dann aber kehrt Stille ein. Man hört uns mehr oder weniger fasziniert zu. Denn diese Reise wird kaum jemand unternehmen wollen, wie sie auch noch niemand dieses Auditoriums vor uns unternommen hat.

Nach gut zwei Stunden Vortrag und über dreihundert Bildern auf der Großbildleinwand bekommen wir einen langen Applaus.

Dann aber bitte ich nochmals um das Gehör unserer Freunde und Gäste, denn die Pointe hab ich mir bewusst bis zum Schluss aufgespart. Im Saal könnte man die bekannte Stecknadel fallen hören, als ich unserem Publikum den Herrn vorstelle, der den ganzen Abend neben Silke gesessen hat.

»Das, liebe Freunde, ist Christian vom Lübecker Yachtclub. Er ist der neue Eigner unserer SCANDIA, die wir ihm soeben verkauft haben. Er wird sie im Frühjahr übernehmen und mit ihr hoffentlich viele schöne Segelreisen machen, so wie wir es zwanzig Jahre lang getan haben.«

Das einsetzende Raunen verstummt wieder, und ich fahre fort.

»Silke und ich aber ziehen uns vom Segeln zurück. Wir haben beschlossen, uns im Frühjahr ein Motorboot anzuschaffen. Damit wollen wir in den kommenden Jahren lange Reisen auf den deutschen und später vielleicht auch auf den europäischen Binnengewässern unternehmen. Und wenn ihr Lust habt, dann laden wir euch schon heute ein, unsere Gäste …«

Weiter komme ich nicht. Die Reaktionen unserer Zuhörer in der Seglermesse reichen von betroffenem Schweigen über ungläubiges Raunen bis zu lautstarker Entrüstung.

»Ich fass' es nicht. Habt ihr das gehört?«

»Der und Motorbootfahren – das glaubt der doch selber nicht!«

»Klarer Fall: alles wegen Silke. Wetten?«

»Also, ich find das klasse! Da hätt ich auch noch Lust drauf!«

Jetzt kommt Bewegung in die Menge. Manche schlagen uns auf die Schultern. Andere zeigen uns einen Vogel. Einige verlassen still und heimlich den Ort des Gehörten, das sie wohl erst einmal verarbeiten müssen. Irgendwo betroffen aber sind offenbar alle.

Die Seglermesse leert sich erst spät und langsam. Letzte Gespräche unter wenigen Augen künden von eigenartigen Gefühlen. Mein alter Takelmeister Fritz kann das alles überhaupt nicht begreifen.

»Ick verstah juch nich. Wo könt ji dat scheune Schipp verköpen, dat juch över all de Johren so tru und säker över de See bröcht hett. Nee ober ok – un nu 'n Motorboot …! Ooch nee …«

***

Wir machten unsere Pläne wahr. Am 12. Juni 2004 übernahmen wir im holländischen Hafenstädtchen Meppel eine gut erhaltene 9,50-Meter-Motoryacht. Wir tauften sie auf den Namen SHERRYTIME und gingen auf weite Reisen.

Aber das ist schon wieder eine ganz andere, neue Geschichte!

NORWEGEN
SCHWEDEN
Oslo
Strömstad
Vänern
Mariestad
Karlsborg
Motala
Vänersborg
Trollhättan
Vättern
Trollhättenkanal
Skagerrak
Skagen
Göteborg
Sæby
LÆSØ
Varberg
Kattegat
ANHOLT
DÄNEMARK
Halmstad
Grenå
Århus
SAMSØ
SEJERØ
Hälsingborg
Karlskrona
Helsinger
Utklippan
Middelfart
København
Malmö
SJÆLLAND
Simrishamn
Kolding
FYN
Korsør
Trelleborg
Nyborg
Ystad
SYLT
LANGELAND
MØN
Rønne
Klinthom
Flensburg
ÆRØ
LOLLAND
FALSTER
BORNHOLM
RÜGEN
FEHMARN
Darss
Sassnitz
Kiel
Heiligenhfn
Stralsund
USEDOM
Greifswald
Ruden
Travemünde
Wismar
Swinoujscie
DEUTSCHLAND